L'auteur
Oswald Chambers
1874-1917

MW00954277

Oswald Chambers est né en Écosse et y a passé la majeure partie de son enfance. Son ministère d'enseignant et de prédicateur l'a amené pour un temps aux États-Unis et au Japon.

En 1911, il fonda et devint le principal enseignant du Bible Training College, à Londres. Il y resta jusqu'à la fermeture du collège en 1915, pour cause de Guerre Mondiale. En octobre 1915, il prit le bateau pour Zeitoun (Égypte) où il servit comme aumônier des troupes du Commonwealth britannique.

Il mourut là-bas le 15 novembre 1917, des suites d'une intervention chirurgicale.
Après sa mort, ses livres furent compilés par sa femme à partir des notes qu'elle avait prise de ses discours.

1er Janvier
Fidélité

Ma ferme attente et mon espérance sont que je n'aurai honte de rien, mais que maintenant comme toujours, Christ sera glorifié dans mon corps, avec une pleine assurance...

Philippiens 1.20

Tout ce que je puis, pour qu'Il règne dans toute sa gloire ! « Mon désir ardent et mon espoir étant que je n'aie jamais honte de rien ». Nous serons couverts de honte si nous ne cédons pas à Jésus sur le point précis où Il nous demande de le faire !

« Tout, je veux tout faire, dit Paul, pour qu'Il triomphe ». C'est une question de volonté et non de raisonnement, une capitulation de la volonté, une capitulation absolue et irrévocable sur ce point particulier. Ce qui nous retient, c'est que nous nous préoccupons par-dessus tout, de nous-mêmes, en prétendant avoir égard aux autres. Nous reculons devant l'obéissance totale, sous prétexte que d'autres en souffriront. En raisonnant ainsi nous accusons Dieu de ne pas comprendre le prix de l'obéissance. Soyons tranquilles ! Dieu est au courant. À nous d'êtres fidèles, ne pensons plus qu'à une chose : Tout, pour qu'Il règne.

Comment pourrions-nous hésiter devant le Dieu très saint ? « Qu'importe la vie ou la mort » nous dit Paul. Il est résolu à ne jamais reculer, quoi que Dieu lui demande. L'ordre de Dieu produira une tempête dans notre vie, si nous ne cédons pas, lorsqu'il nous parle avec douceur. Il veut que nous nous donnions tout entiers pour Lui. Ainsi dans son amour Il nous place devant le grand choix : pour ou contre Lui ! Si vous en êtes là, abandonnez votre volonté à Dieu, irrévocablement, totalement.

2 Janvier
Voulez-vous marcher par la foi ?

Abraham... partit, sans savoir où il allait.

Hébreux 11.8

Avez-vous tout quitté, comme Abraham ? Dans ce cas, logiquement, vous ne pouvez rien répondre quand on vous demande ce que vous allez faire ! Vous ne le savez pas mais votre seule certitude, c'est que Dieu sait ce qu'Il fait. Examinez aujourd'hui votre attitude envers Dieu. Est-ce l'abandon total, la confiance entière ? S'il en est ainsi vous serez continuellement émerveillés, car vous ne savez pas où Dieu va vous conduire. Chaque matin, au réveil, vous allez au-devant de la journée, appuyés sur Dieu. « Ne vous inquiétez pas pour votre vie... ni pour votre corps... », ne vous inquiétez de rien avant de « partir » par la foi !

Si vous demandez à Dieu ce qu'il va faire, Il ne vous le dira jamais mais vous révélera qui Il est. Croyez-vous qu'Il est le Dieu des miracles ? Êtes-vous entièrement à Lui ? Alors rien ne pourra vous surprendre.

Il est bien le Dieu dont l'amour se révèle quand vous vous tenez tout près de Lui, mais vos soucis l'offensent ! Abandonnez-lui toute votre existence et elle aura un charme ineffable qui réjouira Jésus ! Apprenons à sortir de nous-mêmes, à abandonner convictions, doctrines et expériences, jusqu'à ce qu'il n'y ait plus rien entre nous et Dieu.

3 Janvier
Nuages et obscurité

Les nuages et l'obscurité l'environnent.

Psaume 97.2

Un homme qui n'est pas « né de l'Esprit » vous dira que l'enseignement de Jésus est tout simple. Mais dès qu'il a été baptisé du Saint-Esprit, il découvre que « les nuages et l'obscurité l'environnent ». Nous voulons pénétrer plus profondément dans l'enseignement de Jésus, mais ne pouvons rien comprendre sans la lumière intérieure de l'Esprit de Dieu, Si nous ne nous sentons pas contraints de nous dépouiller de nos habitudes religieuses- comme Moïse dut ôter ses souliers devant le buisson ardent- si nous nous approchons encore de Dieu avec une familiarité indiscrète, demandons-nous si nous nous sommes jamais tenus en sa présence. Ceux qui parlent avec désinvolture de leurs expériences religieuses n'ont jamais compris ce qu'est la présence de Jésus-Christ. Après avoir connu une joie et une libération merveilleuses en découvrant ce que Jésus fait, on pénètre dans d'épaisses ténèbres en réalisant ce qu'Il est.

« Les paroles que je vous dis (Jésus parle au présent) sont esprit et vie », La Bible n'est pour nous qu'un amas de paroles- nuages et obscurité - jusqu'à ce que soudain les mots deviennent esprit et vie, parce que Jésus les révèle, à chacun en particulier. C'est ainsi que Dieu nous parle, non par des visions ou des rêves, mais simplement par des mots qui nous conduisent à Lui.

4 Janvier
Pourquoi ne puis-je te suivre maintenant ?

Seigneur, lui dit Pierre, pourquoi ne puis-je pas te suivre maintenant ?

Jean 13.37

À certains moments, vous ne comprenez pas ce qui vous empêche d'agir selon votre volonté. Si Dieu vous met ainsi dans une impasse, n'essayez pas d'aller plus loin, attendez. Il veut peut-être vous apprendre la sanctification ou vous enseigner le service. Ne courez jamais plus vite que Dieu ne le veut. Si vous avez un doute au sujet de sa volonté, arrêtez-vous !

Il arrive que vous voyiez tout de suite clairement la volonté de Dieu pour vous : le renoncement à telle amitié, à telle relation d'affaires. Mais n'agissez pas sur une impulsion inconsidérée ; vous pourriez vous mettre dans une situation bien difficile à redresser. Attendez que Dieu vous ouvre la voie, et Il le fera sans heurts, sans rancœurs inutiles. Attendez qu'Il agisse.

Pierre n'a pas su attendre. Il a voulu prévoir l'épreuve de sa foi, et l'épreuve est venue alors qu'il ne l'attendait pas. « Je donnerai ma vie pour toi », avait-il dit. Naïve inconscience ! « Le coq ne chantera pas, lui répliqua Jésus, que tu ne m'aies renié trois fois ». Jésus connaissait Pierre, mieux que Pierre lui-même. Il ne pouvait suivre Jésus, parce qu'il ne savait pas ce dont il était capable. Un attrait instinctif pour la personne de Jésus ne suffit pas à faire de nous ses disciples. Tôt ou tard, un tel attrait aboutit au reniement.

5 Janvier
La puissance de Dieu dans la faiblesse humaine

Tu ne peux pas maintenant me suivre où je vais, mais tu me suivras plus tard.

Jean 13.36

Nous lisons plus loin (Jean 21.19) : Après avoir ainsi parlé, Jésus lui dit : « suis-moi ». Trois ans auparavant, Jésus avait déjà dit à Pierre « suis-moi » ! Et Pierre avait suivi sans peine, séduit par Jésus, mais sans le secours du Saint-Esprit. Il aboutit au reniement, et son cœur se brisa. C'est alors qu'il reçut le Saint-Esprit, et Jésus lui dit à nouveau : « suis-moi » ! Jésus seul était devant lui. Le premier « suis-moi » n'avait rien de mystique et Pierre suivit Jésus sur le chemin ; le deuxième le conduira jusqu'au martyre (Jean 21.18).

Entre ces deux appels, Pierre a renié Jésus avec des imprécations, et il s'est effondré avec sa suffisance. Il ne lui reste plus rien de sa confiance en lui-même. Il est prêt à recevoir le Saint-Esprit de la part du Seigneur ressuscité (Jean 20.22).

Quels que soient les changements que Dieu ait opérés en vous, ne vous appuyez sur personne, sinon sur le Seigneur Jésus-Christ, et sur le Saint-Esprit qu'Il donne.

Tous nos efforts, toutes nos bonnes résolutions, aboutissent au reniement, parce que nous n'avons pas de puissance pour les réaliser. Mais quand nous sommes effondrés, réellement vidés de nous-mêmes, nous pouvons recevoir le Saint-Esprit : « Recevez le Saint-Esprit ». Laissez-vous envahir par lui, et il n'y aura dans votre vie qu'un vainqueur, le Seigneur Jésus-Christ.

6 Janvier
Adoration

Abram... dressa sa tente, ayant Béthel à l'occident et Aï à l'orient : il bâtit là son autel à l'Éternel, et l'invoqua.

Genèse 12.8

Adorer Dieu, c'est lui redonner tout ce qu'il nous a donné de meilleur. Chaque fois que Dieu vous accorde un bienfait, rendez-le lui comme un témoignage de votre amour. Prenez votre temps, recueillez-vous devant Dieu et, par un acte d'adoration, redonnez-lui ce qu'il vous a donné. Si au contraire vous le mettiez de côté pour votre usage personnel, cela moisirait en vous, comme la manne que les Israélites mettaient en réserve, Les trésors spirituels que Dieu vous donne, il ne veut pas que vous les gardiez pour vous-même, il faut que vous les lui rendiez pour que d'autres en profitent.

Béthel est le symbole de la communion avec Dieu ; Aï le symbole du monde. Abram dresse sa tente entre les deux. Notre activité pour Dieu dans le monde n'a de valeur que par notre intime communion avec lui, dans notre for intérieur. La précipitation est toujours coupable, le temps ne manque jamais pour adorer Dieu. Vouloir s'isoler du monde pour rester seul avec Dieu, cela n'est pas sans danger. Il nous faut dresser notre tente de manière à pouvoir toujours nous recueillir devant Dieu, quelque tintamarre que mène le monde. Il est faux de concevoir comme trois étapes distinctes l'adoration, l'attente et l'action. Certains chrétiens sautent, comme des grenouilles, de l'adoration à l'attente, puis de l'attente à l'action. Dieu ne l'entend pas ainsi : les trois doivent marcher ensemble, comme dans la vie de Jésus. Jamais il ne se hâtait, jamais il ne restait sans rien faire. C'est une discipline à conquérir, qui ne s'acquiert pas en un jour.

7 Janvier
L'intimité avec Jésus

Il y a si longtemps que je suis avec vous, Philippe, et tu ne me connais pas !

Jean 14.9

Ce n'est pas une réprimande, pas même l'expression d'un étonnement ; Jésus fait l'éducation de Philippe. L'intimité avec Jésus est la plus longue à conquérir. Avant la Pentecôte, Jésus, pour ses disciples, était Celui grâce auquel ils pouvaient vaincre les démons et réveiller les âmes endormies. (Luc 20.18 à 20.) Ils avaient déjà avec lui une intimité précieuse, mais il y en avait une autre, bien plus profonde, qui devait venir : « Je vous ai appelés mes amis ». La véritable amitié est rare sur la terre. Elle implique l'union parfaite, dans la pensée, dans le cœur, dans l'esprit. La vie tout entière est une discipline qui doit nous permettre de réaliser cette union intime avec Jésus-Christ. Nous recevons ses bienfaits, nous connaissons Sa parole, mais Lui, le connaissons-nous ?

« Il est avantageux pour vous que je m'en aille ». Jésus veut dire qu'il pourra mieux les faire pénétrer dans son intimité. Jésus se réjouit quand un de ses disciples s'applique à conquérir son amitié. C'est grâce à elle seule que nous pouvons porter du fruit. (Jean 15)

Une fois parvenus à cette intimité, il n'y a plus pour nous de solitude. Notre cœur sait toujours où trouver de la sympathie, Nous avons toujours de quoi parler aux autres, sans user d'aucun artifice. Celui qui possède l'intimité de Jésus ne laissera jamais d'autre impression de lui-même, sinon que Jésus est là, sans rien qui lui fasse obstacle ; car Jésus a satisfait toutes les profondeurs de son âme. Une telle vie, c'est l'équilibre puissant, c'est la merveilleuse sérénité que notre Seigneur communique à ses intimes.

8 Janvier
Mon sacrifice est-il vivant ?

Abraham bâtit l'autel... et lia Isaac, son fils, sur l'autel.

Genèse 22.9

Le sacrifice d'Isaac est le symbole de l'erreur où nous tombons en nous imaginant que Dieu réclame de nous le sacrifice qui aboutit à la mort. Dieu nous demande le sacrifice de nous-mêmes à travers la mort, qui nous rend capables, comme Jésus l'a fait, de sacrifier nos vies. Il ne faut pas dire : « Je suis prêt à marcher à la mort avec Toi ». Mais bien : « Je suis prêt à m'unir à Ta mort rédemptrice, pour pouvoir ainsi offrir ma vie à Dieu ». Nous nous imaginons que Dieu nous demande de renoncer à une foule de choses. Dieu a voulu débarrasser Abraham de cette erreur ; la discipline que Dieu nous impose dans notre vie quotidienne nous en délivre à notre tour. Dieu ne nous dit jamais de renoncer à quoi que ce soit, pour le plaisir d'y renoncer. Quand il nous ordonne de renoncer à quelque chose, c'est pour acquérir la seule chose qu'il vaille la peine de posséder, la communion avec Lui. Il s'agit avant tout de briser les liens qui font obstacle à cette vie. Une fois ces liens brisés, par l'union de notre âme à la mort de Jésus, notre communion avec Dieu devient assez intime pour pouvoir vraiment lui offrir notre vie en vivant sacrifice.

À quoi servirait-il que vous donniez à Dieu votre vie, si ce n'était que pour mourir ? Ce qu'il réclame de vous, c'est votre personne même, offerte en sacrifice vivant ; c'est qu'il puisse disposer de toutes vos capacités, de toutes vos énergies, rachetées et sanctifiées par le sacrifice de Jésus. Cela seul est agréable à Dieu.

9 Janvier
En nous l'Esprit intercède pour nous, par des soupirs que nul langage ne peut exprimer

Que votre esprit tout entier, votre âme, votre corps, tout votre être, soit conservé irréprochable.

1 Thessaloniciens 5.23

« Votre esprit tout entier ». La grande action mystique du Saint-Esprit se fait dans les régions obscures de notre personnalité, où nous ne pouvons atteindre. Le psaume 139 peut se résumer ainsi : « Tu es le Dieu de l'aurore, et le Dieu de la nuit ; le Dieu des sommets, le Dieu des abîmes. Mais mon âme, ô Dieu, a des horizons plus lointains que l'aurore, des ténèbres plus épaisses que la nuit, des sommets plus hauts qu'aucune montagne, des abîmes plus profonds qu'aucun océan. Dieu de toute la nature, sois mon Dieu. Ce qui est en moi me dépasse en tout sens : mes mobiles, mes impulsions, mes rêves m'échappent, O mon Dieu, sonde-moi »

Avons-nous compris que Dieu peut garder pure notre imagination bien au delà de notre pensée consciente ? « Le sang de Jésus-Christ nous purifie de tout péché ». S'il ne s'agissait là que de notre pensée claire et distincte, nous serions bien à plaindre. Le péché rend notre pensée obtuse ; aussi n'en avons-nous pas conscience. La purification de notre âme doit atteindre ses plus lointaines régions, si nous voulons demeurer dans la lumière, comme Dieu est dans la lumière. Alors le même Esprit dont la force animait Jésus nourrira notre esprit. C'est quand Dieu met en nous ce gardien formidable, l'Esprit de sainteté, c'est seulement alors qu'en nous l'esprit, l'aine et le corps, sont conservés irréprochables, sans que Dieu puisse réprouver, jusqu'à la venue de Jésus lui-même.

Ces grandes vérités, qui nous viennent de Dieu, savons-nous y faire attention ?

10 Janvier
Les yeux qui s'ouvrent

Pour leur ouvrir les yeux...afin qu'ils reçoivent...

Actes 26.18

Je ne connais aucun verset dans tout le Nouveau Testament qui résume en un raccourci plus grandiose ce que doit être le message d'un disciple de Jésus-Christ.

L'œuvre souveraine de la grâce divine, c'est d'abord ceci : « Afin qu'ils puissent recevoir le pardon de leurs péchés ». Quand un homme n'arrive pas à la véritable vie chrétienne, c'est presque toujours qu'il n'a jamais rien reçu dans ce domaine. Un homme n'est jamais sauvé que s'il a reçu directement quelque chose de Jésus-Christ. Notre fonction à nous, les ouvriers de Dieu, c'est d'ouvrir les yeux des gens, pour qu'ils se tournent des ténèbres vers la lumière. Mais ce n'est pas encore là le salut complet. C'est seulement la conversion, l'effort de l'âme qui se réveille. Je ne crois pas exagérer en disant que la majorité des chrétiens de nom sont comme cela. Leurs yeux se sont ouverts, mais ils n'ont rien reçu. La conversion - on l'oublie trop aujourd'hui - n'est pas la régénération. Quand un homme est vraiment né de nouveau, il sait bien que cela ne vient pas de lui, mais que c'est un don qu'il a reçu de la main du Tout-Puissant, Les gens prennent des engagements, signent des promesses sont décidés à tenir jusqu'au bout, mais rien de tout cela ne peut les sauver. Le salut suppose que nous sommes en mesure de recevoir directement de Dieu, grâce à Jésus-Christ, le pardon de nos péchés.

Après cela vient l'autre œuvre souveraine de la grâce divine : « L'héritage promis à ceux que Dieu lui-même a sanctifiés ». Grâce à la sanctification l'âme régénérée abandonne à Jésus-Christ tous ses droits sur elle-même, et ne s'intéresse plus qu'aux desseins de Dieu en faveur des hommes.

11 Janvier
Si j'obéis à Dieu, d'autres en souffriront

Ils réquisitionnèrent un nommé Simon... et le chargèrent de la croix.

Luc 23.26

Si nous obéissons à Dieu, d'autres en souffriront plus que nous, et cela nous tourmente. Pour nous, si nous avons de l'amour pour notre Seigneur, l'obéissance ne nous coûte pas, c'est une joie, mais elle coûte à ceux qui ne l'aiment pas. En obéissant à Dieu, nous renverserons les plans de certaines personnes, qui nous diront : « C'est cela que vous appelez être chrétien » ! Pour éviter de les faire souffrir, il nous faudrait tout simplement désobéir à Dieu.

Retranchés dans notre orgueil, nous disons : « Jamais je n'accepterai de recevoir quoi que ce soit de quelqu'un d'autre ». Il le faut bien pourtant, ou sinon désobéir à Dieu. Avons-nous le droit de refuser ce que notre Maître a lui-même accepté ? (Luc 8.23)

Si nous disons : « Je veux supporter seul toutes les conséquences », nous paralysons notre vie spirituelle. Car c'est impossible. Nous sommes tellement dépendants de tous les desseins de Dieu qu'en lui obéissant, nous agissons nécessairement sur les autres. Si nous voulons obéir à Dieu, il nous faut accepter humblement toutes les conséquences. Certes, nous pouvons désobéir à Dieu pour nous épargner cette humiliation, nous pouvons contrister notre Seigneur. Mais si nous choisissons de lui obéir, il veillera lui-même sur tous ceux qui auront subi le contrecoup de notre obéissance. Obéissons :
Dieu pourvoira.

Ne dictez rien à Dieu. À Lui de prévoir et de pourvoir.

12 Janvier
Savez-vous ce que c'est d'être seul avec Dieu ?

Ses disciples une fois seuls, il leur expliquait tout.

Marc 4.34

Jésus ne peut pas toujours nous prendre à part et nous expliquer ce que nous ne comprenons pas : il est forcé de tenir compte de ce que nous pouvons comprendre à un moment donné. Les vies des autres sont pour nous des paraboles, grâce auxquelles Dieu nous fait déchiffrer peu à peu le contenu de nos propres âmes. C'est un long travail : Dieu a besoin de toute l'éternité pour façonner à sa guise un homme ou une femme. Notre rôle à nous est simplement de permettre à Dieu de nous conduire à travers tous les replis tortueux de notre personnalité. Notre ignorance de nous-mêmes est fantastique. Nous ne voyons pas ce qui crève les yeux, notre jalousie, notre paresse, notre orgueil. Jésus nous révèle le triste contenu de notre triste personne, tout ce qu'elle recelait en elle avant que Sa grâce. ait commencé d'agir en nous. Qui sont ceux qui ont appris à se regarder avec courage ?

Il faut nous débarrasser de l'idée, du préjugé tenace, que nous nous comprenons nous-mêmes. Dieu seul nous comprend. Cette suffisance instinctive est le ver rongeur de notre vie spirituelle. Pour peu que nous ayons pu entrevoir ce que nous sommes aux yeux de Dieu, nous ne parlerons plus jamais de notre grande indignité, parce que nous savons qu'elle existe, et qu'elle est inexprimable. Tant que nous ne sommes pas convaincus de notre indignité, Dieu pèsera sur nous pour nous arracher à nous-mêmes. Tant que persiste notre suffisance, Jésus ne peut rien nous expliquer. Il lui faut frapper à mort notre orgueil, mettre à nu nos attachements coupables. Il faut, pour que Dieu nous parle, la solitude du dépouillement.

13 Janvier
Savez-vous ce que c'est d'être seul avec Dieu ?

Lorsqu'il fui seul... ils l'interrogèrent...

Marc 4.20

Jésus SEUL AVEC NOUS. Quand Dieu nous a fait enfin atteindre la solitude, grâce à l'affliction, au désespoir, à l'épreuve, à la maladie, par la rupture d'une vieille amitié ou la formation d'une amitié nouvelle - quand enfin nous sommes seuls, absolument seuls, brisés et confondus, alors il commence à nous expliquer ce qu'il faut que nous sachions. Considérez la manière dont Jésus faisait l'éducation des Douze. Ils lui posaient bien plus de questions que la foule. Ils le pressaient de questions, et lui ne se lassait pas de leur répondre. Mais ils n'ont vraiment compris qu'après avoir reçu le Saint-Esprit. (Jean 14.26)

Si vous marchez avec Dieu, la seule chose qui vous apparaît clairement, la seule chose dont Dieu veut que vous la voyiez clairement, c'est la manière dont il s'y prend pour conduire votre âme. Quant aux tristesses, quant aux perplexités de votre prochain, tout cela n'est pour vous que pénombre et mystère. Nous nous imaginons que nous savons où est tel ou tel de nos frères, jusqu'à ce que Dieu nous administre, comme une noire potion, la vision de notre propre pourriture. Il y a en nous d'épaisses couches d'obstination et d'ignorance que le Saint-Esprit peut seul nous révéler, et il ne peut le faire tant que Jésus ne nous a pas là, devant lui, seul à seul. Regardez bien : êtes-vous parvenu à cette solitude, ou bien votre esprit est-il sans cesse occupé de mille futilités encombrantes, relatives à votre santé, à votre extérieur, à vos petites activités, soi-disant au service de Dieu ? Jésus ne peut rien nous expliquer, tant que nous n'avons pas fait taire tout ce tintamarre, tant qu'il n'est pas seul avec nous.

14 Janvier
L'appel de Dieu

Qui enverrai-je et qui marchera pour nous ? - Me voici, répondis-je, envoie-moi.

Isaïe 6.28

Dieu n'adressa pas d'appel direct à Isaïe. Isaïe entendit seulement Dieu demandant : « Qui enverrai-je » ? L'appel de Dieu n'est pas seulement pour quelques-uns, il s'adresse à tous. Si mes oreilles sont ce qu'elles doivent être, j'entendrai l'appel de Dieu. « Beaucoup sont appelés, peu sont élus ». Cela veut dire simplement que parmi les appelés, peu écoutent de manière à être élus. Les élus sont ceux qui, entrés en contact avec Dieu par Jésus-Christ, ont changé leur attitude, et dont les oreilles, débouchées, perçoivent « le murmure doux et subtil » répétant sans cesse : « Qui marchera pour nous » ?

Il ne s'agit pas d'un appel direct à un individu, à qui Dieu disait : « Toi, il te faut aller » ! Dieu n'a pas du tout contraint Isaïe. Isaïe se tenait devant Dieu, il entendit l'appel, et il se rendit compte qu'il n'avait qu'un seul parti à prendre, une seule réponse à faire : « Me voici, envoie-moi ». Débarrassez-vous de l'idée que Dieu viendra vous chercher, avec des injonctions ou des requêtes. Quand notre Seigneur appela ses disciples, il n'exerça sur eux nulle contrainte. Son appel, à la fois ardent et serein : « Suis-moi », s'adressait à des hommes en possession de tout leur sang-froid. Si nous permettons à l'Esprit de Dieu de nous amener devant Dieu, face à face, nous entendrons, comme Isaïe, le murmure doux et subtil, et librement, sans crainte, nous dirons : « Me voici, envoie-moi ».

15 Janvier
Avons-nous été réduits à rien ?

Nous avons été ensevelis avec Lui... afin que... nous aussi nous puissions vivre d'une vie nouvelle, et marcher en avant.

Romains 6.4

Il est impossible d'entrer dans la voie de la sanctification totale sans que notre moi, notre « vieil homme » soit dûment enseveli. Tant que nous n'avons pas été réduits à rien, la sanctification n'est qu'un rêve, Il nous faut mourir, d'une mort où l'on ressuscite, pour vivre de la vie de Jésus, de la vie que rien ne peut détruire ; de la vie où l'on est un avec Dieu, où l'on a un seul but : être témoin de Dieu.

En êtes-vous là réellement, et non pas seulement en imagination ? Pour être enseveli, il ne s'agit pas de se monter la tête, il s'agit de cesser de vivre. Acceptez-vous ce que Dieu vous demande, de cesser d'être le chrétien consciencieux et appliqué que vous avez été jusqu'ici ? Nous louvoyons autour du cimetière, mais nous refusons d'y entrer. Pourtant ce qu'il nous faut, c'est être baptisés, c'est-à-dire plongés dans la mort du Christ.

Encore une fois, en êtes-vous là? Ou bien, à l'égard de la vie de votre âme, continuerez-vous à jouer la comédie ? Pouvez-vous dire, en regardant en arrière ; pouvez-vous dire, avec une très douce, très apaisante, avec une immense reconnaissance : « Tel jour, je suis mort à moi-même et j'ai fait ma paix avec Dieu » ? Si vous ne l'avez pas fait encore, ne voulez-vous pas le faire aujourd'hui ? Cela dépend uniquement de vous.

16 Janvier
L'appel de Dieu traduit la nature de Dieu

J'entendis la voix du Seigneur disant : « Qui enverrai-je » ?

Isaïe 6.8

Quand nous parlons de l'appel de Dieu, nous oublions trop souvent ce qui est le plus essentiel, la nature même du Dieu qui nous appelle. Il y a bien des appels : celui de la mer, celui des sommets, celui des glaces polaires ; ils ne sont entendus que par ceux qui sont faits pour les entendre. Car pour entendre un tel appel, il faut quelque chose en nous qui s'y rapporte. L'appel de Dieu exprime la nature divine, et non la nôtre. Il y a certains accents de l'appel de Dieu qu'Il nous destine et que nous sommes seuls à percevoir. C'est Dieu même qui s'adresse à nous et à nous seuls sur tel point particulier. Il faut que nous puissions être en communion directe avec Lui.

L'appel de Dieu n'est pas du tout l'écho de ma nature propre ; mon tempérament, mes tendances personnelles n'ont rien à y voir. Tant que je suis préoccupé de ma nature propre et de mes aptitudes spéciales, je suis incapable d'entendre l'appel de Dieu. Pour en être capable, il faut que je traverse, comme Isaïe, une crise qui me transforme et accorde mon âme au diapason de Dieu. La plupart d'entre nous n'ont d'oreille que pour eux mêmes et n'en ont point pour Dieu.

17 Janvier
Ce qu'est en nous l'appel de Dieu

Quand Dieu... jugea bon de révéler en moi son Fils...

Galates 1.15-16

L'appel de Dieu n'est pas un appel à Le servir de telle ou telle manière particulière ; mais je puis, pour moi, l'interpréter ainsi. Par mon contact avec Dieu, je me rends compte de ce que je voudrais faire pour Lui. L'appel de Dieu en nous, c'est avant tout l'expression de ce qu'Il est. La manière dont je puis le servir, c'est l'expression de ce qu'il y a en moi. « Quand Dieu jugea bon de révéler en moi son Fils, dit saint Paul, afin que je puisse l'annoncer... », c'est-à-dire en somme exprimer le fait de Sa présence en moi.

Le service de Dieu n'est pas autre chose que l'amour et l'adoration assez abondants pour déborder et se répandre au dehors. Mais, à dire vrai, Dieu ne nous appelle pas expressément à le servir ; c'est une toute petite chose qui vient de moi, c'est l'effet naturel de ma vie transformée, Dieu me met en rapport avec Lui, de façon que je puisse comprendre son appel ; alors, de moi-même, par amour pour Lui, je fais ce que je puis. Servir Dieu est l'humble hommage d'un être à qui Dieu s'est révélé. Quand il me communique quelque chose de Lui-même, cette énergie, qui est en moi comme en Lui, me permet d'agir avec Lui. Le Fils de Dieu s'étant révélé en moi, je le sers donc tout naturellement dans tous les détails de ma vie.

18 Janvier
C'est le Seigneur !

Thomas lui répondit en s'écriant : "Mon Seigneur et mon Dieu."

Jean 20.28

« Donne-moi à boire ». Combien d'entre nous réclament avidement que Jésus-Christ les désaltère, alors que nous devrions, nous, rechercher ce dont il a besoin. Nous devrions épuiser pour lui tous nos biens, toutes nos facultés, toutes nos forces, et non pas l'épuiser, Lui, pour satisfaire à nos désirs.

« Vous serez mes témoins ». Cela suppose une vie de dévouement complet à notre Seigneur bien-aimé, de dévouement authentique, sans la moindre réserve, sans la moindre fraude, sans la moindre faiblesse : une vie consacrée à le satisfaire en toute chose, partout où il jugera bon de nous placer.

Méfiez-vous de tout ce qui peut revêtir le masque et usurper la place de votre loyal dévouement à Jésus-Christ. Le pire des usurpateurs, c'est le service déloyal. Il est plus aisé de servir Dieu que de se laisser vider par Lui jusqu'à la lie. Le but que Dieu veut atteindre, c'est la révélation de Lui-même en nous, et non pas la consigne de faire quoi que ce soit pour Lui, Dieu ne nous envoie pas combattre pour Lui, il veut seulement pouvoir nous utiliser comme il l'entend dans les combats qu'il livre lui-même.

Faisons bien attention de n'être pas plus attachés à notre activité chrétienne qu'à Jésus-Christ.

19 Janvier
Vision et ténèbres

Une terreur sombre et profonde tomba sur lui.

Genèse 15.12

Chaque fois que Dieu accorde une vision à un croyant, Dieu le met pour ainsi dire à l'ombre de Sa main, où il n'a qu'à se taire et à écouter Dieu, Il y a une obscurité qui résulte de l'excès de lumière : c'est le moment d'écouter en silence. Quand Dieu, après une vision lumineuse, nous plonge dans les ténèbres, nous n'avons qu'une chose à faire, c'est d'attendre. Dieu réalisera ce qu'il vous a fait voir, si vous savez attendre. Mais n'intervenez jamais à la place de Dieu pour accomplir sa promesse. Abraham dut traverser treize ans de silence, pendant lesquels toute sa confiance en lui-même fut détruite. Il comprit qu'il ne pouvait plus s'en tenir aux conseils du bon sens (voyez le chapitre 16). Ces années de silence étaient une période d'éducation, non de réprobation. N'essayez pas de susciter en vous artificiellement la joie et la confiance. Fiez-vous à Dieu et laissez Dieu agir (Isaïe 50.10-11).

Ma confiance repose-t-elle en moi-même, en tel ou tel enfant de Dieu, tel livre, telle prière, telle extase ? Ou bien ma confiance est-elle toute en Dieu lui-même, et non dans ses bienfaits ? « Je suis le Dieu Tout-Puissant, El Chaddaï, le Père et la Mère de tous ». Le but unique de toute l'éducation que Dieu nous dispense, c'est de nous apprendre à saisir la réalité de Dieu. Dès que Dieu devient pour nous réel, tous les autres deviennent des ombres. Quoi que puissent dire, quoi que puissent faire les autres croyants, rien ne peut troubler celui qui se fonde sur Dieu.

20 Janvier
Êtes-vous dispos, prêt à tout ?

Quelqu'un qui n'est pas né de nouveau ne peut pas voir le royaume de Dieu.

Jean 3.3

Il nous arrive d'être tout prêts pour une réunion de prière, mais peu disposés à cirer des souliers.

Être né de l'Esprit, c'est l'effet d'une action directe de Dieu, mystérieuse comme le vent qui souffle, prodigieuse comme Dieu lui-même, cachée au plus profond de notre vie individuelle. Être né d'en haut, c'est une nouveauté perpétuelle, un perpétuel commencement jusque dans l'éternité ; une pensée jeune, un langage clair, une vie alerte, la perpétuelle surprise de la vie en Dieu. La moindre sécheresse, le plus léger dépit, c'est le signe que nous ne sommes plus en communion directe avec Dieu : « Ah ! Disons-nous, si je ne fais pas cela maintenant, cela ne se fera jamais ». Être frais et dispos, ce n'est pas le fruit de l'obéissance, c'est le fruit du Saint-Esprit. L'obéissance nous maintient simplement dans la lumière, comme Dieu est dans la lumière.
Veillez sur votre communion avec Dieu. Jésus, pour tous ses disciples, demande à Dieu la même communion qui existe entre son Père et Lui. Gardez votre vie ouverte à Jésus-Christ, ne vous contentez jamais d'une apparence. Est-ce que vous puisez votre vie à une autre source que Dieu lui-même ? Dans ce cas, s'il vous arrive de perdre le contact avec Dieu, vous ne pourrez jamais vous en rendre compte.

Être né de l'Esprit, cela nous procure une jeunesse perpétuelle, qui nous rend toujours absolument dispos.

21 Janvier
Dieu se souvient, souvenez-vous

Je me souviens de ton amour lorsque tu étais jeune.

Jérémie 2.2

Est-ce que j'ai pour Dieu le même amour qu'autrefois, ou bien est-ce que je me contente de son amour pour moi ? Est-ce que je suis sans cesse préoccupé de ce qui peut réjouir le cœur de Dieu, ou bien est-ce que je gémis sur moi-même et sur les pénibles circonstances où je me trouve ? Il n'y a aucune joie dans l'âme qui a oublié ce dont Dieu se réjouit. Quel honneur pour moi de penser que Jésus-Christ peut avoir besoin de moi ! « Donne-moi à boire ». Quel amour lui ai-je témoigné durant la semaine dernière ? Ai-je manifesté par ma vie un vif souci pour sa réputation ?

Dieu dit à Jérusalem : « Tu n'as plus d'affection pour moi maintenant, mais je me souviens du temps où tu en avais. Je me souviens de ton amour lorsque tu étais fiancée ». Mon enthousiasme pour Jésus-Christ est-il resté le même ? Ai-je gardé intacts mon amour et mon dévouement pour lui, ou bien me suis-je repris, et ma prudence a-t-elle diminué mon amour ? Suis-je assez attaché à lui pour accepter d'aller avec lui n'importe où, ou bien préoccupé de ce qui m'est dû, et en train de calculer jusqu'à quel point je dois renoncer à mes aises ?

Si, me remémorant ce que Dieu voit dans mon passé, je m'aperçois que Dieu n'est plus pour moi ce qu'il était alors, puisse cette découverte me couvrir de honte et d'humiliation, car de cette honte naîtra la tristesse selon Dieu et la vraie repentance.

22 Janvier
Où regardons-nous ?

Tournez vos regards vers Moi, et soyez sauvés.

Isaïe 45.22

Sommes-nous de ceux qui s'attendent à ce que Dieu vienne de lui-même les combler de bienfaits et les sauver ? Il dit :

« Tournez-vous vers Moi, et soyez sauvés ». Dans la vie spirituelle, ce qui est le plus difficile, c'est de concentrer nos regards sur Dieu, et cette difficulté provient de ses bienfaits eux-mêmes. L'affliction, presque toujours, nous fait regarder à Dieu ; mais ses bienfaits détournent nos regards sur autre chose. Le Sermon sur la Montagne peut se résumer ainsi :

Renoncez, s'il le faut, à tout le reste, jusqu'à ce que tout en nous, le corps et l'âme, le cœur et l'esprit, soit tourné vers Jésus-Christ.

Beaucoup d'entre nous se font une certaine conception de ce qu'un chrétien doit être, et la vie des saints devient un obstacle qui nous détourne de Dieu. Ce chemin compliqué ne va pas au salut. « Tournez-vous vers Moi, et vous êtes sauvés »

- non pas : vous serez sauvés. Quoi que ce soit que nous voulions atteindre, nous l'atteindrons en regardant à Lui de toute notre âme. Nous nous faisons mille soucis, nous boudons notre Dieu, alors qu'Il est là et qu'il nous répète : « Regarde en haut, et sois sauvé » ! Mes tracas, mes soucis, mes questions : « Que ferai-je cet été ? Que ferai-je demain » ? Tout cela disparaît si je regarde à Dieu.

Âme dolente, secoue-toi ! Et regarde à Dieu, n'espère qu'en Lui. Même si tu es débordé par mille choses urgentes, aie le courage de les laisser toutes de côté. Regarde à Dieu, et le salut est là pour toi, instantanément.

23 Janvier
La vision intérieure qui nous transforme

Nos visages découverts reflètent comme un miroir la gloire du Seigneur ; nous sommes transformés en son image ; par l'action de l'Esprit, sa gloire devient la nôtre.

2 Corinthiens 3.18

Le caractère le plus frappant d'un véritable chrétien, c'est cette ouverture, cette franchise absolue à l'égard de Dieu, qui font de sa vie un miroir, où d'autres peuvent discerner Dieu. L'Esprit qui est en nous nous transforme, et notre regard devient un reflet. On reconnaît aisément celui qui a contemplé Dieu ; on sent qu'il est l'image de son Seigneur. Méfiez-vous de tout ce qui peut ternir votre miroir intérieur : c'est généralement quelque chose qui paraît bon, mais de cette bonté qui n'est pas la meilleure.

Pour vous comme pour moi, le secret du bonheur, c'est ce regard central, toujours tourné vers Dieu. Que tout le reste s'efface devant cette unique préoccupation : travail, vêtement, nourriture, tout au monde. La poussée de tout ce qui nous harcèle tend sans cesse à étouffer notre élan vers Dieu. Il nous faut lutter pour maintenir sur tous les points nos positions spirituelles. Que tout le reste s'arrange comme il pourra, que les gens disent tout ce qu'ils voudront, ce qui importe, c'est que rien n'obscurcisse en nous la vie cachée avec le Christ en Dieu. Ne vous laissez jamais bousculer hors de cette communion, souvent si ondoyante, et qui ne devrait jamais l'être. La tâche peut-être la plus ardue pour un chrétien, c'est de refléter comme un miroir la gloire du Seigneur.

24 Janvier
La direction qui s'impose à nous

Voici pourquoi je te suis apparu...

Actes 26.16

La vision de Paul sur le chemin de Damas n'était pas une extase passagère, mais bien une vision qui, s'imposant à lui, lui donnait un commandement précis ; aussi Paul ajoute : « Je n'ai pas désobéi à la vision céleste ». Notre Seigneur lui dit au fond ceci : « J'aurai désormais la main haute sur toute ta vie : tu n'auras d'autre but, d'autre dessein, d'autre idéal que le mien. Car je t'ai choisi ».

Une fois nés de nouveau, nous ne pouvons manquer, si peu qu'il y ait en nous de vie spirituelle, d'avoir la vision de ce que Jésus nous demande d'être pour lui. Il est essentiel que nous apprenions à obéir à cette vision, et à ne pas déclarer que c'est impossible. Il ne suffit pas de savoir que Dieu a opéré le salut du monde, et que le Saint-Esprit peut me mettre au bénéfice de toute l'œuvre rédemptrice de Jésus-Christ. Il faut encore que je sois en rapport direct avec Lui. Paul ne reçut pas une doctrine à proclamer, il fut mis en vivant contact avec la personne vivante et souveraine de Jésus-Christ. Le verset x6 est magnifiquement impératif : « Je t'ai apparu pour faire de toi mon serviteur... » C'est un maître qui parle. Il s'agit uniquement d'une relation personnelle entre lui et son serviteur. Paul n'était pas au service d'une cause, mais au service exclusif et absolu de Celui dont il disait : « Je résolus de ne rien savoir parmi vous sinon Jésus-Christ, et Jésus-Christ crucifié ».

25 Janvier
Laissez de la place pour Dieu

Mais quand Dieu jugea bon...

Galates 1.15

En travaillant pour Dieu, il nous faut apprendre à Lui laisser de la place, à ne pas le gêner dans ses mouvements. Nous faisons des calculs, des prévisions, nous disons : « Voilà ce qui arrivera » ou bien « Voilà comment les choses se passeront » et nous n'oublions qu'un seul point : laisser à Dieu toute la place nécessaire pour qu'il intervienne où et quand Il le jugera bon. Nous serions fort surpris si Dieu, tout à coup, interrompait notre réunion ou notre homélie d'une manière tout à fait inattendue. Ne comptez pas que Dieu interviendra de telle ou telle manière que vous prévoyez, mais comptez qu'Il viendra, et attendez-Le. C'est le vrai moyen de lui faire place. Comptez fermement qu'Il viendra, mais ne comptez pas du tout qu'il viendra d'une manière déterminée. Si bien que nous connaissions Dieu, nous avons toujours à nous mettre dans la tête cette grande leçon qu'à n'importe quel instant, Il peut surgir. Nous oublions trop facilement cet élément de surprise, et pourtant c'est toujours ainsi que Dieu agit. Tout d'un coup, Dieu est là devant nous : « Quand, dans Son bon plaisir, Dieu décida... »

Que votre contact avec Dieu soit si souple et si constant que Dieu puisse vous surprendre, sans peine, de tous les côtés, à gauche aussi bien qu'à droite. Attendez-vous à tout de Sa part, et laissez-lui toute la place pour entrer comme il lui plaît dans votre vie.

26 Janvier
La consécration perpétuelle

Si Dieu habille ainsi l'herbe des champs... combien plus ne vous habillera-t-il pas ?

Matthieu 6.30

Une affirmation de Jésus, si simple qu'elle soit, est pour nous une énigme tant que nous manquons de simplicité. Notre vie ne sera vraiment simple que si nous recevons l'Esprit de Jésus-Christ, afin de compter sur Lui et de Lui obéir en toute chose. « Si votre Père, nous dit-il, revêt de splendeur l'herbe des champs, à combien plus forte raison vous donnera-t-il le nécessaire, si vous êtes unis à Lui ». Les défaillances de notre communion avec Dieu viennent toujours de ce que nous nous imaginons sottement en savoir plus que Jésus-Christ. Les soucis du monde nous ont envahis, et nous avons laissé de côté le « combien plus » du Père céleste.

« Regardez les oiseaux du ciel... » Leur seul but est de suivre leur instinct de vie et Dieu les fait vivre. Jésus nous dit : « Dieu vous protégera de même, si vous obéissez à son Esprit ».

« Regardez les fleurs des champs... », elles croissent là où elles ont été placées. Beaucoup d'entre nous refusent de croître là où nous avons été placés, et alors nous ne prenons racine nulle part. Jésus nous dit que pourvu que nous suivions la règle de vie que Dieu nous a donnée, Dieu se charge de nous donner tout le reste. Jésus nous a-t-il menti ? Si nous n'éprouvons pas la bonté de Dieu, c'est parce que nous ne lui obéissons pas. Nous nous perdons dans mille soucis divers, nous ne savons pas nous consacrer à Dieu, en laissant de côté tout le reste. Cette consécration ne saurait se faire une fois pour toutes. - Il nous faut la renouveler chaque jour.

27 Janvier
La vraie prudence

Ne vous faites donc pas de souci pour votre subsistance.

Matthieu 6.25

Un avertissement dont nous avons besoin qu'on nous le répète souvent, c'est bien celui-ci : Les soucis de ce monde, la séduction des richesses et les plaisirs de la vie tendent sans cesse à étouffer en nous la divine semence. C'est tantôt la nourriture et le vêtement, tantôt l'argent qu'on possède ou le manque d'argent, les amis qu'on a ou qu'on voudrait avoir, les difficultés de tout genre. C'est un flot qui monte toujours, et qui risque de nous submerger, si l'Esprit de Dieu n'est pas en nous, digne sûre et infranchissable.

Ne vous faites pas de souci pour votre subsistance. Ne vous inquiétez que d'une seule chose, nous dit le Seigneur, de votre position à mon égard. Le sens commun se rebiffe là contre :

« Mais c'est absurde ! Il faut bien que je m'inquiète de comment je vivrai, de ce que je mangerai, de ce que je boirai ». - « Non, dit Jésus, il ne le faut pas ». N'allez pas vous imaginez là-dessus qu'Il ne sait rien de vos circonstances particulières. Il les connaît mieux que vous, et il vous dit : « D'abord Dieu, et le reste ensuite ». -

« À chaque jour suffit son mal ». Quel est donc le mal qui vous harcèle aujourd'hui ? Serait-ce de petits lutins qui vous soufflent à l'oreille : « Que faire cet été ? Que faire dans un mois » ? - « Ne vous inquiétez de rien », dit Jésus. La vraie prudence, c'est de penser au « combien plus » de votre Père céleste.

28 Janvier
Comment croire qu'on puisse ainsi persécuter Jésus ?

Saul, Saul, pourquoi me persécutes-tu ?

Actes 26.14

Est-ce que je suis décidé à ne laisser agir Dieu qu'à ma guise ? Terrible piège auquel nous sommes toujours pris, tant que nous n'avons pas été baptisés d'Esprit et de feu. L'entêtement et l'amour-propre nous amènent toujours à poignarder le Christ. Nous ne faisons peut-être de tort à personne, mais nous crucifions Jésus. Chaque fois que nous voulons, obstinément, « maintenir nos droits, notre dignité », chaque fois que nous voulons faire triompher nos ambitions, nous persécutons et nous crucifions Jésus. Il n'y a pas de plus affreuse découverte qu'une telle découverte.

Quand je vous transmets le message de Dieu, est-il vivant en moi, ardent et vibrant ? Ou bien ma vie dément-elle ce que j'essaye de prêcher ? Je puis prêcher la sanctification et manif ester en moi l'esprit de Satan, l'esprit qui persécute Jésus. L'Esprit de Jésus n'admet qu'une attitude : être un avec le Père. Aussi quelle humilité que la sienne : « Écoutez mon enseignement, dit-il, car je suis doux et humble de cœur ». Tout ce que je fais doit se fonder sur ma parfaite union avec Lui, non pas sur ma propre volonté de m'élever vers Dieu. Cela implique sans doute qu'on profitera de moi, qu'on me trompera sans peine, qu'on me laissera de côté. Mais en acceptant tout cela pour l'amour de Lui, j'ai la joie de n'être pas parmi ses persécuteurs.

29 Janvier
Comment croire qu'on puisse être tellement ignorant ?

Qui es-tu, Seigneur ?

Actes 26.15

« Ainsi m'a parlé l'Éternel, quand sa main m'a saisi » (Isaïe 8.11) Quand le Seigneur nous parle, nul moyen de Lui échapper. Il s'empare sur-le-champ de notre intelligence. Est-ce que Dieu vous a parlé directement ? Dans ce cas, vous n'avez pas pu ne pas saisir l'insistance pénétrante avec laquelle Il vous a parlé, non pas par vos oreilles, mais par vos circonstances, dans le langage que vous pouvez le mieux comprendre.

Dieu doit détruire notre confiance entêtée dans nos propres convictions. « Oh ! Je sais très bien que c'est là ce que je dois faire ». Et soudain la voix de Dieu nous renverse et nous confond en nous révélant les abîmes de notre ignorance. Nous avons manifesté notre ignorance à l'égard de Dieu dans la manière même dont nous avons prétendu le servir. Nous servons Jésus dans un esprit qui n'est pas le sien, nous lui faisons tort en prétendant l'exalter, nous combattons pour lui dans l'esprit de Satan. Nos paroles sont irréprochables, notre âme empoisonnée. « Il les réprimanda, et leur dit : Vous ne savez de quel esprit vous êtes animés ». Le cantique à l'amour de l'apôtre Paul (1 Corinthiens 13) définit l'Esprit du Seigneur chez celui qui veut être son porte-parole.

Ai-je fait tort à Jésus par la manière dont j'ai prétendu le servir ? Alors je me suis trompé. Nous nous imaginons que notre devoir, c'est tout ce qui nous coûte. Combien différent est l'Esprit du Seigneur : « Faire ta volonté, ô Dieu, est tout mon plaisir ». (Psaume 40.8)

30 Janvier
Obéir ou désobéir

Samuel n'osait pas raconter la vision à Éli.

1 Samuel 3.15

Il est rare que Dieu nous parle d'une façon qui nous émeuve fortement. Souvent nous nous méprenons sur ce qu'il veut nous dire et nous disons : « Est-ce bien la voix de Dieu » ? Isaïe nous dit que la main de l'Éternel l'a saisi. Il s'agit là de tout ce qui nous arrive, et qui pèse sur nous. Rien ne nous arrive qui ne soit un message de Dieu lui-même. Savons-nous percevoir Sa voix dans tout ce qui est, aux yeux des hommes, accidentel ?

Apprenez à dire en toute circonstance : « Parle, Seigneur » et votre vie sera un enchantement. Dites : « Parle, Seigneur », mais prenez le temps d'entendre Sa réponse. Les corrections que Dieu nous envoie ne sont pas seulement une discipline, elles sont là pour nous amener à dire : « Parle, Seigneur ». Dieu ne vous a-t-il jamais parlé, par tel ou tel verset ? En écoutant mieux, notre oreille s'exerce, et peu à peu, comme Jésus, nous entendrons Dieu sans cesse.

Oserons-nous dire à Éli, c'est-à-dire à ceux que nous vénérons le plus, le message que Dieu nous a transmis ? Nous nous érigeons nous-mêmes en providence : nous voulons épargner à Éli ce qui pourrait le troubler. Dieu n'ordonne pas à Samuel d'aller raconter sa vision à Eh : il fallait qu'il en prenne lui-même l'initiative. En voulant épargner à autrui une souffrance, nous dressons un mur entre nous et Dieu. Nous assumons une terrible responsabilité en nous opposant à ce que le coupable se coupe la main droite ou s'arrache l'œil droit.

Quand Dieu vous indique Lui-même ce que vous avez à faire, ne consultez personne. Vous risqueriez trop de vous laisser guider par Satan. « J'obéis aussitôt, dit Paul, sans consulter ni la chair ni le sang ».

31 Janvier
À quoi êtes-vous appelés ?

Mis à part pour annoncer la Bonne Nouvelle.

Romains 1.1

Nous ne sommes pas appelés avant tout à être des saints et des saintes, mais bien à proclamer la Bonne Nouvelle, l'évangile de Dieu, Ce qui importe par-dessus tout, c'est qu'on se rende bien compte que l'évangile est la réalité suprême et permanente. Ni la vertu des hommes, ni la sainteté, ni le ciel ni l'enfer, ne sont la réalité fondamentale, qui n'est autre que la Rédemption. Le chrétien qui veut travailler pour Dieu a plus que jamais besoin de se pénétrer de cette vérité. Rien n'est réel que la Rédemption, c'est Dieu même qui nous le révèle, il faut nous habituer à cette pensée. La sainteté individuelle est un effet, non pas une cause. Si nous mettions notre confiance en cette qualité humaine, qui est l'effet en nous de la Rédemption, nous ferions naufrage.

Paul ne dit pas qu'il s'est mis à part lui-même, il dit : « Quand Celui qui m'a mis à part le jugea bon… » Paul n'était pas intensément préoccupé de sa propre sainteté. Tant que nos yeux seront fixés sur notre pureté personnelle, nous ne saisirons jamais la réalité de la Rédemption. Les chrétiens tombent en route, parce que leur pureté les occupe ;- et non pas Dieu. La réalité dure et rugueuse de la Rédemption en rapport avec le bourbier de la vie humaine, cela ne leur dit rien, Ils veulent avant tout que Dieu les rende plus dignes de leur propre estime. Tant que je ne me suis pas abandonné à Dieu sans réserve, Dieu ne peut pas me sauver.

1er Février
L'appel de Dieu

Le Christ ne m'a pas envoyé pour baptiser, mais pour annoncer la Bonne Nouvelle.

1 Corinthiens 1.17

Paul déclare ici que l'appel de Dieu, c'est l'appel à proclamer la Bonne Nouvelle, c'est-à-dire la réalité de la Rédemption, dans la personne de notre Seigneur Jésus-Christ. Nous sommes portés à faire de la sanctification le but final de notre enseignement. Paul se sert de ses expériences personnelles simplement à titre d'exemple, mais ce n'est jamais pour lui le but dernier. Aucun texte dans la Bible ne nous ordonne de prêcher le salut ou la sanctification ; notre rôle est d'élever Jésus-Christ (Jean 12.32). C'est une mauvaise plaisanterie que d'oser dire : « Jésus a souffert pour que je devienne, moi, un saint ». Jésus a souffert pour racheter le monde entier, et le placer, restauré, purifié, sans tache, devant le trône de Dieu. Le fait que la Rédemption peut manifester en nous son efficacité est une marque de sa puissance et de sa réalité, mais non pas son but. Si Dieu avait notre nature humaine, comme il serait fatigué, écœuré de nos incessantes prières pour notre salut, pour notre sanctification. Du matin au soir, nous l'accablons de nos requêtes : il nous faut ceci, il faut qu'Il nous délivre de cela ! Quand nous aurons touché le roc profond de l'évangile, nous ne L'ennuierons plus de nos jérémiades.

Paul n'avait qu'une passion : proclamer la Bonne Nouvelle. Il acceptait avec empressement les chagrins, les déceptions, les persécutions, parce que tout cela contribuait à faire de lui un serviteur ferme et dévoué de l'évangile.

2 Février
L'appel qui nous contraint

Malheur à moi, si je n'annonce pas la Bonne Nouvelle !

1 Corinthiens 9.16

Prenez garde de ne pas boucher vos oreilles à l'appel de Dieu. Sans doute, quiconque est sauvé est appelé à rendre témoignage de ce fait. Mais ce n'est pas encore là l'appel à prêcher l'évangile, il ne s'agit que d'un exemple dont on pourrait se servir au cours d'une prédication. Paul, dans ce texte, parles de la contrainte douloureuse qu'il a éprouvée, lorsqu'il s'est agi pour lui d'annoncer la Bonne Nouvelle. Le salut est une affaire toute simple où Dieu se charge de tout : « Venez à moi et je vous sauverai ». La croix de Jésus-Christ nous impose le salut. Mais pour être son disciple, il faut un choix que nous seuls pouvons faire.

Pour que je sois, comme Paul, un véritable serviteur de Jésus-Christ, Dieu me façonne à son gré, sans me demander ma permission jamais. À son gré, Dieu fait de nous le pain rompu, le vin répandu. Être mis à part pour l'évangile, c'est un déchirement, c'est une agonie : toutes nos ambitions broyées, tous nos désirs supprimés, tout en nous s'effaçant devant cet unique devoir : « Mis à part pour l'évangile ». Malheur à celui qui essaye de marcher dans une autre direction, dès qu'il a entendu cet appel ! Quand Dieu vous a saisi, arrière tout autre appel !

3 Février
Acceptons-nous d'être mis au ban de la société ?

Nous sommes traités comme les ordures de l'univers.

2 Corinthiens 4.13

Ces mots ne sont point une exagération. S'ils ne s'appliquent pas à nous qui nous appelons serviteurs de l'évangile, ce n'est pas que Paul s'en soit servi à tort, mais que nous sommes trop avisés et trop délicats pour accepter d'être des balayures. « Compléter en ma chair ce qui manque à mes souffrances pour le Christ », ce n'est pas un effet de la sanctification, mais de ce que j'ai été « mis à part pour l'évangile ».

« Bien-aimés, dit l'apôtre Pierre, ne vous étonnez pas de l'ardeur des tourments destinés à vous éprouver ». Si au contraire nous en sommes tout étonnés, c'est que nous sommes des lâches. Nous reculons instinctivement devant la boue. Nous refusons de nous baisser, de nous courber. Libre à vous d'être sauvé tout juste ; vous pouvez refuser à Dieu d'être mis à part pour l'évangile. Ou bien alors vous pouvez accepter d'être traité vous-même comme le rebut de la terre, pourvu que la Bonne Nouvelle soit proclamée. Le serviteur de Jésus-Christ ne craint pas de marcher au martyre. Lorsqu'on se fonde sur la morale purement humaine et qu'on se trouve en présence de la pire abjection, on a un sursaut de répugnance instinctive et l'on ferme son cœur. La Rédemption divine, cette merveilleuse vérité, est si profonde qu'aucune bassesse n'y peut surnager. L'amour absorbe tout, Paul ne dit pas que Dieu l'a mis à part pour en faire une âme d'élite, mais bien « pour révéler son Fils en moi ».

4 Février
La domination souveraine du Christ sur une âme

Car l'amour du Christ me domine et m'étreint.

1 Corinthiens 5.14

Paul nous dit ici que l'amour du Christ le domine et le tient serré comme dans un étau. Il en est bien peu parmi nous qui savent ce que c'est que d'être ainsi tenus et dirigés par l'amour de Dieu. Ce qui nous tient, c'est ce que nous sentons, c'est la poussée des circonstances. Paul n'était tenu que par l'amour du Christ. Chez un homme ou une femme qui en est là, on sait que l'Esprit de Dieu agit sans obstacle.

Quand nous naissons de nouveau, nous avons sans doute à témoigner de ce que Dieu a fait pour nous. Mais après le baptême du Saint-Esprit, tout cela ne compte plus, et nous commençons à comprendre la parole de Jésus : « Vous serez Mes témoins ». Il ne s'agit plus du témoignage élémentaire, portant sur ce que Jésus peut faire, mais d'être les représentants de Jésus, acceptant tout ce qui nous arrive comme fait à Lui-même, louange ou blâme, persécution ou approbation.

Impossible de jouer ce rôle si nous ne sommes pas entièrement sous la domination de Jésus. C'est la seule chose qui compte, et c'est pourtant la dernière, souvent, dont le chrétien s'aperçoit. Paul dit que l'amour de Dieu s'est emparé de lui ; peu importe qu'on le traite de fou. Il ne vit plus que pour une seule chose : convaincre les hommes du jugement de Dieu, et de l'amour du Christ. Cet abandon à l'amour du Christ est la condition d'une vie féconde, où l'on voit éclater la sainteté de Dieu, non pas celle de l'homme.

5 Février
Êtes-vous prêt à être offert en sacrifice ?

Si même je dois verser mon sang en libation pour achever le sacrifice de vous-mêmes que vous offrez a Dieu par votre foi, j'en suis heureux et je m'en réjouis avec vous tous.

Philippiens 2.17

Acceptez-vous d'être offert en sacrifice pour parachever ce que la foi des autres tâche de faire ? Acceptez-vous de verser votre sang en libation pour Dieu au bénéfice de vos frères ? Ou bien est-ce que vous regimbez, en disant : « Non ; je ne tiens pas à être sacrifié à ce moment-ci. Je ne veux pas que Dieu m'impose ainsi son choix. Je veux pouvoir choisir moi-même le cadre de mon sacrifice et aussi les assistants, des gens qui puissent me comprendre et m'approuver ».

Il y a une grande différence entre celui qui marche vers le sacrifice dans la fierté de son héroïsme, et celui à qui Dieu demande d'être le paillasson sur lequel chacun s'essuie les pieds. Si Dieu veut vous apprendre l'abaissement et l'humiliation, êtes-vous prêt à vous offrir en sacrifice de cette manière-là ? Êtes-vous prêt à n'être rien du tout, moins encore qu'une goutte d'eau dans un baquet tout plein ? Êtes-vous prêt à ne compter pour tien du tout, tellement qu'il ne sera jamais plus question de vous à propos de l'âme que vous aurez contribué à sauver ? Êtes-vous prêt à vous dépenser, à vous laisser user au service des autres ? Non pas à vous faire servir, mais à servir les autres. On trouve des saints qui ne consentent pas à faire un travail humiliant, tout en restant des saints. Leur amour-propre les retient.

6 Février
Êtes-vous prêt à être offert en sacrifice ?

Pour moi, l'offrande de ma vie à Dieu s'achève.

2 Timothée 4.6

« Je suis prêt à m'offrir à Dieu », dites-vous, C'est une affaire de volonté, non de sentiment. Dites à Dieu, de toute votre âme, que vous êtes prêt au sacrifice. Arrivera ce qui pourra, vous n'aurez pas à vous plaindre, quelque épreuve que Dieu choisisse pour vous. L'épreuve est toute personnelle, nul ne peut vous aider à la porter. Votre vie extérieure peut rester la même : c'est votre volonté qui a changé. Une fois que votre volonté s'est courbée, le sacrifice lui-même ne vous coûtera plus rien. Mais si vous ne savez pas courber votre volonté devant Dieu, vous aboutirez fatalement à vous apitoyer sur vous-même.

« Attachez avec des cordes la victime pour le sacrifice, amenez-la aux cornes de l'autel ». Le feu de l'autel est destiné à nous purifier entièrement de tout désir qui n'est pas le désir de Dieu. Ce n'est pas vous qui brûlez en vous l'interdit, c'est Dieu. Vous amenez la victime attachée aux cornes de l'autel.

Ne vous laissez pas aller à vous apitoyer sur vous-même, lorsque le feu s'allume. Cette épreuve du feu nous délivre de tout ce qui nous accable, de tout ce qui nous déprime. Ce qui nous séduisait ne nous séduit plus. Avez-vous passé par le feu ?

Présentez-vous à Dieu, prêt au sacrifice, et Dieu se révélera à vous, dans toute sa splendeur.

7 Février
La dépression ne nous est pas permise

Nous espérions bien que... mais maintenant tout est fini, et voilà le troisième jour... Luc 24.21

Les disciples d'Emmaüs ne mettaient en avant que des faits exacts, mais les conséquences qu'ils en tiraient étaient erronées. Dans le domaine spirituel, la dépression est toujours coupable. Quand je suis abattu, c'est moi qui suis en faute : ce n'est pas Dieu, ni quelqu'un d'autre. La dépression a deux sources possibles : ou bien j'ai satisfait une convoitise ou bien je n'ai pas pu le faire. Toute convoitise est une impatience. La convoitise spirituelle me pousse à exiger de Dieu une réponse, au lieu de chercher Dieu, pour qu'Il puisse, s'Il le veut, me donner la réponse. La convoitise des disciples, c'est qu'ils avaient conçu le Christ à leur façon. Nous comptions que c'était Lui qui délivrerait Israël") J'ai compté que Dieu m'exaucerait de telle manière : voilà déjà le troisième jour. N'ai-je pas le droit d'être déprimé et de blâmer Dieu ?

Chaque fois que nous réclamons ainsi la réponse à notre prière, c'est que nous faisons fausse route. La prière, c'est l'union avec Dieu, et non pas la mainmise sur l'objet de notre désir. La dépression physique est un symptôme de maladie. Il en est de même au point de vue spirituel.

Nous voudrions des manifestations éclatantes de la puissance de Dieu, et nous ne soupçonnons pas que Dieu est là, autour de nous, dans notre vie de tous les jours : c'est là, si nous sommes fidèles, que la gloire de Jésus-Christ nous apparaîtra.

8 Février
Ce que doit être en nous la sanctification

Que le Dieu de paix lui-même vous sanctifie tout entiers.

1 Thessaloniciens 5.23

Quand nous demandons à Dieu de nous sanctifier, osons-nous affronter l'idéal que Paul nous propose ? Nous ne voyons pas assez tout ce qu'implique la sanctification. Tout ce qui, en nous, nous attache à la terre doit se rétrécir étroitement, et ce qui nous attache à Dieu s'élargir d'une façon prodigieuse. Pour devenir saint, il faut concentrer toutes ses forces sur ce qui intéresse Dieu lui-même, assujettir à ce seul but toutes les puissances de notre être. Sommes-nous prêts à nous laisser transformer par Dieu ? Une fois cette œuvre opérée, sommes-nous prêts à nous donner entièrement à Dieu, comme l'a fait Jésus ?

« Pour eux je me consacre et je donne ma vie ». On n'est vraiment consacré que lorsqu'on s'est tellement uni à Jésus que la règle de sa vie devient la règle de notre vie. Sommes-nous prêts à toujours accepter ce que cela nous coûtera, c'est-à-dire l'abandon de tout ce qui en nous ne vient pas de Dieu ?

Sommes-nous prêts à nous laisser emporter vers les cimes par cette prière de l'apôtre Paul ? Sommes-nous prêts à dire :
« Seigneur, crée en moi toute la sainteté dont Tu peux revêtir un pécheur sauvé par Ta grâce ». Jésus a prié Dieu que nous soyons tous un avec lui, comme il est un avec le Père. Ce qui caractérise la présence du Saint Esprit dans une âme humaine, c'est une ressemblance marquée avec Jésus-Christ, et l'éloignement à l'égard de tout ce qui ne lui ressemble pas. Sommes-nous prêts à nous abandonner à l'action du Saint-Esprit ?

9 Février
Vous sentez-vous épuisé spirituellement ?

Le Dieu d'éternité... ne se lasse pas, il ne se fatigue point.

Isaïe 40.28

L'épuisement vient quand nos forces vitales sont à bout.

L'épuisement spirituel n'est jamais la conséquence du péché, mais du travail que nous faisons pour Dieu. Pour échapper à l'épuisement, il faut savoir où puiser la force. Si Dieu vous demande d'être le pain rompu et le vin répandu, cela veut dire que vous avez à être vous-même la nourriture des autres, jusqu'à ce qu'ils apprennent à la trouver en Dieu. Il vous faut bien compter qu'ils vous épuiseront jusqu'au fond. Appliquez-vous à vous ravitailler à mesure, ou vous succomberez bientôt.

Nous devons à Dieu de nous donner aux autres, qui sont Ses enfants, aussi complètement qu'à Lui-même.

Est-ce que par la manière dont vous servez Dieu vous vous êtes laissé aller jusqu'à l'épuisement ? S'il en est ainsi, passez en revue tous vos mobiles d'action. Qu'est-ce qui vous a poussé à travailler pour Dieu ? Est-ce votre inclination personnelle, ou bien vous êtes-vous fondé sur la Rédemption accomplie par Jésus-Christ ? Ne vous lassez pas de surveiller les sources de votre activité, et n'oubliez pas où se trouve la seule source authentique. Vous n'avez pas le droit de dire à Dieu : « Oh ! Seigneur, je me sens tellement épuisé » ! Il vous a sauvé, il vous a consacré, il vous a sanctifié pour pouvoir vous épuiser. Laissez-vous épuiser pour le service de Dieu, mais rappelez-vous que tout vous vient de Lui. « Toutes mes sources de vie, en Toi je les trouverai ».

10 Février
Votre vision de Dieu meurt-elle d'inanition ?

Levez les yeux en haut, et regardez. Qui a créé toutes tu étoiles ?

Isaïe 40.26

Le peuple de Dieu, au temps d'Isaïe avait desséché son cœur et son imagination en contemplant des idoles. Le prophète tourne leurs regards vers les cieux étincelants. La nature pour le croyant est un symbole qui mène à Dieu, un moyen de grâce. Pour un enfant de Dieu, la nature apparaît comme un vaste trésor. Chaque brise qui souffle, chaque nuit, chaque journée, chaque buisson qui fleurit, chaque fleur qui se fane, tout cela, c'est Dieu même qui vient à nous, si seulement nous savons le voir.

La marque d'une vie spirituelle authentique, et concentrée en Dieu, c'est qu'elle tient notre imagination captive. Regardez où vous en êtes. Est-ce que votre pensée s'attache à une idole ? Peut-être à vous-même, à votre travail, à votre expérience personnelle du salut et de la sanctification ? Alors votre pensée, par rapport à Dieu, se meurt d'inanition, et en présence des difficultés de la route, rien ne vous éclaire. Réveillez-vous de cette léthargie. Ne regardez pas à votre passé, regardez à Dieu. C'est Dieu dont vous avez besoin.

Si vos prières s'enlisent dans les marécages de la médiocrité, c'est que votre pensée de Dieu n'est pas assez forte pour que vous vous mettiez vraiment en Sa présence. Il faut apprendre à sortir de nous-mêmes, à être le pain rompu, le vin répandu, non pas pour nous et pour notre union personnelle avec Dieu, mais pour les autres. Dieu seul peut nous donner cette vision des autres et ce désintéressement.

11 Février
Votre espérance en Dieu est-elle sur le point de s'évanouir ?

Tu garderas dans une paix parfaite celui qui appuie sa pensée sur Toi ; car il se confie en Toi.

Isaïe 26.3

Votre pensée s'appuie-t-elle sur Dieu ? Ou est-elle en train de périr d'inanition, ce qui aboutit fatalement, chez un chrétien, à la banqueroute ? Si votre pensée ne s'est jamais attachée à Dieu, commencez tout de suite. N'attendez pas que Dieu vienne vous chercher ; mais détournez vos regards de vos idoles, et regardez à Dieu, pour être sauvé. Notre pensée, notre imagination, c'est le plus grand don que Dieu nous ait fait ; c'est à Lui par conséquent que nous devons la consacrer. Si vous avez su faire prisonnière chacune de vos pensées, pour qu'elle obéisse au Christ, cela sera pour votre foi une garantie de premier ordre quand l'épreuve sera là, parce que votre foi et l'Esprit de Dieu seront à l'unisson. Apprenez à n'avoir que des pensées dignes de Dieu devant tous les grands phénomènes de la nature, et votre imagination, au lieu d'être l'esclave de vos impulsions charnelles, sera toujours au service de Dieu,

« Nous avons péché comme nos pères... et nous avons oublié ». Alors plantez un stylet à l'endroit où vous vous êtes endormi - « Dieu, dites-vous, ne me parle pas en ce moment ». C'est votre faute. Rappelez-vous que vous appartenez à Dieu. Pensez à tout ce qu'il a déjà fait pour vous, et votre amour pour Lui grandira sans mesure. Votre imagination ne sera plus stérile, mais agile et féconde, et votre espérance deviendra éblouissante.

12 Février
Faut-il que j'écoute ?

Le peuple dit à Moïse : « Parle-nous, toi et nous écouterons ; mais que Dieu ne nous parle pas, cela nous ferait mourir » !

Exode 20.19

Nous ne faisons pas exprès de désobéir à Dieu ; tout simplement, nous ne faisons pas attention à Lui. Dieu nous a donné ses commandements ; ils sont là, et nous n'y prenons pas garde, parce que nous n'avons pour Lui ni respect ni amour. « Si vous m'aimez, dit Jésus, vous garderez mes commandements ». Quand nous nous rendons compte que nous avons toujours manqué de respect à l'égard de Dieu, nous ne pouvons qu'être plongés dans la honte et dans l'humiliation.

« Parle-nous, toi ; mais que Dieu ne nous parle pas » ! Cela prouve combien peu nous aimons Dieu. Nous préférons entendre ses serviteurs, nous écoutons volontiers leurs témoignages. Mais nous ne voulons pas que Dieu Lui-même nous parle. Pourquoi donc en avons-nous si peur ? Parce que nous savons bien que si Dieu nous parle, il faudra que la chose se fasse, ou alors que nous refusions carrément de lui obéir. Quand c'est seulement le serviteur de Dieu, nous estimons que ce qu'il dit n'est pas contraignant pour nous, car c'est tout bonnement sa manière de voir, à lui, même si au fond nous sentons que c'est peut-être celle de Dieu.

Est-il possible ? Dieu m'a traité jusqu'à présent comme son enfant, et moi j'ai fait comme s'il n'existait pas ! Cet affront, cette humiliation que j'ai infligée à Dieu, elle retombe sur moi. Comment ai-je pu être à ce point sourd et rebelle ? Quand enfin nous parvenons à écouter Dieu, la joie de l'entendre est accompagnée de la honte d'avoir été sourds à sa voix jusque-là.

13 Février
Écouter de toute son âme

Parle, ton serviteur écoute.

1 Samuel 3.10

Je puis avoir une fois écouté Dieu ponctuellement : cela n'implique pas que je sache toujours l'écouter. Par la dureté de mon cœur et la paresse de mon esprit, il est manifeste que je n'ai pour lui ni amour ni respect. D'un ami qu'on aime vraiment, on devine les moindres désirs. Or, Jésus n'a-t-il pas dit :
« Vous êtes mes amis » ? Ai-je désobéi ces jours-ci à un commandement de mon Sauveur ? Sans doute, je ne l'ai pas fait consciemment. Mais la plupart d'entre nous ont si peu de respect pour Dieu que nous n'entendons même pas ce qu'il nous dit. C'est comme s'il ne disait rien.

Ma vie spirituelle doit devenir une union si intime avec Jésus-Christ que j'entende toujours la voix de Dieu, et que je sache que Dieu entend la mienne (Jean 11.41-42). Uni à Jésus-Christ, j'écoute et j'entends Dieu de toute mon âme, à chaque instant de ma vie. Il me parle par une fleur, par un arbre, par un de ses serviteurs. Ce qui m'empêche de l'entendre, c'est que j'ai l'esprit occupé par autre chose. Ce n'est pas que je sois résolu à ne pas l'entendre, c'est que mon âme s'attache là où il ne faudrait pas, à ce qui m'environne, à mon activité, à mes convictions : et Dieu a beau parler, je ne l'entends pas. L'âme de l'enfant est toute unie : « Parle, Seigneur, ton serviteur écoute ». Il faut arriver à écouter Dieu de la sorte, toujours, et de toute son âme, sans quoi l'on est absorbé par mille soucis et intentions, et l'on est sourd à la voix de Dieu. L'ai-je entendue aujourd'hui ?

14 Février
Apprendre à écouter Dieu

Ce que je vous dis dans l'ombre, redites-le en plein jour ; ce qui vous est dit à l'oreille, publiez-le du haut des toits.

Matthieu 10.27

Il arrive que Dieu nous fait passer par l'épreuve de l'ombre, pour nous apprendre à l'écouter. C'est dans l'obscurité qu'on élève les oiseaux chanteurs. Dieu nous met parfois à l'ombre de sa main pour faire notre éducation. « Ce que je vous dis dans l'ombre... » Une fois dans les ténèbres, restez là où Dieu vous a mis, et ne dites plus rien, attendez en silence. Si vous vous mettiez à parler, vous feriez fausse route. Quand on est dans l'obscurité, c'est le moment d'écouter. Ne parlez aux autres de ce qui vous arrive, ne cherchez pas des explications dans des livres. Écoutez seulement ce que Dieu veut vous faire entendre.

Vous recevrez de sa part un précieux message que vous pourrez donner à d'autres, quand vous serez de nouveau dans la lumière.

Après chaque période de ténèbres vient en nous de la joie mêlée d'humiliation. (Si c'était de la joie sans mélange, il serait fort douteux que nous ayons entendu la voix de Dieu.) Notre joie vient de ce que Dieu nous parle. Notre humiliation est terrible : « Comme il a fallu longtemps pour que j'entende la voix de Dieu, pour que je comprenne ce qu'il avait à me dire ! Que de jours, que de semaines où Dieu me parlait pour rien » ! Il vous accorde maintenant le don précieux de l'humiliation. Votre cœur s'attendrira. Désormais vous écouterez Dieu.

15 Février
Suis-je le gardien de mon frère ?

Aucun de vous ne vit pour lui-même.

Romains 14.7

La pensée vous est-elle jamais venue que vous portez devant Dieu la responsabilité d'autres âmes que la vôtre ? Par exemple, chaque fois que je m'éloigne de Dieu dans ma vie personnelle, tous en souffrent autour de moi. Nous sommes liés les uns aux autres. « Quand un membre souffre, tous les membres souffrent avec lui ». Quand vous vous laissez aller à l'égoïsme, à la négligence, au désordre, à l'indifférence, à l'endurcissement spirituel, tout votre entourage en pâtit. « Mais, direz-vous, c'est la perfection que vous réclamez ! Qui peut réaliser un tel idéal » ? Je réponds : « Dieu seul ; de Lui viendra toute notre puissance ».

« Vous serez mes témoins ». Qui de nous est prêt à dépenser pour Jésus-Christ tout ce qu'il possède d'énergie nerveuse, d'énergie morale, d'énergie spirituelle ? Il faut cela pourtant pour être son témoin. Cela ne se fait pas d'un seul coup : soyez patients envers vous-même. Pourquoi Dieu nous a-t-il placés sur la terre ? Pour être sauvés et sanctifiés ? Non, mais pour besogner à sa besogne. Suis-je prêt à être, à son service, le pain rompu, le vin répandu ? à tout perdre, à tous les points de vue, sauf un seul : que j'amène comme je le pourrai des âmes à servir à leur tour Jésus-Christ. Ma vie, en tant qu'elle est au service de Dieu, c'est la seule façon que j'aie de dire à Dieu : « Merci » ! Pour le salut incomparable qu'Il m'a donné. Rappelez-vous que n'importe qui d'entre nous peut très bien être mis de côté, comme une pièce fausse (« ...de peur qu'après avoir prêché aux autres, dit Paul, je ne sois moi-même rejeté »).

16 Février
L'Esprit de Dieu nous rend capables d'effort

Lève-toi d'entre les morts !

Éphésiens 5.14

Tout effort que nous entreprenons n'est pas l'effet de l'Esprit de Dieu. Quelqu'un peut nous dire : « Hardi ! Prends au collet ta répugnance, jette-la par-dessus bord et vas-y » ! C'est l'effort humain que nous connaissons bien. Mais quand l'Esprit de Dieu nous souffle à l'oreille : « Hardi » ! Alors c'est l'effort inspiré, c'est la victoire.

Chacun de nous, quand il est jeune, a mille projets merveilleux, des visions d'avenir qui le ravissent. Mais un jour vient, tôt ou tard, où chacun de ces projets nous paraît irréalisable. La force nous manque, et nous nous résignons à considérer tout ce que nous avions vu briller devant nous comme mort et enterré. Il faut que Dieu lui-même vienne nous dire : « Lève-toi d'entre les morts » !

Quand l'Esprit souffle sur nous, c'est une puissance miraculeuse, irrésistible : nous nous levons d'entre les morts, et l'impossible devient possible. Ce qui est frappant dans cette inspiration dynamique, c'est que, de notre part, il faut un effort initial pour que Dieu nous donne la puissance d'agir. Dieu ne nous donne pas d'emblée la vie qui surmonte tous les obstacles. C'est à mesure que nous surmontons nous-mêmes un obstacle que Dieu nous donne la vie. Quand Dieu se révèle à nous, et nous dit : « Lève-toi d'entre les morts », il faut d'abord que nous nous levions, de nous-mêmes ; Dieu ne le fait pas pour nous. Jésus dit à l'homme dont la main était paralysée : « Étends ta main », et tout de suite elle fut guérie. Dès que nous avons fait le premier effort, Dieu nous donne Sa force, en abondance.

17 Février
Le remède à la dépression

Lève-toi et mange.

1 Rois 19.5

L'ange n'a pas donné à Élie une vision, il ne lui a pas expliqué les Écritures, il n'a rien fait de sensationnel. Il s'est contenté de dire à Élie la chose la plus ordinaire : « Lève-toi et mange ». Pour n'être jamais déprimé, il faudrait que je ne sois pas un être vivant : un cristal n'est jamais déprimé. Si un être humain était à l'abri de toute dépression, il serait incapable aussi d'exaltation. Il existe des causes de dépression, tout ce qui participe à la mort. En essayant de vous rendre compte de quoi vous êtes capable, n'oubliez pas que vous êtes capable de dépression.

Quand l'Esprit de Dieu vient en nous, ce n'est pas pour nous donner des visions ; il nous dit de faire les choses les plus humbles, les plus ordinaires. La dépression tend à nous éloigner de toutes ces réalités banales et quotidiennes qui font partie intégrante de la création. Mais quand Dieu nous visite, il nous ramène à ces réalités familières et toutes simples : en nous appliquant à ces humbles tâches, nous sommes tout surpris d'y trouver Dieu. C'est là le vrai remède à la dépression. Nous avons tout simplement à faire ce qui est là devant nous, en cherchant notre force en Dieu. En faisant telle ou telle chose en vue de combattre notre dépression, nous l'aggravons. En la faisant pour obéir à l'Esprit qui nous dirige, la dépression s'évanouit. En nous levant pour obéir à Dieu, nous sommes transportés dans une vie plus haute.

18 Février
Le remède au découragement

Allons, levez-vous, en marche !

Matthieu 26.46

Les disciples s'étaient endormis alors qu'ils auraient dû veiller, et lorsqu'ils s'en rendent compte, le découragement les envahit. Devant ce qui nous semble irréparable, nous cédons au découragement : « C'est fini, disons-nous ; ce n'est plus la peine d'essayer de nouveau ». Ce genre de découragement n'a rien d'exceptionnel, il est au contraire extrêmement fréquent. Chaque fois que nous avons laissé échapper une occasion magnifique d'accomplir quelque chose, nous sommes au désespoir. Alors Jésus vient à nous et nous dit, comme à Gethsémani : « Eh ! Quoi, vous dormez encore ! Cette occasion-là est perdue à jamais, vous n'y pouvez rien. Mais maintenant levez-vous pour saisir l'occasion nouvelle qui s'offre à vous d'agir ». Le passé n'est plus, confiez-le à Celui qui est le Maître du temps, et avec Lui marchez en avant vers l'irrésistible avenir.

Chacun de nous a connu de telles expériences. Le découragement nous saisit, et nous ne savons pas comment en sortir. Les disciples avaient commis une faute impardonnable en s'abandonnant au sommeil au lieu de veiller avec Jésus. Mais il vient à eux, et leur apporte le remède à leur découragement :
« Levez-vous, et faites quelque chose ». Pour nous, si l'Esprit de Dieu nous travaille, ce que nous avons à faire, c'est de prier Dieu avec toute notre confiance et en comptant sur Sa Rédemption.

Que l'impression de la défaite ne corrompe jamais votre action nouvelle.

19 Février
Le remède contre le dégoût du terre à terre

Lève-toi, resplendis.

Isaïe 60.1

Il nous faut toujours faire le premier pas, comme si Dieu n'existait pas. Cela ne sert à rien d'attendre que Dieu vienne à notre secours, il n'en fera rien. Mais que nous nous levions seulement, et il est là tout de suite. Et quand l'Esprit de Dieu est là, tout ce que nous faisons devient spirituel. Il n'y a qu'à y aller carrément, à ne pas rester planté comme un soliveau. « Lève-toi, resplendis » et la besogne la plus vile devient rayonnante.

Les besognes les plus terre à terre sont la meilleure pierre de touche de la qualité de notre âme, Il s'agit là, semble-t-il, de ce qui est le plus bas, le plus loin de l'idéal : le terre à terre le plus abject. Mais par leur contact nous savons tout de suite si notre vie spirituelle est une réalité. Relisez le chapitre 13 de Jean. Vous y verrez Celui qui est l'incarnation de Dieu se livrant à la corvée la plus terre à terre : il lave les pieds de ses douze compagnons, et Il leur dit : « Si moi, qui suis votre Seigneur et votre Maître, j'ai fait cela pour vous, vous aussi vous devez le faire entre vous ». Il faut avoir l'Esprit de Dieu en soi pour accomplir ces humbles besognes en les illuminant. En voyant un enfant de Dieu s'acquitter d'une tâche pareille, il semble que toujours elle en paraîtra sanctifiée. C'est la chose la plus terre à terre, mais elle nous semble désormais tout autre. Quand le Seigneur fait, à travers nous, n'importe quelle besogne, elle est transfigurée. Notre Seigneur, ayant revêtu notre corps humain, l'a transfiguré, et c'est pour chacun de ses disciples le temple du Saint-Esprit.

20 Février
Le remède contre la rêverie

Levez-vous, partons d'ici.

Jean 14.35

Rêver à une chose pour pouvoir l'exécuter convenablement, c'est fort bien. Mais y rêver encore quand ce serait le moment d'agir, c'est fort mal. Après que notre Seigneur eut dit à ses disciples tant de choses merveilleuses, il nous semble qu'il aurait pu leur dire d'aller méditer sur tout cela. Mais il n'a jamais encouragé la rêvasserie. Quand nous cherchons à nous rendre compte de ce que Dieu nous demande de faire, il est légitime d'y songer. Mais si nous prenons l'habitude de rêver longuement avant de faire ce qui nous est ordonné, c'est une habitude déplorable et que Dieu réprouve. L'inspiration qui nous vient de Dieu, c'est toujours pour couper court à cette rêvasserie : « Ne reste pas là, va de l'avant » !

Si nous sommes tranquilles, en présence de Dieu, et qu'Il nous ait dit : « Venez vous-mêmes à l'écart », il s'agit là d'une méditation pour mieux discerner le chemin qu'il veut nous tracer ; mais prenez bien garde de ne pas vous laisser aller à la rêverie, une fois que Dieu a parlé. Ne cherchez plus rien en vous-mêmes, que Dieu seul soit la source de vos pensées, de vos visions, de vos joies ; pour vous, allez et faites sa volonté, Une amoureuse ne passe pas tout son temps à rêver à celui qu'elle aime, elle s'applique à faire quelque chose pour lui. Voilà ce que Jésus attend de nous. Rêver encore, quand Dieu a parlé, c'est le signe que nous n'avons pas confiance en lui.

21 Février
Vous êtes-vous jamais laissé emporter au delà des bornes pour l'amour de Jésus ?

Laissez-la faire ; pourquoi la tracasser ? Ce qu'elle vient de faire pour moi, c'est une belle chose.

Marc 14.6

L'amour humain lui-même, s'il n'emporte pas celui qui aime au delà des bornes de la vie ordinaire, ce n'est pas de l'amour. L'amour qui est toujours discret, toujours raisonnable, toujours calculateur, ce n'est pas de l'amour. C'est peut-être une tendre affection, un sentiment généreux, ce n'est pas de l'amour.

Est-ce qu'il n'est jamais arrivé d'être emporté par amour pour Dieu à faire quelque chose non pas par devoir, non pas même parce que c'était utile, mais tout simplement pour Lui témoigner mon amour ? Me suis-je jamais rendu compte que je puis malgré tout apporter à Dieu de petites choses qui Le réjouiront ? Ou bien est-ce que je perds mon temps à rêvasser sur la grandeur de la Rédemption, pendant qu'il y a un tas de choses que je pourrais faire ? Non pas des choses merveilleuses et colossales, mais de petites choses humaines, toutes simples et ordinaires, qui prouveront à Dieu que je Lui appartiens. Ai-je jamais donné à Jésus, mon Seigneur, la douce joie que lui procura ce jour-là Marie de Béthanie ?

Il y a des moments où Dieu semble attendre que nous lui donnions une petite preuve, quelle qu'elle soit, de notre amour. S'abandonner à Dieu vaut mieux que rechercher notre sainteté personnelle. Absorbés par la préoccupation de notre pureté, nous évitons scrupuleusement tout ce qui pourrait offenser Dieu. L'amour parfait chasse toutes ces craintes. C'est entendu : nous sommes des serviteurs inutiles, mais Dieu saura se servir de nous, si nous savons nous abandonner à Lui.

22 Février
La ténacité spirituelle

Arrêtez, et sachez que moi, je suis Dieu !

Psaume 46.11

La ténacité, c'est plus que l'endurance. C'est l'endurance combinée avec la certitude absolue que ce que nous attendons va se produire. La ténacité n'est pas seulement le fait de s'accrocher ou de se suspendre à quelqu'un ou à quelque chose, ce qui peut n'être que la crainte de se laisser tomber par faiblesse. La ténacité, c'est l'effort intense d'un soldat qui n'admet pas que son chef puisse être vaincu. Un disciple de Jésus-Christ n'est pas dominé par la crainte d'aller en enfer. Ce qu'il craint par-dessus tout c'est que son Maître ne triomphe pas, et que les grandes causes pour lesquelles il a lutté : pardon, justice, concorde, amour, ne parviennent pas à l'emporter à la fin ; on dirait tellement à voir ce qui se passe, que ce ne sont là que des feux follets ! C'est le moment de faire appel à la ténacité. Au lieu de nous accrocher à Dieu sans rien faire pour Lui, travaillons avec résolution, avec la certitude que Dieu ne sera pas vaincu.

Si nos espérances ne sont pas encore, à l'heure qu'il est, accomplies, cela prouve qu'elles sont en train d'être purifiées. Aucun idéal conçu par l'esprit humain qui ne doive s'accomplir un jour. Un des efforts les plus difficiles que nous ayons à faire en cette vie est l'effort pour attendre que Dieu accomplisse ce que nous espérons."Parce que tu as observé la loi de ma patience." (Apocalypse 3.10)

23 Février
La volonté de servir

Le Fils de l'homme n'est pas venu pour être servi, mais pour servir.

Matthieu 20.28

Paul a la même conception du service que notre Seigneur lui-même."Je me suis fait l'esclave de tous", écrit-il aux Corinthiens. Il nous semble que ceux qui sont appelés au saint ministère sont destinés à former une classe d'hommes bien différente des autres. Or, selon Jésus-Christ, ils doivent être le paillasson sur lequel on s'essuie les pieds ; ils doivent être des guides spirituels, non pas des supérieurs."Je sais vivre petitement", dit Paul. Pour lui, servir, c'est se dépenser jusqu'au bout pour les autres, sans s'inquiéter ni de l'éloge ni du blâme.

Tant qu'un seul être humain est là qui ne connaît pas Jésus-Christ, Paul se doit à lui pour le lui apprendre. Le ressort principal de ce ministère de Paul n'est pas l'amour des hommes, c'est l'amour de Jésus-Christ. Si c'est pour les hommes que nous nous dépensons, nous allons à la déception et au découragement, car nous trouverons chez eux plus d'ingratitude sous vent que chez un humble chien. Mais si c'est pour Dieu que nous travaillons, là point d'ingratitude qui puisse nous arrêter dans notre activité au service des autres. C'est parce que Paul se rendait clairement compte de la façon dont Jésus l'avait traité lui-même qu'il était si résolu à servir les autres."J'étais auparavant un adversaire acharné, un blasphémateur de Jésus-Christ. Jamais les hommes n'auront à mon égard autant de haine et d'exécration que j'en avais pour Lui." Quand nous pensons que Jésus-Christ s'est donné pour nous malgré toute notre indignité, aucun mauvais traitement de la part des autres ne nous empêchera de les servir.

24 Février
La joie du sacrifice

Pour vous, je me dépenserai, je m'épuiserai avec joie.

2 Corinthiens 12.15

Quand l'Esprit de Dieu luit en nous, nous regardons les autres avec l'esprit de Jésus-Christ, et pour Lui tous sans exception sont à titre égal dignes d'intérêt. Dans l'activité chrétienne, on ne doit jamais se laisser guider par ses préférences personnelles ; c'est là une des meilleures pierres de touche pour savoir si nous sommes unis au Christ.

La joie du sacrifice, c'est que je donne ma vie pour mon grand Ami. Je ne la rejette pas comme une chose sans valeur ; je la dépose devant Dieu volontairement pour qu'il s'en serve à son gré dans le service des autres, de tous ceux auxquels il s'intéresse. Paul n'avait d'autre but en se dépensant que de gagner des âmes à Jésus-Christ. C'est à Jésus qu'il les amenait, non à lui-même."Tout à tous : j'ai joué tous les rôles, afin par tous les moyens d'en sauver au moins quelques-uns." Un homme qui prétend parvenir à la sainteté en restant tout seul avec Dieu, se met lui-même sur un piédestal, où il ne fait rien pour les autres. Paul était un instrument docile par où la grâce de Dieu pouvait agir. Jésus-Christ pouvait s'en servir comme il voulait. Quand nous choisissons nous-mêmes notre but, Jésus ne peut pas se servir de nous comme il veut. Une fois que nous nous sommes abandonnés à Jésus, nous n'avons plus aucun but qui soit nôtre.

Paul était prêt à servir de paillasson pour les autres, parce qu'il était l'homme lige de Jésus. Nous, nous cherchons plutôt à nous grandir spirituellement, Paul au contraire : "Je voudrais... je serais capable de prier Dieu qu'il me frappe de malédiction et me sépare du Christ pour sauver mes frères..." C'est fou, n'est-ce. pas ? Quiconque n'est pas fou de la sorte ne sait pas ce que c'est que l'amour.

25 Février
Servir, sans demander rien pour soi

Pour vous, je me dépenserai, je m'épuiserai avec joie, quand même, à mesure que je vous aime davantage, vous m'aimiez, vous, toujours moins.

2 Corinthiens 12.15

L'amour humain s'attend à être payé de retour, mais Paul ne pense qu'à une seule chose : gagner à Dieu des âmes."Vous connaissez la générosité de notre Seigneur Jésus-Christ qui, étant riche, s'est fait mendiant à cause de nous, afin que par sa pauvreté vous soyez enrichis." Paul, lui aussi, est tout prêt à s'épuiser lui-même, joyeusement, pour les autres.

L'idée ecclésiastique de ce que doit être un serviteur de Dieu n'est pas du tout celle de Jésus. Son idée, c'est que nous, ses ministres, nous le servions en étant au service des autres hommes. Il est plus socialiste que les socialistes. Le plus grand dans son Royaume sera, nous dit-il, le serviteur de tous. La vraie preuve qu'on est à Dieu, ce n'est pas qu'on prêche l'évangile, c'est qu'on lave les pieds de Ses enfants, c'est-à-dire qu'on laisse de côté l'estime des hommes, pour ne penser qu'à l'estime de Dieu. Paul trouvait sa joie à se dépenser pour amener les hommes à Dieu, et il ne regardait pas ce que ça lui coûtait.

Nous autres nous regardons le côté financier : "Si Dieu veut m'envoyer là-bas, quel sera mon traitement ? Le climat est-il bon ? Quelles ressources trouverai-je ? Il faut bien le savoir." Nous faisons en un mot nos réserves. Paul n'en faisait aucune. Je vois dans l'apôtre Paul l'image parfaite du fidèle disciple, selon Jésus-Christ et selon le Nouveau Testament : non pas simplement le messager de la Bonne Nouvelle, mais celui qui se donne tout entier, qui devient entre les mains de Jésus le pain rompu et le vin répandu au service des âmes.

26 Février
Sur bien des points nous n'avons pas confiance en Jésus

Étranger, tu n'as rien pour tirer l'eau du puits.

Jean 4.11

"J'admire, disons-nous, tout ce que Dieu nous dit, mais comment pourrais-je réaliser tout cela dans les mille détails de ma vie quotidienne ?" En face de Jésus-Christ, nous avons une secrète tendance à le juger de haut : "Idéal magnifique, mais en pratique cela ne peut pas marcher." Chacun de nous, sur tel ou tel point, prend cette attitude à l'égard de Jésus. Nous y sommes poussés par les propos ironiques de nos amis : "Mais alors, comment allez-vous faire pour vivre ? Quelles ressources aurez-vous ?" Ou bien c'est de nous-mêmes que nous déclarons à notre Maître que ses moyens ne suffisent pas pour nous tirer d'affaire. Peut-être, par un pieux mensonge, dites-vous : "Oh ! J'ai bien confiance en Jésus ; c'est en moi que je n'ai pas confiance." En réalité, chacun de nous sait bien ce dont il est capable. Mais nous n'avons pas confiance en Jésus, et en outre nous sommes vexés de penser qu'Il peut faire pour nous ce que nous ne pouvons pas faire.

Ce manque de confiance vient de ce que, fouillant en nous-mêmes, nous demandons comment Jésus pourra bien s'y prendre pour que l'impossible se réalise. Il vient en somme des profondeurs de ma propre misère. Dès que je découvre en moi cette secrète méfiance, il me faut l'exposer au grand jour :
"Seigneur, j'ai douté de Toi et de Ta puissance infinie. J'ai jugé de Toi d'après ma pauvre petite intelligence. Je me suis cru capable de Te juger et de Te comprendre."

27 Février
Nous appauvrissons le ministère de Jésus

D'où peux-tu donc tirer cette eau vive ?

Jean 4.11

"Le puits est profond..." Oui, beaucoup plus profond encore que ne le soupçonne la Samaritaine. Quelles profondeurs dans la nature humaine, dans la vie de chacun de nous, dans notre propre cœur ! Avez-vous diminué et appauvri le ministère de Jésus, en l'empêchant d'agir en vous ? S'il y a dans votre cœur un insondable puits de profonde misère, et que Jésus vienne vous dire : "Que ton cœur ne se trouble point !" peut-être haussez-vous les épaules, en répondant : "Mais, Seigneur, le puits est profond : comment pourrais-tu en tirer le calme et la sérénité ?"

Non, ce n'est pas d'en bas, c'est d'en haut qu'Il les tirera pour vous les donner. Jésus ne tire rien des profondeurs de la nature humaine. Nous limitons arbitrairement k pouvoir du Saint d'Israël, en récapitulant ce que nous Lui avons laissé faire pour nous dans le passé, et en disant : "Bien entendu, ceci, Dieu ne peut pas le faire." Ce qui suppose la toute-puissance, c'est cela même que nous devrions attendre de Celui qui peut tout, si vraiment nous croyons en Lui. Cet appauvrissement de son ministère a sa source en nous, non pas en Lui. Nous venons à lui comme au Consolateur, nous refusons d'aller à lui comme au Tout-puissant.

Voilà pourquoi plusieurs parmi nous sont de si médiocres spécimens du christianisme. C'est que notre Christ n'est pas tout-puissant. Nous avons fait certaines expériences chrétiennes, mais nous ne nous sommes pas abandonnés à Jésus-Christ. Nous n'avons pas confiance en Lui, nous essayons de descendre dans le puits et de tirer de l'eau pour nous-mêmes. Au lieu de dire : "C'est impossible !" regardons à Jésus.

28 Février
Vous croyez à présent ?

À cause de cela nous croyons maintenant... Jésus répondit : Vous croyez à présent !

Jean 16.30-31

« Maintenant nous croyons. Vraiment ? Leur dit Jésus ; et pourtant l'heure vient où vous me laisserez seul ». Combien de chrétiens dans leur activité laissent de côté Jésus-Christ, en prenant pour guide le sentiment de leur devoir, ou bien une nécessité discernée par leur propre intelligence. Tout cela parce qu'il leur manque l'intuition de la présence en eux de Jésus ressuscité. Leur âme a perdu le contact avec Dieu parce qu'elle s'est fiée à ses propres lumières. Il ne semble pas qu'il y ait là un péché, ni rien de répréhensible, mais quand le chrétien s'aperçoit combien il a compromis sa connaissance de Jésus-Christ, et combien il a forgé pour lui-même d'embarras, de chagrins et d'obstacles, c'est avec honte et confusion qu'il doit rebrousser chemin.

Il faut absolument nous appuyer d'une façon plus profonde sur la présence de Jésus dans notre âme, acquérir l'habitude d'en référer à Lui pour toute chose. Au lieu de cela, notre bon sens prend des décisions, et nous demandons à Dieu de les bénir. Il ne le peut pas : nous ne sommes pas à Son point de vue, nous sommes hors de la réalité... En agissant par devoir, nous substituons à Jésus-Christ notre idéal moral. Il ne nous est pas dit de marcher selon notre conscience, mais dans la lumière de Dieu, comme Dieu est dans la lumière. Quand nous agissons par devoir, nous pouvons mettre en avant nos raisons. Quand nous obéissons au Seigneur nous n'avons point de raisons à donner. Aussi le croyant est-il un homme dont on peut rire aisément.

29 Février
Que demandez-vous au Seigneur ?

Seigneur, que je recouvre la vue.

Luc 15:41

Quel est l'obstacle insurmontable qui non seulement vous trouble vous-même, mais fait de vous un trouble-fête ? "Ils le grondaient pour qu'il se taise... mais il n'en criait que plus fort." Continuez à troubler les autres jusqu'à ce que vous soyez en présence du Seigneur lui-même ; ne vous faites pas du sens commun une idole. Quand Jésus nous demande ce que nous voulons qu'il fasse pour nous, rappelons-nous que sa méthode n'est pas celle du sens commun, mais qu'elle est surnaturelle.

Voyez quelles limitations nous imposons à Dieu ! "Là j'ai toujours échoué, et j'échouerai toujours." Il en résulte que nous ne demandons pas ce dont pourtant nous aurions besoin : "Demander à Dieu cela, serait ridicule." Si cela nous apparaît comme impossible, c'est justement cela que nous avons à demander. Si ce n'était pas impossible, cela ne troublerait personne. Dieu fera pour nous l'impossible.

L'aveugle recouvra la vue. Pour vous, la chose la plus impossible, n'est-ce pas ? C'est que vous soyez si intimement uni au Seigneur que le vieil homme ait tout à fait disparu en vous. Il fera cela pour vous si vous le lui demandez. Mais il faut que vous croyiez à sa toute-puissance. Il ne s'agit pas de croire aux paroles de Jésus, mais en Jésus lui-même. Si nous nous contentons de regarder à ce qu'il dit, nous ne croyons jamais. Quand notre regard est enfin fixé sur Jésus, Il accomplit en nous l'impossible, aussi aisément qu'un enfant respire. Notre angoisse vient de l'état de notre propre cœur, endurci et présomptueux. Nous ne voulons pas croire, nous ne voulons pas couper l'amarre, nous préférons continuer à nous tracasser.

1er Mars
La question qui va droit au but

M'aimes-tu ?

Jean 21.17

Pierre, cette fois-ci, ne dit rien de ses sentiments (voyez Matthieu 26.33-35). L'individu égoïste et charnel les manifeste volontiers. Mais l'amour véritable, qui vient de l'âme régénérée, de la véritable personnalité, n'apparaît en nous que lorsque Jésus-Christ, par sa question directe, nous a blessés au vif. L'amour de Pierre, jusque-là, n'était que l'amour humain et naturel d'un cœur sensible pour un homme qui a de belles qualités. Cet amour-là peut pénétrer l'individu, il ne pénètre pas jusqu'à l'âme. L'amour véritable n'a pas besoin de paroles. C'est par nos actes que nous devons témoigner de notre amour, pour Jésus.

Pour que la parole de Dieu ait prise sur nous, il faut que nous perdions, fût-ce par une blessure de notre amour-propre, toutes nos illusions sur nous-mêmes. La parole de Dieu nous blesse bien plus qu'aucun péché ne peut le faire, parce que le péché engourdit notre sensibilité morale. La question que Jésus nous pose aiguise notre sensibilité, et la blessure qu'il produit en nous est une douleur plus aiguë que toute autre, car elle n'atteint pas seulement notre cœur d'homme charnel, mais notre âme profonde. La parole du Seigneur, plus acérée qu'une épée à deux tranchants, pénètre jusqu'aux plus intimes profondeurs de notre âme, jusqu'à nos plus secrètes pensées. Il n'y a plus moyen de nous faire illusion sur nous-mêmes, de faire du sentiment : nous ne pouvons plus raffiner ni ergoter ; ce que Jésus nous dit va droit au but, la blessure est trop vive pour que nous puissions penser à autre chose. Nous ne pouvons pas nous y tromper, car cette blessure est une révélation.

2 Mars
Avez-vous senti la blessure ?

Jésus lui dit pour la troisième fois : "M'aimes-tu ?"

Jean 21.17.

Avez-vous senti la blessure de la parole du Seigneur, au tréfonds de votre âme, ce point sensible par excellence, mais que rien n'atteint, ni le diable, ni le péché, ni aucune influence humaine, rien, sinon la parole de Dieu."Pierre fut attristé de cette question : "M'aimes-tu ?" renouvelée à trois reprises." Il sentait enfin au fond de lui-même un attachement véritable pour son Maître, et il devinait le sens de cette patiente répétition. Toute illusion sur lui-même avait disparu. Il ne pouvait plus être question de protestations de dévouement, Il se rendait enfin compte qu'il aimait profondément le Seigneur, et il le lui disait ainsi : "Seigneur, tu sais toutes choses." Mais il ne disait plus : "Voilà ce que je ferai ; voilà les preuves de mon amour." Pierre commençait à découvrir la profondeur de son amour pour Jésus, que Jésus était plus pour lui que tout au monde, au ciel ou sur la terre. Mais il avait fallu pour cela cette interrogation pénétrante, douloureuse, blessante, de Jésus. Les questions que le Seigneur nous pose nous révèlent ce qu'il y a en nous.

Quelle maîtrise, quelle rectitude, quel art admirable Jésus a déployé à l'égard de Pierre ! Notre Seigneur sait à quel moment il lui faut poser les questions. Une fois au moins dans notre vie, il arrivera sans doute qu'il nous mettra ainsi au pied du mur, il nous blessera avec ses questions acérées, et nous découvrirons alors que nous l'aimons beaucoup plus profondément qu'aucune parole ne peut le faire voir.

3 Mars
La mission que Dieu nous impose

Pais mes brebis.

Jean 21.17

En servant les autres, on se forme à l'amour. L'amour, en Dieu, n'est pas un sentiment qui grandit et se forme peu à peu, c'est son essence même, puisque Dieu est amour. Le Saint-Esprit nous unit à Dieu, afin que son amour se manifeste en nous. Mais ce n'est pas tout : il nous faut arriver à être un avec le Père, comme l'était Jésus. Cette unité de Jésus avec Son Père s'est manifestée en ceci que Dieu l'a envoyé sur la terre pour être sacrifié à notre place."Comme le Père m'a envoyé, dit Jésus, moi-même aussi je vous envoie."

Pierre s'étant rendu compte, grâce à la question pénétrante et douloureuse de son Maître, de son amour pour Lui, il faut qu'il dépense cet amour au service des autres. Il ne s'agit pas de se répandre en exclamations ou en cris d'enthousiasme."Pais mes brebis !" Jésus a des brebis bien bizarres et bien extravagantes ; il y en a qui se sont traînées dans la fange, d'autres têtues et obstinées, d'autres qui s'égarent dans le désert. L'amour de Dieu est inlassable, et mon amour le sera aussi, s'il prend sa source en Dieu. L'amour de Dieu ne fait pas acception de personnes : tous les individus, si différents qu'ils soient, sont pareils à Ses yeux. Si j'aime vraiment Dieu, je ne me laisserai rebuter par rien, car j'ai à paître Ses brebis. Cette mission s'impose à moi d'une manière absolue. Ne vous laissez pas aller à substituer à l'amour divin cette grimace et cette contrefaçon qu'est l'amour humain, car c'est là un blasphème contre l'amour de Dieu.

4 Mars
Est-ce que j'en suis arrivé là ?

Mais que m'apporte la vie ? Elle ne m'est précieuse à aucun degré.

Actes 20.24

Il est plus facile de travailler pour Dieu quand on n'a pas eu de vision ni d'appel direct, parce qu'alors on n'a pas l'embarras de se plier à tout ce que Dieu exige de nous. Nous nous laissons guider par le bon sens, avec un léger vernis de sentiment chrétien. Vous réussirez mieux peut-être du point de vue humain, vous vous sentirez plus à l'aise, si l'appel de Dieu vous est étranger. Mais si une fois Jésus-Christ vous charge d'une mission à remplir, vous aurez dans votre esprit un perpétuel aiguillon. Il ne vous sera plus possible de travailler pour Lui en vous fondant sur votre bon sens.

Qu'est-ce que j'estime précieux ? Tant que Jésus-Christ n'a pas jeté le grappin sur moi, j'estimerai que mon travail pour Dieu est précieux, que le temps que je lui consacre est précieux, que ma vie m'est précieuse. Paul nous dit que sa vie n'a d'autre prix à ses yeux que de lui permettre d'accomplir l'ordre de Jésus : "Tu me serviras de témoin." Il ne voulait employer sa vie à rien d'autre. Paul, avec un sublime dédain, s'écrie : "Que m'importe ma vie ?" Le travail que nous faisons pour Dieu peut être un obstacle à l'abandon que nous devons à Dieu. Car nous sommes tentés de nous dire : "Comme il est utile que je sois ici !" ou bien : "Quels services ne pourrais-je pas rendre dans ce domaine spécial !" En pensant de la sorte, ce n'est pas Jésus-Christ que nous prenons pour nous indiquer notre chemin, mais notre jugeote. Nous n'avons pas à nous demander si nous sommes utiles pour ceci ou pour cela. Nous n'avons qu'à nous souvenir sans cesse que nous n'appartenons pas à nous-mêmes, mais à Lui.

5 Mars
Jésus est-il mon Seigneur ?

Que m'importe la vie, pourvu que j'accomplisse ma course, et la tâche que j'ai reçue du Seigneur Jésus.

Actes 20.24

Paul ne demande qu'une chose : la satisfaction d'accomplir jusqu'au bout la tâche que le Seigneur lui a prescrite. Je ne dois pas chercher ma joie dans le succès, mais dans le parfait achèvement de ce que Dieu avait en vue quand il m'a créé et m'a régénéré. Notre Seigneur mettait sa joie à faire ce pour quoi son Père l'avait envoyé."Comme mon Père m'a envoyé, dit-il, moi aussi je vous envoie." Si le Seigneur m'a confié une tâche, je dois m'y vouer tout entier, et n'attacher de prix à ma vie que pour l'accomplissement de cette mission. Quelle joie vous aurez, quand vous entendrez Jésus vous dire : "Cela va bien, bon et fidèle serviteur." Nous avons tous à trouver notre emploi dans la vie, et au point de vue spirituel nous le trouvons dans la mission que nous recevons du Seigneur. Pour cela, il faut avoir vécu dans la compagnie de Jésus, avoir trouvé en lui plus que notre salut personnel."Je lui ferai connaître ce qu'il doit souffrir pour l'amour de moi."

"M'aimes-tu ?" Alors "pais mes brebis." Nous n'avons pas à choisir notre tâche. Nous avons à nous consacrer à celle que le Seigneur nous donne, dans un moment de communion directe avec Dieu. L'appel des circonstances n'est jamais l'appel du Seigneur, mais seulement l'occasion d'agir. Dieu vous appelle directement. Cela n'implique pas que tout le programme de votre mission soit tracé d'avance. Mais cela signifie que vous devez mettre résolument de côté toute autre tâche qui pourrait s'offrir à vous.

6 Mars
Dans la banalité du terre à terre

Par une grande patience dans les afflictions, dans les détresses, dans les angoisses...

2 Corinthiens 6.4

Il vous faut toute la grâce du Dieu Tout-Puissant pour aller de l'avant lorsque vous n'avez ni élan intérieur ni encouragement extérieur ; pour aller de l'avant dans votre vie religieuse, dans votre travail intellectuel, ou bien dans les besognes de la cuisine ; pour aller de l'avant dans l'accomplissement de votre devoir, quand vous n'avez point d'inspiration, point d'enthousiasme, point de spectateurs. Pour aller de l'avant dans ces conditions, la grâce de Dieu, à laquelle vous vous suspendez de toute votre énergie, vous est encore bien plus nécessaire que pour prêcher l'Évangile.

Tout chrétien doit participer en quelque mesure à l'œuvre de l'Incarnation. Il s'agit pour lui de réaliser sa vision intérieure dans la vie concrète, en mettant hardiment la main à la pâte. Nous fléchissons quand nous ne sentons plus en nous ni élan ni inspiration, mais la fastidieuse et banale monotonie de la tâche quotidienne. Pour que nous aboutissions à des résultats positifs, soit à L'égard de Dieu soit à l'égard des hommes, c'est la persévérance qu'il nous faut, le travail assidu et constant caché à tous les yeux. Mais pour cela, pour ne pas se laisser écraser par la vie, il faut vivre en regardant sans cesse à Dieu. Demandez à Dieu de voir sans cesse devant vous le Christ ressuscité, et les tâches les plus banales et les plus terre à terre ne parviendront pas à vous obscurcir. Pensez toujours à votre Maître lavant les pieds de ses douze compagnons.

7 Mars
Le rayonnement inaltérable

Parmi toutes ces détresses, nous sommes plus que vainqueurs, par l'amour de Celui qui nous a aimés sur la croix.

Romains 8.37

Paul parle ici de tout ce qui semblerait devoir s'interposer et faire obstacle entre l'enfant de Dieu et l'amour de Dieu. Mais, chose merveilleuse ! Rien ne peut jamais s'interposer entre eux. Sans doute il y a des obstacles qui viennent gêner les manifestations de notre piété envers Dieu ; mais aucun d'eux n'a le pouvoir de séparer de Dieu l'âme de Son enfant. Le rocher sur lequel est fondée notre foi, c'est l'amour prodigieux, c'est le miracle du Calvaire. Voilà pourquoi nous sommes "plus que vainqueurs" en toutes nos détresses, et ces détresses elles-mêmes, au lieu de nous terrasser, ne font qu'augmenter notre joie.

Triompher d'un obstacle, c'est en tirer un surcroît de joie. Au lieu de chercher avant tout à supprimer nos détresses, sachons en tirer ce surcroît de joie. Par Celui qui nous a aimés, nous sommes plus que vainqueurs, non pas en dépit de nos détresses, mais grâce à elles, au sein même de nos misères. "Je déborde de joie, dit Paul, au milieu de toutes mes épreuves."

Le rayonnement de notre âme ne provient pas de choses humaines et passagères, mais de l'amour de Dieu que rien ne peut ternir. Les circonstances de notre vie, tragiques ou monotones, ne peuvent rien contre l'amour de notre Dieu, manifesté en Jésus-Christ.

8 Mars
La vie abandonnée à Dieu

Je suis crucifié avec le Christ.

Galates 2.20

L'union avec Jésus-Christ est impossible pour qui n'est pas résolu à quitter non seulement son péché, mais toutes ses prétentions, toute sa manière de voir les choses. Pour naître de l'Esprit, il faut d'abord lâcher prise avant de saisir, c'est-à-dire commencer par abandonner toutes nos prétentions. Ce que notre Seigneur veut que nous lui offrions, ce n'est pas notre bonté, notre honnêteté, ni même notre effort, c'est notre péché, réel et concret : il ne peut pas recevoir de nous autre chose. En échange, il nous donnera Sa perfection, réelle et concrète. Mais nous devons renoncer à toute prétention, à tout mérite au regard de Dieu.

Alors l'Esprit de Dieu nous fera voir ce qu'il nous faut encore abandonner. Je dois renoncer à tout droit sur moi-même. Suis-je prêt à le faire, à renoncer à tout ce que je possède, à tout ce qui m'est cher, à tout au monde ? Suis-je prêt à m'identifier à la mort de Jésus-Christ ?

C'est toujours pour nous une déchirure bien douloureuse. Quand une âme se voit elle-même comme le Seigneur la voit, ce n'est pas les abominables péchés de la chair qui la choquent le plus, c'est l'affreux orgueil de son cœur dressé contre Jésus-Christ. C'est alors, quand on se voit dans la lumière du Seigneur, qu'on a horreur de soi et que la conviction de notre péché nous terrasse. Quand cette nécessité de l'abandon se dresse devant vous, acceptez le déchirement, et Dieu vous rendra capable de tout ce qu'Il réclame de vous.

9 Mars
Le retour en arrière

Et vous, voulez-vous aussi me quitter ?

Jean 6.67

C'est une question qui pénètre jusqu'aux moelles. Plus les paroles de Jésus sont simples et familières, plus elles sont pénétrantes, Nous croyons le connaître ; et pourtant il nous demande : "Et vous, voulez-vous aussi me quitter ?" Si nous voulons le suivre, il faut que sans faiblir nous en acceptions les risques."Dès lors, plusieurs de ses disciples se retirèrent, et cessèrent de le suivre." Il n'est pas dit qu'ils retournèrent à leur péché, mais qu'ils cessèrent de suivre Jésus. Il y a aujourd'hui beaucoup de chrétiens qui se dépensent au service de Jésus-Christ, mais qui en réalité ne le suivent pas. Le but unique que Dieu nous propose, c'est d'arriver à nous unir à Jésus-Christ. Quand nous avons reçu la sanctification, c'est à cette union que nous devons tendre. Si Dieu vous fait la grâce de vous indiquer clairement ce qu'il attend de vous, ne cherchez pas à parvenir à ce but par un procédé quelconque, contentez-vous de vivre, simplement et normalement, dans la dépendance absolue à l'égard de Jésus-Christ.

N'essayez jamais de substituer une méthode à vous à la méthode divine, qui n'est autre que la consécration absolue à Dieu. Ma seule certitude, c'est que je sais que par moi-même je ne sais rien : c'est le secret pour suivre Jésus.

Pierre ne voyait en Jésus que celui qui venait le sauver, lui, et en même temps sauver le monde. Notre Seigneur nous demande de porter son joug, et de nous associer à sa tâche. Dans le verset 70, Jésus indique à Pierre combien il peut se tromper. Nous ne pouvons pas répondre pour les autres.

10 Mars
Soyez vous-même un message vivant

Prêche la parole.

2 Timothée 4.2

Nous n'avons pas été sauvés seulement pour devenir "les canaux de la grâce divine", mais pour devenir les fils et les filles de Dieu. Nous ne sommes pas seulement des médiums. transmetteurs, nous sommes des messagers spirituels, et notre message doit faire partie de nous-mêmes. Le Fils de Dieu n'était pas simplement le porteur d'un message, il était le message lui-même, la Parole incarnée : les mots qu'il prononçait étaient esprit et vie. Si nous sommes ses disciples, notre vie doit être l'incarnation de notre message. Et que faut-il pour cela ? L'homme naturel est tout prêt à servir les autres, mais pour que notre vie soit vraiment l'incarnation de notre message, il faut que notre cœur ait été labouré par la conviction du péché, baptisé du Saint-Esprit, tordu et froissé en tous sens pour entrer comme il faut dans le dessein de Dieu.

Prêcher est plus qu'un simple témoignage. Celui qui prêche L'Évangile doit avoir fait passer dans sa propre vie l'appel de Dieu, être résolu à se donner tout entier pour y répondre. Dieu nous façonne et nous frappe pour expulser de nous toutes nos idées préconçues sur nous-mêmes. C'est ce qui arriva aux disciples après la Pentecôte. La Pentecôte ne fut pas pour eux un enseignement nouveau. Elle fit de chacun d'eux l'incarnation de son message."Vous serez mes témoins."
Que Dieu puisse agir librement à travers chacun de vous. Avant d'être un instrument pour libérer d'autres âmes, il faut que vous ayez été libéré vous-même. Ramassez votre bois, et, au moment de parler, mettez-y le feu.

11 Mars
La vision divine

Je ne voulus pas désobéir à la vision céleste.

Actes 26.19

Lorsque nous perdons la vision de Dieu, c'est toujours notre faute : c'est que notre âme est une outre percée. Si notre foi ne se traduit pas en activité pratique, la vision s'évanouit. Obéir à la vision céleste, c'est nous donner tout entiers, pour qu'Il règne ; c'est maintenir la vision toujours sous nos yeux ; non pas seulement durant nos prières ou nos réunions religieuses, mais pendant les soixante secondes de toutes nos minutes.

"Si elle tarde, attends-la." Ce n'est pas à nous d'accomplir la vision. C'est à nous d'attendre, fidèlement, jusqu'à ce qu'elle s'accomplisse. Mais une fois plongés dans la vie pratique, nous oublions ce que nous avions vu. Au début, la vision semblait nous suffire, nous ne savions pas attendre qu'elle s'accomplît. Nous nous sommes jetés dans l'activité concrète, et quand la vision s'est accomplie, cela nous a échappé. Savoir attendre que la vision s'accomplisse, c'est la preuve que nous sommes fidèles à Dieu. La vie de notre âme est en danger quand nous ne savons pas attendre, absorbés que nous sommes par le travail pratique.

Dieu nous sème dans la tempête. Serez-vous une graine stérile ? Cela dépend de votre fidélité à la lumière que vous avez reçue. C'est Dieu qui doit vous semer, vous projeter au bon endroit. Si vous voulez choisir vous-même votre endroit, vous serez une graine stérile. Si Dieu vous sème, vous porterez du fruit.
Marchez selon que vous avez la lumière.

12 Mars
L'abandon à Dieu

Alors Pierre se mit à lui dire : « Et nous ! Nous avons tout quitté pour te suivre ».

Marc 10.28

La réponse du Seigneur revient à dire que l'abandon doit être absolu, et non pas en vue d'un profit quelconque. Méfiez-vous d'un calcul de ce genre : "Je m'abandonne à Dieu pour être délivré du péché, pour devenir saint." Sans doute cela résultera de vos relations normales avec Dieu, mais calculer ainsi, c'est le contraire de l'esprit chrétien. L'abandon doit être absolu, sans viser à rien d'autre. Nous faisons avec Dieu une sorte de commerce. C'est comme si nous disions : "Seigneur, ce n'est pas Toi que je cherche, c'est moi-même. Je me veux pur et rempli du Saint-Esprit. Je veux que tu puisses me placer dans ta vitrine, où je pourrai dire : "Voilà ce que Dieu a fait pour moi !" Si nous abandonnons à Dieu quelque chose avec l'idée que cela nous rapportera davantage, ce n'est pas le Saint-Esprit qui inspire notre abandon, c'est le plus bas intérêt commercial. Gagner le ciel, être délivré du péché, être utile à Dieu, cela ne doit pas entrer en ligne de compte dans le véritable abandon, qui est l'abandon souverain, à Jésus lui-même.

Quand nous trouvons devant nous nos affections et nos intérêts naturels, que devient Jésus-Christ ? Nous lui tournons le dos, la plupart d'entre nous, « Oui, Seigneur, j'ai entendu ton appel. Mais il y a là ma mère, ma femme, ma situation ; je ne puis pas aller plus loin » - « Alors, dit Jésus, tu ne peux être mon disciple ».

Pour s'abandonner, il faut aller par delà nos bons sentiments. Mais si nous y parvenons, la grâce de Dieu se répandra sur ceux que vous aurez dû quitter. En vous abandonnant, ne vous reprenez pas. Pour combien d'entre nous l'abandon n'est au fond qu'une velléité !

13 Mars
L'abandon de Dieu

Dieu a tant aimé le monde qu'Il a donné...

Jean 3.16

Le salut ne consiste pas uniquement dans la délivrance du péché, ni dans la sanctification personnelle. Le salut que Dieu nous donne, c'est l'entière délivrance de nous-mêmes par l'union totale avec Lui. Sans doute c'est quand je suis délivré de mon péché et que j'acquiers la sainteté que je me rends compte de mon salut. Mais le sens profond et ineffable du salut, c'est que j'entre en contact, grâce à l'Esprit de Dieu, avec Dieu Lui-même, et qu'ainsi quelque chose d'infiniment plus grand que moi, l'abandon total de Dieu à sa créature, me pénètre, m'enveloppe et me saisit.

Quand nous disons que nous sommes appelés à prêcher la sainteté, la sanctification, nous prenons l'accessoire pour l'essentiel. Nous sommes appelés à proclamer Jésus-Christ. S'il nous sauve lu péché et s'il nous sanctifie, ce n'est là qu'un des résultats de l'abandon, du merveilleux abandon de Dieu.

L'abandon véritable ne peut nous procurer aucun sentiment d'effort, parce que toute notre vie est absorbée par Celui auquel nous l'abandonnons : Ne parlez pas de l'abandon si vous ne le connaissez pas. Et vous ne pouvez pas le connaître, tant que vous n'aurez pas saisi ce fait que Dieu a tant aimé le monde qu'Il s'est donné à nous Lui-même totalement. Nous devons nous aussi nous abandonner à Dieu totalement, sans nous préoccuper des conséquences, car notre vie doit être absorbée dans la sienne.

14 Mars
Obéissance

Ne savez-vous pas qu'en obéissant à un maître, vous devenez son esclave !

Romains 6.26

Si je veux me rendre compte à qui j'appartiens, j'ai tout d'abord à sentir ma responsabilité : car c'est en cédant à ce maître, en lui obéissant, que je suis devenu son esclave. Si je suis l'esclave de mon égoïsme, c'est ma faute, car c'est par ma faiblesse qu'il a triomphé de moi. De même, c'est en cédant à Dieu que je lui appartiens et que je puis lui obéir.

L'égoïsme auquel on cède tout enfant devient un tyran absolu, À un tel esclavage, nous ne pouvons pas par nous-mêmes échapper. Cédez ne fût-ce qu'une seconde à la convoitise. Vous savez ce que c'est que la convoitise de la chair ou la convoitise de la pensée ? « Il faut que j'aie cela tout de suite » ! Vous aurez beau vous détester vous-même pour avoir cédé, vous êtes l'esclave de votre péché. Aucun pouvoir au monde ne pourra vous délivrer de cet esclavage, si ce n'est la Rédemption. Il faut vous abandonner totalement à Celui qui, seul, peut dominer le péché qui vous domine, à Jésus-Christ. « Il m'a consacré, pour annoncer la délivrance aux esclaves ».

L'esclavage du péché se voit dans les plus petites choses. « Oh ! Je pourrai renoncer à cette habitude quand je voudrai. s Vous ne le pourrez pas, vous en êtes l'esclave, Nous pouvons chanter : » Il brisera toutes nos chaînes" et rester absolument esclaves de nous-mêmes. C'est en vous abandonnant à Jésus sans réserve que vous lui permettrez de briser cette chaîne, comme toutes les autres.

15 Mars
Le tunnel de la consternation

Jésus marchait devant, et ses disciples étaient consternés ; ils le suivaient pourtant, mais plongés dans la crainte.

Marc 10.32

Au début il nous semblait que nous comprenions Jésus-Christ tout à fait. Dans notre enthousiasme, nous étions prêts à tout quitter pour le suivre. Mais maintenant nous sommes indécis. Jésus est là, marchant devant nous, et son aspect est troublant.

Oui, l'aspect de Jésus, à certains moments, nous glace et nous consterne. Sa figure est étrange et rigide comme du granit :
j'en suis épouvanté. Ce n'est plus le Guide, le Compagnon : il paraît tout absorbé dans une préoccupation que je ne puis comprendre. Il marche devant moi sans jamais se retourner, vers un but que j'ignore. Je n'ose plus lui parler familièrement.

Jésus-Christ doit se préoccuper de tous nos péchés, de toutes nos tristesses, à nous pauvres humains. Voilà pourquoi il nous apparaît parfois troublant et mystérieux. Nous ne le comprenons plus alors, nous ne savons comment nous mettre à le suivre, ce Conducteur déconcertant, avec qui, semble-t-il, nous n'avons rien de commun.

Cette consternation est, dans notre vie de disciples du Christ, une discipline nécessaire. Ne soyons pas de ceux qui se fabriquent à eux-mêmes un enthousiasme factice. Les brandons qu'ils allument leur retombent dessus (Isaïe 50.10-11). Quand nous sommes dans le tunnel de la consternation, ayons patience, car au sortir des ténèbres nous trouverons la joie incomparable qu'on éprouve quand on en est devenu capable, celle de suivre Jésus.

16 Mars
Le tribunal suprême

Car nous devons tous comparaître devant le tribunal du Christ.

2 Corinthiens 5.10

Tous, dit Paul, prédicateurs aussi bien qu'auditeurs, nous aurons à comparaître. Si vous apprenez dès maintenant à vivre dans la pure lumière du Christ, lorsque viendra le jugement, vous aurez la joie de constater ce que Dieu aura fait dans votre âme. Pensez sans cesse à ce tribunal du Christ. Marchez de votre mieux dans le chemin de la sainteté.

Mais si vous vous laissez aller à critiquer les autres, vous aurez beau être un saint, c'est l'esprit de Satan qui sera en vous. Il suffit d'un seul jugement de ce genre, et l'enfer envahit votre cœur. Si vous vous êtes laissé aller à un jugement pareil, arrachez-le sans tarder, exposez-le au grand jour, dites à Dieu : « Mon Dieu, j'ai été coupable ». Si vous ne le faites pas, vous vous endurcirez. Tout péché porte en lui sa propre punition, qui est l'endurcissement dans le péché. Au châtiment qui vient de Dieu s'ajoute ce renforcement du péché qui vient de lui-même, avec abondance. Ni vos efforts ni vos prières ne pourront vous arrêter sur la pente fatale : l'endurcissement vous aveugle, et vous ne sentez plus votre péché. Aucun pouvoir ne vous en délivrera, sinon l'entrée en vous du Saint-Esprit.

"Mais si nous marchons dans la lumière, comme lui-même est dans la lumière... Dans bien des cas, nous croyons marcher dans la lumière, alors que nous jugeons notre prochain selon nos propres vues. Le pire pharisaïsme aujourd'hui n'est pas l'hypocrisie, c'est l'inconscience qui perd pied, et n'est plus dans la réalité.

17 Mars
L'ambition dominante du serviteur de Dieu

C'est pourquoi je fais tout... pour être par Lui agréé.

2 Corinthiens 5.9

C'est par un effort intense que nous avons à maintenir toujours en première ligne notre ambition dominante, à ne jamais perdre de vue notre haut idéal, à n'avoir enfin l'ambition ni de gagner des âmes, ni de fonder des Églises, ni de susciter des réveils, mais la seule ambition d'être agréé par Jésus. Ce qui nous amène à la banqueroute, ce n'est pas tant les lacunes de notre vie religieuse que le manque d'efforts pour tendre toujours droit au but. Une fois par semaine au moins, faites votre inventaire, voyez où vous en êtes ; et s'il peut vous agréer. Paul est comme un musicien qui ne s'inquiète pas de ce que pense l'auditoire, mais qui regarde au chef d'orchestre pour voir si celui-ci l'approuve.

Si notre ambition n'est pas rigoureusement celle-là: chercher l'approbation de Dieu, nous risquons d'être en fin de compte des réprouvés. Apprenez à voir clairement où tend votre ambition, et vous comprendrez pourquoi il est tellement indispensable de se placer toujours en présence de Jésus-Christ. Je tiens mon corps assujetti, dit Paul, de peur qu'il ne se précipite dans un mauvais chemin.

Il me faut apprendre à tout subordonner en moi à cette ambition dominante. Ce que je puis avoir, aux yeux de Dieu, de valeur parmi les hommes, dépend de ce que vaut ma vie intérieure et cachée. Mon ambition est-elle d'être agréé par Lui, ou bien, si noble soit-elle, est-elle inférieure à cet idéal ?

18 Mars
L'effort que Dieu nous demande

En possession de telles promesses, mes bien-aimés, purifions-nous de toute souillure du corps et de l'âme, achevant notre sanctification dans la crainte de Dieu.

2 Corinthiens 7.1

Je compte sur l'accomplissement des promesses de Dieu, et j'en ai le droit. Mais c'est là le point de vue proprement humain. Le point de vue divin, c'est qu'à travers ces promesses, je sens que Dieu compte sur moi. Est-ce que j'ai compris que mon corps est le temple du Saint-Esprit et que telle de mes habitudes est indigne de Dieu ? La sanctification doit me transformer entièrement à l'image du Christ. Dieu fait notre éducation jusque dans le plus petit détail. Dès qu'il vous arrête sur un point, purifiez-vous : achevez votre sanctification.

Mon esprit, lui aussi, doit être pur. Ma pensée est-elle en parfaite harmonie avec la présence en moi du Fils de Dieu ? Ou bien mon intelligence est-elle indisciplinée et rebelle ? Le Christ s'appliquait sans cesse à ne jamais parler de son propre mouvement, mais se surveillait constamment pour soumettre en toutes choses sa pensée à Dieu. J'ai le devoir très net de garder mon esprit en harmonie avec l'Esprit du Christ, et peu à peu Jésus m'élève à cette parfaite consécration qui fut la sienne, où rien d'autre ne comptera pour moi que la volonté. du Père céleste. Suis-je en train d'achever ma sanctification dans la crainte de Dieu ? Dieu peut-il me conduire à sa guise ? Les autres autour de moi commencent-ils à discerner la présence de Dieu dans ma vie ?

Soyez absolument fidèle à Dieu et ne vous inquiétez plus de tout le reste. Mettez Dieu en première ligne, sans aucune réserve.

19 Mars
La foi d'Abraham

Abraham partit... sans savoir où il allait.

Hébreux 11.8

Dans l'Ancien Testament, le fait que le croyant est en relation personnelle avec Dieu se manifeste souvent par une séparation totale entre lui et son milieu. Abraham quitte et son pays et sa parenté. Aujourd'hui, la séparation doit s'accomplir plutôt entre notre manière de voir les choses et celle de nos parents et amis les plus chers, lorsqu'ils ne connaissent pas Dieu, Jésus a bien marqué cela. (Luc 14.26)

La foi ne connaît pas le but vers lequel elle est conduite, mais elle aime et elle connaît Celui qui la conduit Il ne s'agit pas de nous conduire nous-mêmes par notre intelligence, mais de saisir par la foi la main de notre Conducteur. Par la foi nous saisissons Dieu personnellement. Mais quelle erreur de s'imaginer que Dieu nous conduira toujours vers le succès !

Le but final qu'on atteint quand on vit par la foi, c'est qu'on acquiert du caractère. Notre vie spirituelle a des hauts et des bas. Quand nous sommes en prière, la bénédiction de Dieu nous transfigure ; puis nous retombons dans le train-train de la vie journalière, et la lumière disparaît. La vie par la foi, ce n'est pas un envol momentané ; c'est une vie où l'on marche droit devant soi, sans jamais faiblir. Il ne s'agit pas de sanctification, mais de quelque chose de bien plus élevé, d'une foi mise à l'épreuve et qui a tenu bon. Abraham n'est pas à proprement parler un modèle de sanctification, c'est le type de l'homme vivant par la foi, d'une foi éprouvée en un Dieu infiniment réel. Abraham, nous est-il dit, eut foi en Dieu.

20 Mars
L'amitié avec Dieu

Et l'Éternel dit « Cacherai-je à Abraham ce que je vais faire » ?

Genèse 18.17

SES JOIES. Nous voyons dans ce chapitre les joies d'une amitié réelle avec Dieu qui est bien autre chose que le sentiment momentané de sa présence. Être en contact intime et assez permanent avec Dieu pour n'avoir pas besoin de lui demander quelle est sa volonté, c'est s'approcher bien près u but de ceux qui vivent par la foi. Quand vous êtes directement uni à Dieu, vous êtes dans la pleine liberté, dans la parfaite joie, vous êtes en quelque sorte vous-même la volonté de Dieu, et votre bon sens vous dirige de sa part, tant qu'il ne vous fait pas signe de vous arrêter. Vous prenez vos décisions dans un sentiment très doux de communion et d'amitié parfaite avec Dieu, sachant très bien que s'il vous arrivait de vous tromper, Dieu est toujours là pour vous dire : Halte ! Et dans ce cas, arrêtez-vous à l'instant.

SES DIFFICULTÉS. Pourquoi Abraham finit-il par s'arrêter, dans son intercession ? Il n'avait pas encore atteint un degré suffisant d'intimité avec Dieu pour continuer hardiment, jusqu'à ce que sa requête soit exaucée. Chaque fois que nous nous arrêtons de prier, en nous disant : « Après tout, qui sait ? Ce n'est peut-être pas la volonté de Dieu », c'est que nous avons encore des progrès à faire. Nous n'en sommes pas encore au niveau où était Jésus, qui veut que nous soyons un avec lui, comme il est un avec son Père. Pensez à ce qu'a été votre dernière prière : est-ce vous que vous cherchiez à contenter, ou bien Dieu ? « Votre Père céleste sait ce dont vous avez besoin avant que vous le lui demandiez ». Le but essentiel de la prière, c'est de nous faire trouver Dieu.

21 Mars
Qu'est Jésus pour moi ?

J'ai été crucifié avec le Christ.

Galates 2.20

L'essentiel dans ma vie spirituelle, c'est de signer l'arrêt de mort de mon égoïsme, de faire converger mes sentiments et mes croyances en une condamnation ferme de mon péché, de ma volonté de vivre pour moi-même. Paul dit : « J'ai été crucifié avec le Christ ».

Il ne dit pas : « J'ai résolu d'imiter Jésus-Christ » ou bien : « Je m'efforcerai de le suivre », mais il déclare qu'il s'est identifié avec le Christ dans Sa mort. Quand j'en suis venu là, alors l'œuvre que le Christ a faite pour moi sur la croix s'accomplit en moi. En me donnant entièrement à Dieu, je permets au Saint-Esprit de faire naître en moi la sainteté de Jésus-Christ.

En un sens, je vis encore ; je suis encore le même individu, mais l'esprit qui m'anime n'est plus le même. Mon corps est toujours là, mais mon satanique égoïsme est anéanti.

« Pour autant que je vis de la vie terrestre » (non pas la vie céleste à laquelle j'aspire, mais celle qui se manifeste aux yeux des hommes) « je vis dans la foi du Fils de Dieu ». Il ne s'agit pas d'une foi en Jésus-Christ que Paul aurait eue par ses propres moyens, mais de la foi de Jésus, qu'Il a communiquée à Paul. Il ne s'agit plus d'une foi qui est à elle-même son propre soutien, mais d'une foi qui nous enveloppe et dépasse infiniment les bornes de notre pensée, de la foi de Jésus lui-même.

22 Mars
Le cœur brûlant

Notre cœur n'était-il pas tout brûlant au dedans de nous ?

Luc 24.32

Savons-nous ce que c'est que d'avoir le cœur brûlant ? Quand Jésus nous apparaît soudain, c'est un incendie qui éclate, nous avons des visions merveilleuses. Savons-nous garder en nous cet enthousiasme qui triomphera de tout ? Mais la banalité des tâches quotidiennes, et la banalité de ceux qui nous entourent, tout cela refroidit notre enthousiasme si nous n'avons pas trouvé le secret pour vine dans la communion de Jésus.

Beaucoup de nos tourments, à nous chrétiens, viennent non pas proprement de notre péché, mais de notre ignorance des lois qui régissent notre nature. Par exemple, le seul moyen que nous avons de nous rendre compte si nous devons, oui ou non, donner libre cours à une émotion, c'est de voir clairement où elle nous amène. Si elle aboutit à ce qui est coupable aux yeux de Dieu, coupez court. Mais prenez garde : si c'est une émotion suscitée par l'Esprit de Dieu, et que vous ne lui donniez pas libre carrière, elle se réfugiera dans une région inférieure de votre pensée. C'est ainsi que se forme en nous la sentimentalité. Plus l'émotion est noble, plus elle est élevée, et plus sa corruption sera basse. Si l'Esprit de Dieu vous a remué, allez de l'avant sur tous les points, de manière à ne pouvoir plus reculer, mais sans vous inquiéter des conséquences. Nous ne pouvons pas rester sur la montagne de la transfiguration, mais il faut obéir à l'inspiration que nous y avons reçue ; il faut agir.

« Nous ne pouvons pas allumer comme, nous voulons le feu qui brûle notre cœur. L'Esprit du ciel souffle où Il veut, Et notre âme est pour nous mystère. Mais les devoirs que nous révèlent les heures claires peuvent s'accomplir dans les heures les plus sombres ».

23 Mars
Suis-je encore charnel ?

Quand il y a entre vous de la jalousie et des querelles, n'est-ce pas la preuve que vous êtes toujours charnels et que vous agissez dans des vues purement humaines ?

1 Corinthiens 3.3

L'homme naturel ne sait pas ce que c'est que d'être charnel. C'est quand la régénération s'est faite, et qu'il y a dans l'homme opposition tranchée entre les désirs de l'Esprit et les désirs de la chair, que l'homme sait qu'il est charnel. « Marchez, dit Paul, selon l'Esprit et résistez ainsi aux passions de la chair ». Alors vous ne serez plus charnels.

Êtes-vous disposé à l'irritation, vous laissez-vous troubler par de petites choses ? - « Oh ! Mais un chrétien n'est jamais comme ça » ! - Ce n'est pas l'avis de Paul. Y a-t-il dans la Bible une vérité contre laquelle vous regimbez immédiatement ? C'est mauvais signe. Vous avez encore l'esprit charnel, et votre sanctification ne sera complète que lorsque vous en serez entièrement débarrassé.

Si l'Esprit de Dieu découvre en vous quelque chose qui ne va pas, Il ne vous demande pas de le corriger vous-même, mais seulement de voir ce qu'Il vous fait voir, et Lui le corrigera. L'enfant de lumière est ouvert devant Dieu ; le fils des ténèbres trouve une excuse. Soyez enfant de lumière, et Dieu vous purifiera.

À quel signe reconnaît-on que l'on n'est plus charnel ? Vous n'avez pas à vous faire illusion : si la délivrance est réelle, sa réalité vous sautera aux yeux. Dieu vous fournira mille occasions de saisir le miracle accompli en vous par sa grâce. Vous le saisirez sur le fait : « Auparavant, direz-vous, comme j'aurais été en colère » ! Vous serez sans cesse le premier étonné de la transformation que Dieu aura faite en vous.

24 Mars
Diminuer et s'effacer devant lui

Lui, il faut qu'il croisse : moi, que je diminue.

Jean 3.30

Si vous devenez indispensable à la vie d'une autre âme, c'est que vous ne marchez plus selon l'Esprit de Dieu. Dans votre activité, souvenez-vous, comme Jean-Baptiste, que vous n'êtes pas l'époux, mais seulement l'ami de l'époux.

Quand une fois vous voyez une âme en présence des exigences de Jésus-Christ, vous savez que vos efforts ont été dans la bonne direction, et au lieu de vouloir intervenir pour alléger en elle les douleurs de l'enfantement, priez afin que ces douleurs deviennent dix fois plus fortes, jusqu'à ce qu'aucun pouvoir, de la terre ou de l'enfer, ne puisse empêcher cette pauvre âme d'être saisie par Jésus-Christ. Sans cesse, nous prétendons être une providence au petit pied. Nous nous mettons en travers, barrant la route à Dieu, et nous disons : « Cela ne peut pas être » ! Nous ne sommes pas des amis de l'époux, nous nous substituons à Lui, et un jour cette âme dira de nous : « Il a détourné sur lui mon amour, il m'a dérobé Jésus ».

Gardez-vous de donner votre sympathie à faux, mais sachez la donner quand il faut : "L'ami de l'époux, qui est là et qui l'entend, se réjouit à sa voix. Aussi ma joie est-elle parfaite. Lui, il faut qu'il croisse : moi, que je diminue." Aucune tristesse n'obscurcit cette joie. L'époux est là. Jean l'a vu : c'est assez. Il s'efface, on ne parlera jamais plus de lui. C'est ainsi que nous devons nous effacer, une fois notre travail accompli.

Veillez de toute votre énergie jusqu'à ce que l'Époux apparaisse devant celui dont vous vous êtes occupé. Ne vous inquiétez pas des bouleversements qu'Il amène, réjouissez-vous. Bien souvent il faut qu'une vie s'écoule avant que Jésus la sauve.

25 Mars
La mission la plus délicate

L'ami de l'époux.

Jean 3.29

Notre vertu notre sainteté ne devraient jamais attirer L'attention sur elles-mêmes mais seulement, comme des aiguilles aimantées, sur Jésus-Christ. Si ma sainteté n'attire pas les âmes vers le Christ elle n'est pas ce qu'elle doit être elle suscitera des sentiments déréglés et détournera les âmes du seul vrai chemin. Un saint exemplaire, s il n amène pas les âmes directement à Jésus-Christ mais seulement à L'admiration de ses vertus, sera pour elles un obstacle. On dira de lui : "Quel beau caractère !" Mais il ne sera pas un véritable ami de l'époux.

Au lieu de s'effacer, il prend la première place. Pour rester toujours l'ami loyal et fidèle de l'époux, il nous faut surveiller attentivement notre attitude à son égard. C'est là un point encore plus important que notre obéissance. À certains moments, le devoir d'obéissance ne se pose pas ; la seule chose que Dieu nous demande est de rester en contact direct avec Jésus-Christ. À d'autres moments, bien entendu, nous avons à chercher quelle est la volonté de Dieu, mais durant la plus grande partie de notre existence, ce que nous devons faire, ce n'est pas un effort conscient pour obéir à Dieu, c'est simplement un effort pour rester l'ami fidèle de l'Époux. L'activité chrétienne peut nous détourner de celle concentration indispensable de notre âme sur Jésus-Christ. Au lieu d'être les vrais amis de l'époux, nous nous érigeons nous-mêmes en providence au petit pied. Nous lui empruntons son armure, et au fond nous combattons contre Lui.

26 Mars
L'intuition de Dieu

Heureux ceux qui ont le cœur pur : ils verront Dieu.

Matthieu 5.8

La pureté est bien plus que l'innocence. C'est le résultat d'une communion spirituelle soutenue avec Dieu. Nous avons à conquérir peu à peu la pureté. Notre vie intérieure peut rester ce qu'elle doit être, mais néanmoins, dans ses manifestations extérieures, notre pureté de temps en temps peut se ternir. Dieu ne nous épargne pas ces humiliations, car elles nous avertissent de la nécessité où nous sommes de maintenir par une pureté constante notre communion avec Lui. Si cette présence de Dieu en nous est ternie si peu que ce soit, si elle a perdu pour nous quelque chose de sa fleur, ne perdons pas un instant pour y porter remède. Pour voir Dieu comme Il est, notre cœur doit être pur.

Sans doute, c'est Dieu lui-même qui nous rend purs par Sa grâce. Ce qui nous incombe, c'est de veiller sur notre tic humaine, par laquelle nous sommes en contact perpétuel avec d'autres gens, avec d'autres conceptions que les nôtres, et qui déteignent sur nous. Non seulement le sanctuaire intime de notre âme doit rester pur, mais aussi les portiques extérieurs, car il peut y avoir contagion du dehors au dedans. Pour rester en contact intime et permanent avec Jésus-Christ, il y a certaines choses que nous devons rejeter loin de nous, d'autres, innocentes en elles-mêmes, que nous devons écarter quand même.

Le cœur pur ne soupçonne pas le mal. Il est bon de nous dire à nous-mêmes, en pensant aux autres : "Celui-là, celle-là, cet ami, ce parent, je le présente à Dieu comme parfait en Christ."

27 Mars
La vision de Dieu

Monte et et je te ferai voir...

Apocalypse 4.1

L'élévation de la pensée ne peut provenir que de l'élévation du caractère. Si dans tous vos actes vous tendez toujours le plus haut possible, Dieu vous dira sans cesse : "Mon ami, monte plus haut " Chaque fois que nous sommes tentés, regardons en haut. Sans doute, plus haut nous rencontrons de nouvelles tentations. Satan lui-même nous dresse sur le pinacle. Dieu nous élève aussi, mais le résultat est bien différent. Quand le diable s'en mêle, il s'ingénie à vous hisser jusqu'à une forme de sainteté si escarpée qu'il vous est impossible de vous y tenir : vous essayez de vous agripper dans une position d'équilibre instable, vous n'osez pas bouger : c'est de l'acrobatie. Au contraire, quand Dieu vous a élevé, au lieu d'être agrippé à un pinacle, vous trouvez devant vous un magnifique plateau où l'on marche tout à son aise.

Comparez votre état spirituel à ce qu'il était il y a un an, et vous verrez que Dieu vous a fait monter plus haut. En vivant avec Dieu, nous arrivons à voir les choses de plus haut. Dès que Dieu vous révèle sa pensée sur un point, il faut sans perdre un instant nous guider là-dessus, ajuster notre action à ce qui nous a été révélé.

La meilleure preuve que vous avez progressé spirituellement, ce n'est pas le fait que vous n'êtes pas retombé en arrière, mais que vous discernez mieux où vous en êtes. C'est dans ce discernement que Dieu vous a fait moiter plus haut."Cacherai-je à Abraham ce que je vais faire ?" Dieu est dans la nécessité de nous cacher ce qu'il fait jusqu'à ce que notre caractère soit arrivé au point où il pourra nous le révéler.

28 Mars
Lorsque nous ne comprenons pas

Après quoi Jésus dit à ses disciples : "Retournons en Judée." Ils lui objectèrent : "Maître, les Juifs cherchaient tout dernièrement à te lapider, et tu veux maintenant retourner là-bas !" Jean 11.7-8

Je puis, certes, ne pas comprendre ce que me dit Jésus, mais j'aurais grand tort d'en conclure qu'il se trompe. Je n'ai jamais le droit de penser qu'en obéissant à un ordre de Dieu je ferais tort à Jésus. C'est en Lui désobéissant que je Lui fais tort. Je n'ai jamais le droit de lui désobéir sous le prétexte de sauvegarder son honneur, même si je crois sincèrement pouvoir ainsi lui épargner un outrage. L'ordre me vient de Dieu, je m'en rends compte à cause de sa tranquille persistance. Lorsque je commence à calculer les avantages et les inconvénients, lorsque j'hésite, lorsque je discute, j'introduis un élément qui ne vient pas de Dieu, et finalement je conclus que l'indication que j'avais cru recevoir était fausse. Beaucoup d'entre nous sont fidèles à la conception qu'ils se font de Jésus-Christ ; combien y en a-t-il qui soient fidèles à Jésus lui-même ?

La fidélité à Jésus suppose que je suis prêt à m'avancer dans la nuit, comme Pierre quand Jésus lui dit de marcher sur les flots. La fidélité à ma conception de Jésus suppose que je fais appel en premier lieu à mon intelligence. La foi n'est pas du tout un raisonnement éclairé, c'est la décision de s'en remettre entièrement à Quelqu'un, là même où je suis dans la nuit.

Êtes-vous en train de vous demander si vous vous en remettrez à Jésus ? Allez-y, obéissez-lui joyeusement et sans regarder à rien d'autre. Quand il vous dit quelque chose et que vous vous mettez à discuter, c'est que vous prétendez savoir mieux que lui ce qui est à son honneur. Laissez tout cela. Ce qu'il vous dit, faites-le.

29 Mars
Le Seigneur vient nous voir à l'improviste

Vous aussi, tenez-vous prêts ; car c'est à l'heure où vous n'y pensera pas que le Fils de l'homme viendra.

Luc 12.40

Pour le chrétien au service de son Maître, il est essentiel d'être prêt à rencontrer Jésus à n'importe quel moment. Ce n'est pas chose facile, quelles que soient nos circonstances. Ce qui s'y oppose, ce n'est pas tant le péché ou les difficultés extérieures, c'est que nous sommes si absorbés dans le travail que nous ne sommes pas prêts à rencontrer Jésus à l'improviste. Nous avons les yeux fixés sur nos croyances, sur le point de savoir si nous sommes utiles, mais l'essentiel, c'est de les fixer sur Jésus.

Jésus vient rarement à nous là où nous l'attendons. Il surgit devant nous à l'improviste, sans que rien nous prépare à sa venue. Pour être fidèle à Dieu, il faut toujours être prêt à recevoir les visites imprévues que nous fait Jésus. Notre travail n'a aucune importance, comparé à notre vision de la réalité spirituelle, tendue vers Jésus. Nous devons regarder à Lui avec la simplicité d'un petit enfant. C'est ce qu'Il attend de nous. Pour cela, nous devons renoncer à notre propre idéal de culture religieuse, et être dans la réalité divine.

En regardant ainsi à Jésus, en détournant vos yeux des préoccupations religieuses et sociales de votre époque, en vous demandant exclusivement quelle est Sa volonté, on dira que vous n'êtes pas pratique, que vous vous perdez dans des rêveries. Mais quand Il apparaîtra aux moments les plus durs et les plus pénibles, vous serez le seul qui soit prêt à Le recevoir.

30 Mars
L'insensibilité à l'égard de Dieu

L'Éternel... s'étonne de ce que personne n'intercède.

Isaïe 59.16

Pourquoi y en a-t-il tant parmi nous qui cessent de prier et deviennent insensibles à l'égard de Dieu ? C'est que nous ne prions que pour flatter notre égoïsme. Nous voulons pouvoir dire autour de nous que nous prions. Nous avons lu dans des livres que la prière est bienfaisante, qu'elle apporte la sérénité, qu'elle élève l'âme. Mais l'Éternel, comme dit Isaïe, s'étonne de nos prières.

L'adoration est inséparable de l'intercession. Intercéder pour quelqu'un, c'est le considérer comme Jésus-Christ le considère. Trop souvent, au lieu d'adorer Dieu, nous cherchons à comprendre comment notre prière peut être efficace. À ce moment, nous ne prions pas. Nous devenons raisonneurs et insensibles. Nous lançons à Dieu nos requêtes et nous exigeons qu'Il les exauce. Insensibles à l'égard de Dieu, nous devenons insensibles à l'égard des autres.

Est-ce que, dans notre prière, nous nous efforçons d'entrer en contact direct avec la pensée de Dieu au sujet de ceux pour lesquels nous le prions ? Ou bien sommes-nous raisonneurs et insensibles ? "Mais, direz-vous, qui est-ce qui intercède comme il faudrait le faire ?" Mors donnez vous-même l'exemple d'un enfant de Dieu qui sait prier son Père, en toute humilité, en véritable adoration, en toute pureté. Mettez-vous à intercéder comme il le faut : c'est un véritable labeur, un labeur épuisant, mais tin labeur où vous ne courez aucun danger, spirituellement parlant. Même en prêchant L'Évangile, vous pouvez tomber dans un piège. Dans l'intercession, jamais.

31 Mars
L'hypocrisie spirituelle

Si quelqu'un voit son frère commettre un péché qui ne va pas à la mort, qu'il prie, et Dieu donnera la vie à ce frère.

1 Jean 5.16

Si nous ne savons pas discerner la manière dont l'Esprit de Dieu travaille en nous, nous risquons de tomber dans l'hypocrisie spirituelle. Nous voyons chez les autres leurs manquements, et nous les jugeons de très haut, au lieu d'intercéder pour eux. Nous oublions que ce n'est pas notre intelligence, mais bien l'Esprit pénétrant du Dieu très Saint qui nous a révélé ces manquements, nous nous érigeons nous-mêmes en juges, au lieu de prier Dieu, afin qu'Il donne la vie au pécheur. Tout occupés de critiquer les autres, nous oublions d'adorer Dieu comme nous le devons, et nous devenons des hypocrites.

Une des tâches les plus délicates dont Dieu puisse nous charger, nous qui voulons le servir, c'est cette tâche de discerner ce qui ne va pas chez les autres. Il nous révèle leurs manquements pour que nous nous chargions de leur fardeau, et que nous adoptions à leur égard la pensée même du Christ pour eux. Si nous savons intercéder en leur faveur, Dieu leur donnera la vie. Ce n'est pas certes que de nous-mêmes nous puissions atteindre à la pensée de Dieu. Mais nous pouvons ouvrir notre âme à Dieu, pour que Sa grâce puisse nous traverser et aller aux âmes qui en ont besoin.

Est-ce que Jésus peut distinguer en nous quelques traces de Ses efforts douloureux pour la naissance d'une âme ? Il faut pour cela que nous ayons résolument adopté Sa manière de voir ceux pour lesquels nous intercédons. Puissions-nous mettre dans notre intercession tout notre cœur, afin que Jésus soit vraiment content de nous !

1er Avril
L'insensibilité à l'égard des autres

En nous, l'Esprit intercède pour nous... Jésus lui-même intercède pour nous.

Romains 8.26-34

Si l'Esprit Saint, si Jésus lui-même intercède pour nous, comment pourrions-nous ne pas suivre un pareil exemple ? Avons-nous le cœur assez sensible à l'égard de nos frères pour que, dociles à l'Esprit, nous accomplissions en leur faveur notre devoir d'intercession ? Considérons ce qui nous préoccupe : nos familles, nos affaires, notre patrie, la crise présente. Est-ce que tout cela nous absorbe et nous paralyse ? Est-ce.que tout cela nous chasse hors de la présence de Dieu et ne nous laisse pas de temps pour le prier ? Alors faisons halte, et rétablissons sans tarder nos relations avec Dieu, et par suite avec les autres. C'est au moyen de notre intercession que Dieu veut faire des miracles.

Prenez bien garde de ne pas courir beaucoup plus vite que la volonté de Dieu à votre égard. Nous laissons Dieu en arrière dans l'ardeur de notre zèle, nous nous précipitons dans mille besognes diverses, et nous n'avons plus le temps de prier ni d'intercéder. Quand l'épreuve viendra, elle nous trouvera désemparés, insensibles à l'égard de Dieu, acculés au désespoir. Dieu sans cesse nous met en présence de gens pour qui nous n'éprouvons aucune sympathie. Si l'Esprit de Dieu n'est pas en nous, que faisons-nous ? Nous leur assénons un texte comme un coup de massue, nous leur administrons vivement une parole de Dieu, et nous leur tournons le dos. Un chrétien sans amour, comme le Seigneur doit en souffrir !
Savons-nous intercéder, comme l'Esprit, comme Jésus ?

2 Avril
La vision glorieuse

Le Seigneur m'a envoyé... pour que tu recouvres la vue.

Actes 9.17

Quand Paul recouvra la vue, il reçut en même temps la vision intérieure du Christ crucifié, qui domina désormais toute sa vie et toute sa prédication."Je résolus de ne rien savoir parmi vous que Jésus-Christ, et Jésus-Christ crucifié." Il refusait de concentrer sa pensée sur autre chose que sur la vision du Sauveur.

Cette vision, toujours présente À nos yeux, doit nous permettre de rester tout à fait irréprochables, à l'image de notre Maître. Ce qui caractérise le mieux le croyant fidèle, c'est la façon dont il saisit et comprend pour lui-même la vision du Christ, et dont il fait saisir et comprendre aux autres les desseins de Dieu à leur égard. Toute sa vie, toute sa pensée, tout son cœur sont concentrés sur Jésus-Christ. Toutes les fois que vous voyez cela dans une âme, vous n'avez pas à vous tromper : elle est selon le cœur de Dieu.

Ne permettez jamais à rien de vous détourner de la vision de Jésus-Christ. C'est la pierre de touche de votre foi. Quand votre foi décline, c'est que les autres choses vous absorbent graduellement.

"Depuis que mes yeux ont regardé Jésus, Tout le reste a pour moi disparu. Il n'y a plus rien devant moi, Rien que Jésus sur la croix."

3 Avril
Si tu avais su !

Oh ! Si tu avais su reconnaître toi aussi, au moins en ce jour, ce qui aurait pu t'assurer la paix ! Mais tout cela maintenant est caché à tes yeux.

Luc 19.42

Jésus était entré en triomphe à Jérusalem ; la ville avait été secouée jusqu'en ses fondements. Mais elle cachait dans ses flancs un sanctuaire étrange, l'orgueil et la suffisance des Pharisiens ; et ce n'était qu'un sépulcre blanchi.

Qu'est-ce donc qui m'aveugle, moi aussi, en ce jour ? Quelle est la secrète idole qui occupe mon cœur ? Bien des fois Dieu a voulu la renverser, mais j'ai tenu bon, obstinément. L'idole est toujours là. Je ne sais pas reconnaître ce qui pourrait m'assurer la paix, C'est une terrible chose d'être en présence du salut, et que nous rejetions l'Esprit de Dieu, et que nous aggravions notre culpabilité.

"Si tu avais su !" Oh ! Le dernier appel de Dieu ! Oh ! Les pleurs de Jésus ! Dieu nous rend responsables parce que nous n'avons pas su reconnaître le salut qu'il nous offrait. Et pourquoi ? Parce que nous avons maintenu en nous l'idole. Ce qui aurait pu être et qui n'a pas été tristesse infinie. Dieu n'ouvre jamais les portes que nous avons fermées. Il en ouvre d'autres, mais Il nous rappelle qu'il y a en nous des portes fermées par notre faute, des obstacles, des souillures qui n'auraient jamais dû y être. Que ce rappel ne nous effraie pas. Le souvenir de nos manquements est un instrument dont Dieu se sert pour nous châtier, mais aussi pour nous avertir, pour nous corriger, pour nous redresser." Ce qui aurait pu être " devient entre Ses mains le germe fécond de ce qui sera. Dieu nous cultive.

4 Avril
Dispersion, incertitudes et ténèbres

Voici, l'heure vient, et elle est déjà venue, où vous allez être dispersés ; chacun ira de son côté, et vous me laisserez seul...

Jean 16.32

Jésus ne reproche pas à ses disciples de manquer de foi. Il constate seulement que leur foi est troublée, parce qu'elle ne se réalise pas dans des actions concrètes. Les disciples étaient moralement dispersés, chacun d'eux préoccupé de ses intérêts particuliers, qui n'avaient rien de commun avec ceux de Jésus-Christ. Quand la sanctification nous a mis en contact direct avec Dieu, il faut que notre foi se fasse jour dans des réalités concrètes. Sans doute, la tempête nous dispersera, nous écartera de notre travail, nous jettera dans la désolation : nous éprouverons le sacrifice, la mort intérieure, la privation des bienfaits de Dieu. Sommes-nous prêts à subir cette mort ? Dieu nous éprouve. Jusque-là, notre foi était soutenue par les bénédictions de Dieu, dont nous ressentions la douceur. Il s'agit de croire sans cet appui. Alors seulement notre foi sera vigoureuse, et se réalisera dans la vie concrète, malgré tous les orages.

" Vous me laisserez seul." Avons-nous abandonné Jésus, en dispersant aux quatre vents les dons de la Providence ? Les ténèbres où nous sommes amenés sont voulues de Dieu. Sommes-nous prêts à vivre sans le réconfort des bienfaits de Dieu ? Notre foi est-elle vigoureuse ? Jésus est-il devenu vraiment notre Seigneur ? Dieu, patiemment est en train de nous faire comprendre que ce n'était pas Lui que nous cherchions, mais la jouissance de Ses bienfaits. Sans doute, il faut bien commencer par là. Mais ce n'est qu'un premier degré.

" Prenez courage, j'ai vaincu le monde." Enfants de Dieu, montrez de quoi vous êtes faits !

5 Avril
En présence de l'agonie de Jésus

Jésus et ses disciples entrèrent dans une propriété appelée Gethsémani... Il prit avec lui Pierre, et les deux fils de Zébédée... Il leur dit : « Restez là, et veillez avec moi ».

Matthieu 26.36-38

L'agonie de Jésus à Gethsémani est pour nous un abîme insondable, mais nous pouvons cependant en dire ceci : c'est l'agonie de l'Homme-Dieu, en présence du péché. Personnellement, nous ne pouvons rien savoir des souffrances de Gethsémani, pas plus que du Calvaire. C'est là quelque chose d'unique au monde, mais qui nous ouvre, à nous pécheurs, les portes de la vie.

Ce qui accablait Jésus dans le jardin de Gethsémani, ce n'était pas la mort sur la croix. Il avait déclaré solennellement qu'il était venu sur la terre pour mourir. À Gethsémani, ce qui l'accablait, c'était la crainte de ne pas pouvoir aller jusqu'au bout, en tant que Fils de l'homme. En tant que Fils de Dieu, Satan n'avait aucune prise sur lui. Mais l'effort de Satan, c'était d'isoler Jésus de l'humanité, et alors Il n'aurait plus été notre Sauveur. Après le récit de la tentation, nous lisons : « Alors le diable s'éloigna de lui, jusqu'à une autre occasion ». À Gethsémani, nous assistons au dernier assaut de Satan contre Jésus, Fils de l'homme. Et Jésus est vainqueur.

L'agonie de Gethsémani est l'agonie du Fils de Dieu pour accomplir sa mission de Sauveur du monde. Le voile s'est écarté un moment, pour nous laisser entrevoir ce qu'Il lui a coûté de nous mettre en mesure de devenir fils de Dieu. C'est à cause de son agonie que notre salut est une chose si simple. La croix du Christ est le triomphe du Fils de l'homme. C'est le symbole de la victoire de notre Seigneur sur Lui-même, pour le salut de l'humanité.

6 Avril
La collision entre Dieu et le péché

Lui qui a porté lui-même nos péchés en son corps sur le bois...

1 Pierre 2.24

La croix de Jésus est l'expression du jugement de Dieu sur le péché. Il ne faut pas considérer Jésus comme un martyr. La croix est un triomphe qui a ébranlé les assises même de l'enfer. Le fait central, le fait le plus certain de l'histoire éternelle, c'est que Jésus sur la croix a aiguillé de nouveau l'humanité sur le chemin de Dieu. La Rédemption permet à chaque fils de l'homme d'entrer dans la communion de Dieu.

La croix n'est pas un accident dans la vie de Jésus : c'est le but même de sa venue. Il est « l'Agneau immolé depuis la fondation du monde ». Toute l'incarnation aboutit à la croix. On ne saurait séparer ces deux termes : Dieu manifesté en chair et le Fils devenu péché. Le but de l'incarnation, ce n'est pas la manifestation de Dieu en elle-même, c'est la destruction du péché. La croix est au centre de l'histoire, elle résout les mystères du temps comme ceux de l'éternité.

La Croix n'est pas la croix d'un homme, c'est la Croix de Dieu, dont rien ne peut approcher dans l'expérience humaine. La croix est la révélation de la nature de Dieu, la porte par où tout homme peut entrer en communion avec Dieu. Quand nous arrivons à la Croix, nous ne pouvons la dépasser : nous restons en elle, dans cette vie nouvelle qu'elle seule peut nous ouvrir.

La Croix de Jésus est le centre de notre salut. S'il nous est si aisé d'obtenir le salut, c'est que Dieu l'a payé d'un prix immense. Sur la croix, Dieu et l'homme se rencontrent, en une formidable collision. La vie nous est ouverte, mais c'est le cœur même de Dieu qui a supporté le coup.

7 Avril
Pourquoi nous ne comprenons pas

Il leur intima l'ordre de ne raconter à personne ce dont ils venaient d'être témoins, jusqu'à ce que le Fils de l'homme fût ressuscité des morts.

Marc 9.9

Ne dites rien tant que le Fils de l'homme n'est pas ressuscité en vous, tant que Sa vie ne vous a pas pénétré, pour vous faire comprendre ce que Jésus enseignait durant qu'il était sur la terre. Quand notre vie intérieure est devenue ce qu'elle doit être, vous êtes tout surpris de voir combien chaque parole de Jésus est devenue claire pour vous. C'est que vous n'étiez pas capable jusque-là de la saisir.

On ne peut pas dire que notre Seigneur veuille nous rien cacher : c'est nous qui ne pouvons pas encore saisir ce qu'il voudrait nous dire, « Que d'enseignements j'aurais encore à vous faire entendre ! Mais vous n'êtes pas encore de force à les supporter ». Pour comprendre certaines choses, il nous faut la communion intime avec le Christ ressuscité. Cette communion, la possédons-nous ? Le signe qu'elle existe en nous, c'est que les paroles de Jésus nous sont devenues claires. Dieu ne peut rien nous révéler si Son Esprit n'est pas en nous. Quand nous sommes trop sûrs que telle chose doit arriver, nous barrons la route à l'Esprit de Dieu. Il en est de même quand nous nous attachons à telle ou telle doctrine. Pour sortir de l'obscurité, il faut livrer notre esprit à Jésus ressuscité, pour que Sa vie pénètre en nous.

« … de ne raconter à personne… » Combien veulent tout de suite raconter ce qu'ils ont vu sur la montagne de la transfiguration ! Leur vie malheureusement ne corrobore pas leur témoignage, car le Fils de l'homme n'est pas encore ressuscité en eux. L'est-il en vous ? L'est-il en moi ?

8 Avril
La vie de Jésus ressuscité

Ne fallait-il pas que le Christ souffrit et qu'il entrât ainsi dans sa gloire ?

Luc 24.26

La croix de notre Seigneur est le portique par lequel il entre dans sa véritable vie. À partir de sa résurrection, il possède le pouvoir de me communiquer sa vie. Quand je nais de nouveau, quand je nais d'en haut, le Seigneur ressuscité me communique sa propre vie.

Le rôle dont Dieu l'a chargé, c'est de « conduire de nombreux fils à la gloire ». C'est grâce à l'accomplissement de Sa mission que Jésus a le pouvoir de faire de nous des fils et des filles de Dieu. Sans doute, nous ne pouvons prétendre à être, à l'égard de Dieu, sur le même pied que Son Fils Lui-même, Mais, grâce au Fils, nous devenons quand même, nous aussi, fils de Dieu. Quand notre Seigneur ressuscita des morts, ce fut pour vivre d'une vie absolument nouvelle, qu'il ne possédait pas avant son incarnation. Et nous de même, grâce à sa résurrection, nous vivons de Sa vie nouvelle, tout autre que notre ancienne vie. Un jour « Il transformera notre corps de misère en un corps pareil à son corps de gloire », mais nous pouvons dès maintenant vivre par lui d'une vie nouvelle, et « connaître toute la puissance de Sa résurrection ».

« Père, l'heure est venue : glorifie ton Fils... selon l'autorité que tu lui as donnée sur toute chair, afin qu'à tous ceux que tu lui as donnés, il donne la vie éternelle ». Le « Saint-Esprit » n'est pas autre chose que cette vie éternelle que Jésus nous donne. C'est Dieu réalisant dans notre vie individuelle les effets de la Rédemption. Rendons grâce à Dieu pour cette réalité glorieuse et splendide : le Saint-Esprit peut créer en nous une vie semblable à celle de Jésus, si seulement nous acceptons de Lui obéir.

9 Avril
L'ai-je vu ?

Ensuite Jésus apparut sous une autre forme, à deux d'entre eux...

Marc 16.12

Ce n'est pas la même chose de voir Jésus que d'être sauvé. Il y a bien des gens qui participent à la grâce de Dieu et qui n'ont jamais vu Jésus. Mais il suffit d'avoir vu Jésus une seule fois pour n'être plus le même qu'avant, pour que l'attrait du monde ne soit plus ce qu'il était pour nous.

Ne confondez jamais ce que Jésus a fait pour vous avec la vision directe de Jésus lui-même. Si vous ne connaissez que ses bienfaits à votre égard, vous ne saisissez Dieu que d'une façon restreinte. Mais si vous avez eu la vision directe de Jésus, rien ne pourra plus vous ébranler ; comme Moïse, vous tiendrez ferme, « en homme qui voit Celui qui est invisible ». L'aveugle-né ne savait pas qui était Jésus, jusqu'à ce que Jésus se soit révélé à lui. Jésus apparaît à ceux qui ont reçu quelque chose de Lui. Mais ce n'est pas à nous de décider à quel moment Il viendra. Tout à coup nous dirons « Maintenant je Le vois » !

La vision de Jésus est chose toute personnelle. Je ne puis pas la transmettre à mon prochain. Entre celui qui l'a et celui qui ne l'a pas, cela crée un fossé. Mais je puis demander à Dieu qu'Il la donne à celui pour qui j'intercède. Car on ne peut pas l'avoir pour soi, et ne pas la souhaiter pour les autres. « Eux aussi vinrent l'annoncer aux autres disciples, qui ne les crurent pas davantage ». Mais il faut l'annoncer, même si on ne vous croit pas.

« Si je pouvais trouver les mots qu'il faut, vous le croiriez certainement ! Si je savais seulement dire ce que j'ai vu ! Comment puis-je le dire, comment le comprendriez-vous, Jusqu'à ce qu'Il vous amène où Il m'a moi-même amené ».

10 Avril
La résolution d'anéantir en moi le péché

Sachant que notre vieil homme a été crucifié avec Lui, afin que cet organisme de péché soit anéanti en nous, de sorte que nous ne soyons plus les esclaves du péché.

Romains 6.6

La crucifixion avec Jésus

Ai-je pris cette résolution ferme, de tuer le péché en moi ? Il faut beaucoup de temps pour en venir là, mais c'est le grand point tournant de toute ma vie, quand je prends cette décision qu'à l'instar de Jésus, mis en croix pour le péché du monde, mon propre péché doit être, je ne dis pas seulement repoussé ou refoulé, mais, comme Jésus, crucifié. Cette décision, personne ne peut la prendre pour un autre que pour lui-même. Les plus profondes convictions religieuses ne suffisent pas, il faut la décision de tuer en nous le péché.

Prenez-vous bien en main, recueillez-vous devant Dieu, et dites à Jésus : « Seigneur, prends-moi avec toi dans ta mort jusqu'à ce que le péché soit mort en moi ». Paul ne nous parle pas ici de ce qui lui arrivera plus tard, mais bien de ce qui lui est arrivé, de son expérience profonde, tranchée, précise. Suis-je prêt à me laisser labourer par l'Esprit de Dieu jusqu'à ce que j'aie compris ce qu'est le péché en moi, le désir qui va contre Dieu ? Jusqu'à ce que j'aie accepté le jugement de Dieu sur mon péché, qui doit être crucifié, mis à mort, comme Jésus ? Il faut que j'accepte, il faut que je me décide.

En suis-je venu là? Ai-je obtenu le glorieux privilège d'être crucifié avec le Christ, jusqu'à ce que ma propre vie ait entièrement fait place à celle du Christ ? « Crucifié avec le Christ, ce n'est plus moi qui vis : c'est Lui qui vit en moi ».

11 Avril
La vie de Dieu en moi

Unis à Lui dans sa mort, nous le serons aussi dans sa résurrection.

Romains 6.5

La résurrection avec Jésus

Si j'ai vraiment été crucifié avec Jésus, cela se verra, car je lui ressemblerai. Quand l'Esprit de Jésus pénètre en moi, le contact entre Dieu et moi se rétablit. Grâce à sa résurrection, Jésus a reçu le pouvoir de me faire participer à la vie divine, mais il faut que ma vie soit calquée sur la sienne. Cette vie nouvelle du Christ ressuscité se manifestera en moi pat plus de sainteté.

Telle est l'idée maîtresse de l'apôtre Paul, dans tous ses écrits : Une fois la résolution prise de s'unir au Christ dans sa mort, la vie du Ressuscité nous pénètre et nous envahit de toute part. Pour participer ainsi dans notre vie terrestre, de la vie même du Fils de Dieu, il faut une parcelle de la Toute-puissance divine. Le Saint-Esprit, une fois entré en nous, ne souffre aucune limitation, il envahit tout, Il se charge de tout
diriger, mon rôle est simplement de marcher dans la lumière, en lui obéissant à mesure. Une fois ma résolution prise, je suis tranquille : je sais que je suis mort au péché, parce que je sens
la vie de Jésus présente en moi à tout moment. De même qu'il n'y a qu'une nature humaine, il n'y a qu'une sainteté, celle de Jésus, et c'est elle que je reçois, elle que Dieu me donne. Il met en moi la sainteté de son Fils, et je deviens une nouvelle création, entièrement transformée.

12 Avril
Le pouvoir qui vient de Dieu

Sur Lui, la mort n'a plus de pouvoir... Vivant, il vit pour Dieu ! Vous, de même, comprenez que vous êtes morts au péché, et vivants pour Dieu.

Romains 6; 9 à 11

La vie éternelle avec Jésus

La vie éternelle, c'est la vie même dont Jésus vivait quand il était sur la terre. C'est la vie même dont nous vivons, nous humbles mortels quand nous sommes nés de Dieu. La vie éternelle n'est pas simplement un don venant de Dieu, c'est Dieu même venant à nous et se donnant à nous. Une fois que nous aurons résolu d'anéantir en nous le péché, la puissance qui était en Jésus se manifestera en nous, par l'effet souverain de la grâce de Dieu.

« Vous recevrez la puissance du Saint-Esprit ». Il ne s'agit pas d'un pouvoir spécial, que nous donnerait le Saint-Esprit. Cette puissance que nous recevons, c'est le Saint-Esprit lui-même. La vie qui était en Jésus devient la nôtre, par le moyen de sa croix, dès que nous décidons de nous unir à Lui. Si nous éprouvons des difficultés dans nos rapports avec Dieu, c'est que nous ne savons pas rompre décidément avec le péché. Dès que nous en prenons la décision, la plénitude de la vie de Dieu remplit notre âme. Jésus est venu vers nous afin que nous soyons « remplis de l'absolue perfection de Dieu ». La vie éternelle n'a rien à voir avec le temps qui s'écoule, c'est la vie dont Jésus vivait, et dont il est l'unique source.

Le chrétien le plus faible peut éprouver en lui la divine puissance du Fils de Dieu, si seulement il s'abandonne à Lui. Mais tout effort qui vient de nous paralyse en nous la vie de Jésus. C'est seulement par l'abandon continuel de nous-mêmes que Dieu pourra nous remplir de sa perfection.

13 Avril
Comment porter notre fardeau ?

Décharge-toi de ton fardeau sur l'Éternel, et Il te soutiendra.

Psaume 55.23

Il y a des fardeaux que nous devons accepter, et d'autres que nous devons rejeter. Nous n'avons le droit de garder ni le fardeau du doute ni celui du péché, mais il y a des fardeaux dont Dieu lui-même nous a chargés et qu'Il veut que nous gardions, mais qu'Il nous aidera Lui-même à porter : « Décharge-toi de ton fardeau sur l'Éternel, et Il te soutiendra ». Si nous entreprenons de travailler pour Dieu, mais sans nous appuyer sur lui, nous serons écrasés par le sentiment de notre responsabilité. Mais si nous nous déchargeons sur Lui du souci de ce fardeau qu'Il nous a donné à porter, il nous délivre du poids de toute responsabilité et nous donne à la place le sentiment de Sa présence.

Que de chrétiens ont entrepris une œuvre, pleins de courage et de beaux sentiments, mais sans posséder la communion intime avec Jésus-Christ. Ils aboutissent très vite à l'écrasement. Leur fardeau les fatigue et leur devient insupportable. On dit tout autour d'eux : « Quel beau commencement, et quelle banqueroute » !

« Décharge-toi de ton fardeau sur l'Éternel ». Au lieu de vouloir le porter tout seul, pose-le par un bout sur l'épaule de Dieu. N'est-il pas écrit : « L'empire sera posé sur son épaule ». Ne rejette pas ton fardeau, mais porte-le allégrement, soutenu par l'Éternel. Avec un tel soutien, il deviendra léger.

14 Avril
La force invincible

Prenez sur vous mon joug, et apprenez de moi.

Matthieu 11.29

« Le Seigneur châtie celui qu'il aime ». Comme nos plaintes et nos doléances sont misérables ! Le Seigneur nous amène dans la situation la plus favorable à notre communion avec Lui. Alors nous gémissons et nous disons : « Oh ! Seigneur, ne pourrais-je pas être comme les autres » ? Jésus nous demande d'accepter l'autre bout de son joug : « Mon joug est facile, mets-toi là, à mon côté, nous tirerons ensemble ».

Possédez-vous cette union avec Jésus ? En ce cas, vous remercierez Dieu de l'épreuve qu'Il vous envoie. « Il donne la force et la vigueur à celui qui est sans force ». Dieu vient nous tirer de nos divagations, et nos plaintes deviennent des louanges. Il n'y a qu'un seul moyen de connaître en soi la puissance de Dieu : prendre le joug de Jésus et apprendre de-Lui.

« La joie de l'Éternel est votre force ». D'où les chrétiens tirent-ils leur joie ? De tel chrétien, si nous ne le connaissions pas, nous serions tenté de dire : « Il n'a aucun fardeau à porter ». Mais dès que nous regardons de plus près, que voyons-nous ? Si la paix, la lumière et la joie de Dieu sont en lui, c'est justement la preuve que le fardeau y est aussi. Dieu lui a donné un fardeau dont le poids est lourd. Mais sous ce pressoir, le jus de la vigne sort de la grappe, et nous ne voyons que ce vin généreux. Celui qui possède en lui l'Esprit de Dieu est totalement invincible.

Si vous êtes disposé à gémir, chassez à coups de pied cette lâcheté. C'est un crime d'être faible, quand on a en soi la force de Dieu.

15 Avril
Ne relâchons jamais notre effort spirituel

Mais les hauts lieux ne disparurent pas du milieu d'Israël ; ce qui n'empêcha pas le roi Asa d'avoir parfaitement bonne conscience durant toute sa vie.

2 Chroniques 15.17

Asa se sentit en règle avec l'Éternel, dans son for intérieur, mais à son obéissance dans te domaine extérieur il manquait quelque chose. Ne vous laissez pas aller à dire : « Oh ! Cela ne compte pas » ! Qui sait si, aux yeux de Dieu, cela n'a pas une très grande importance ? Pour un enfant de Dieu, tout a de l'importance. Combien de temps faudra-t-il à Dieu pour vous le faire comprendre ? Dieu ne perd jamais patience. Vous dites : « Je suis en règle avec Dieu, je le sais ». Mais les « hauts lieux » subsistent ; il y a un point sur lequel votre obéissance est en défaut. Comment pouvez-vous déclarer ainsi que vous êtes en règle avec Dieu, alors qu'Il vous fait sentir qu'il y a quelque chose en vous qui n'est pas en ordre ? Ne perdez pas un moment pour réparer ce désordre, quel qu'il soit. En ce domaine, il n'y a pas de petits détails.

Y a-t-il dans vos habitudes corporelles, ou bien dans vos habitudes intellectuelles, un point que vous négligez tout à fait ? Dans l'ensemble, cela va bien ; mais sur ce point, vous vous relâchez. L'effort spirituel est un besoin constant de votre âme. Est-ce que votre cœur s'arrête jamais de battre ? Tout arrêt dans l'effort spirituel est un arrêt dans la vie de l'âme. Dieu vous veut entièrement à Lui. Il vous faut veiller sans cesse pour être digne de Lui. Cela demande beaucoup de temps et de peine. Il y a des gens qui s'imaginent pouvoir gravir tous les sommets en deux minutes !

16 Avril
Savez-vous descendre ?

Pendant que vous avez la lumière, croyez à la lumière.

Jean 12.36

Nous avons tous des moments où nous nous sentons transportés au-dessus de nous-mêmes, et nous disons : « Je me sens capable de tout ; si seulement je pouvais être toujours comme ça » ! Eh ! Bien, non, cela n'est pas possible. Dans ces moments d'inspiration, nous devons trouver la lumière et la force, pour accomplir fidèlement notre tâche, quand l'inspiration ne sera plus là. Il y en a beaucoup parmi nous qui ne se sentent plus bons à rien quand l'inspiration vient à leur manquer. Notre effort doit être de réaliser, dans le train-train de la vie quotidienne, l'idéal qui nous a été révélé dans les moments d'exaltation.

Ne permettez jamais à votre émotion de s'évaporer sans effet. Ne vous abandonnez pas à une sorte d'épicurisme spirituel, en vous disant : « Qu'il est doux, qu'il est merveilleux d'être ainsi » ! Agissez sans délai, même et surtout si vous n'en avez pas envie. Si dans une réunion de prière Dieu vous a indiqué quelque chose à faire, ne dites pas : « Je le ferai », faites-le.

Prenez votre paresse par la peau du cou, et jetez-la loin de vous ! Quand nous soupirons après des moments d'inspiration, la paresse est là, tapie dans notre cœur. Nous voulons faire effort pour atteindre les sommets. Nous devons apprendre à travailler dans la pénombre en nous guidant sur ce qui nous a été déjà révélé. Ne reculez pas, après un premier échec. Allez-y encore ! Brûlez les ponts derrière vous, engagez-vous envers Dieu par vos actes mêmes. Ne revenez jamais en arrière, mais allez de l'avant, en vous dirigeant vers la lumière.

17 Avril
Le tout pour le tout

Dès que Simon Pierre eut entendu que c'était le Seigneur, il mit sa tunique... et se jeta dans l'eau.

Jean 21.7

Avez-vous jamais connu cette, expérience, d'une crise où l'on se jette à l'eau, spirituellement ; où l'on prend la résolution irrévocable de tout abandonner, sans songer à rien d'autre, sans rien garder pour soi ? C'est une crise de la volonté intérieure. Vous avez pu bien des fois en approcher par des abandons extérieurs, mais tout cela ne compte pour rien. L'abandon véritable est une crise profonde qui est tout intérieure. On peut renoncer à des biens extérieurs, alors que ce renoncement prouve tout simplement notre esclavage intérieur.

Avez-vous résolument abandonné votre volonté à Jésus-Christ ? Il s'agit là d'un acte de volonté, non pas d'une émotion passagère. L'émotion n'est qu'une manifestation évanescente de votre abandon. Si elle vient la première, l'abandon ne se fera jamais. Ne demandez pas à Dieu en quoi consiste votre abandon, mais renoncez carrément à vous-même, là où vous êtes.

Quand vous entendez ta voix de Jésus-Christ sur les flots de la mer démontée, envoyez promener vos croyances, vos préjugés, votre responsabilité, mais cramponnez-vous à Lui.

18 Avril
Suis-je prêt à tout ?

Dieu l'appela du milieu du buisson, disant : « Moïse ! Moïse » ! Il répondit : « Me voici »

Exode 3.4

Quand Dieu nous parle, combien d'entre nous sont comme les gens dans le brouillard, et ne répondent rien. La réponse de Moïse prouve qu'il était là, prêt à tout. Nous sommes avant tout préoccupés d'expliquer à Dieu où nous voudrions aller. Et pourtant, ce qui importe, c'est d'être tout prêt, à chaque instant, à faire ce que Dieu nous ordonne. Nous attendons qu'il se présente des circonstances dramatiques, exceptionnelles, et alors nous sommes prompts à dire : « Me voici ». Là où Jésus est glorifié, nous sommes prêts à marcher. Mais pour un devoir obscur, nous nous dérobons.

Être prêt à tout, pour obéir à Dieu, c'est être prêt à faire les plus petites besognes, aussi bien que les plus grandes. Ne cherchons pas à choisir notre activité. Quel que soit le programme de Dieu, suivons-le. Quand le devoir est là devant nous, si nous entendons la voix de Dieu, comme Jésus entendait la voix de son Père, soyons tout prêts à obéir, avec l'empressement de l'amour. Jésus-Christ attend-de nous la même obéissance qu'il avait à l'égard de son Père, Il peut nous donner, à son gré, des devoirs agréables ou des devoirs rebutants, parce que son Esprit est en nous : « Qu'ils soient un, comme nous sommes un ».

Soyez prêts à recevoir les visites imprévues de Dieu. Celui qui est toujours prêt n'a jamais à se préparer. Que de temps nous gaspillons à nous efforcer d'être prêts, lorsque Dieu nous appelle ! Le buisson ardent est le symbole de tout ce qui encadre l'âme vigilante : elle est tout illuminée par la présence de Dieu.

19 Avril
Est-ce ou non vraisemblable ?

Car Joab avait suivi la rébellion d'Adonija, bien qu'il n'eût pas suivi celle d'Absalom.

1 Rois 2.28

Joab s'était montré fidèle dans la grande tentation, il n'avait pas trahi son roi, David, pour suivre le brillant et ambitieux Absalom. Et pourtant, au soir de sa vie, il trahit David - pour suivre Monija le couard. Son histoire est là pour nous servir d'exemple (voyez 1 Corinthiens 10.1 à 13). Parce que vous avez triomphé de la grande tentation, ce n'est pas une raison pour ne pas vous méfier des petites.

Nous sommes disposés à nous dire qu'il n'est pas du tout vraisemblable qu'après avoir traversé la grande épreuve, nous cédions encore aux convoitises du monde. Ne cherchez pas à prévoir d'où viendra pour vous la tentation. Elle viendra du côté le plus invraisemblable. À la suite d'une grande crise spirituelle, les petits détails de la vie quotidienne sont là. Sans doute, ils n'occupent pas la place dominante, mais ils sont là, et si vous n'y prenez pas garde, ils vous feront trébucher. Vous êtes resté fidèle à Dieu dans des épreuves terribles, méfiez-vous des petites épreuves sournoises. Ne cherchez pas à vous analyser d'une façon morbide, avec une appréhension maladive de ce qui peut vous arriver, mais soyez sur le qui-vive, l'arme au pied. Que votre pensée soit limpide devant Dieu. Être fort et ne pas être sur ses gardes, c'est être doublement faible. Car un simple détail nous fera trébucher, et notre chute sera lourde, Les héros de la Bible sont tombés sur ce qui faisait leur force, jamais sur leurs points faibles.

Être gardé par la puissance de Dieu, c'est la seule sécurité.

20 Avril
Un chrétien peut-il calomnier Dieu ?

Toutes les promesses de Dieu ont en Jésus leur divine garantie, et nous le proclamons bien haut.

2 Corinthiens 1.20

Jésus a raconté la parabole des talents (Matthieu 25) pour nous avertir que nous pouvons très bien nous tromper sur nos véritables capacités. Il s'agit dans cette parabole non pas de nos dons naturels, mais du don surnaturel de la Pentecôte, de l'effusion du Saint-Esprit. Notre capacité spirituelle n'est pas mesurée par notre éducation ou notre intelligence, mais par les promesses de Dieu. Si nous n'en tirons pas tout ce que Dieu nous a préparé, nous ne tarderons -pas à Le calomnier, comme le serviteur calomnie son maître : « Tu réclames de moi ce dont tu ne m'as pas fourni les moyens. Tu exiges trop de moi, je ne puis t'obéir dans ces conditions ». Vous n'avez pas le droit de dire à Dieu : « Je ne puis pas » ! Quand son Esprit est là, son Esprit tout-puissant. Il s'agit bien des limites de votre capacité ! Si nous avons reçu le Saint-Esprit, il agira en nous.

Le serviteur se justifie en tout point et accuse son maître : « Tu me réclames beaucoup trop, en proportion de ce que tu m'as donné ». Et nous, lorsque nous nous inquiétons, pour notre vie matérielle, au mépris de Sa parole : « Cherchez d'abord le Règne de Dieu et la perfection divine ; et tout le reste vous sera donné par-dessus », que faisons-nous d'autre que de calomnier Dieu ? Par nos soucis nous disons à Dieu : « Tu me laisseras dans la misère ». Le paresseux cherche toujours des excuses : « Je n'ai pas eu de chance » ! Notre paresse spirituelle cherche des excuses en présence de Dieu. Le paresseux invoque toujours son « indépendance ».

Croyons-nous aux promesses de Dieu ? C'est-à-dire Avons-nous reçu le Saint Esprit ?

21 Avril
Ne blessez donc pas le cœur de Jésus !

Il y a si longtemps que je suis avec vous, et tu ne me connais pas, Philippe !

Jean 4.9

Que de fois le Seigneur doit être stupéfait de voir combien nous avons l'esprit compliqué ! Ce sont nos préjugés qui nous rendent stupides. Quand nous restons dans la simplicité, nous y voyons clair. Philippe s'imaginait qu'il allait assister à quelque manifestation prodigieuse, mais quant à Jésus, ce n'était que son Maître, il le connaissait trop bien. Nous cherchons Dieu dans quelque bouleversement catastrophique qui, pensons-nous, va venir, et en réalité Il est là, présent devant nous.

Nous sommes prêts sans doute à obéir à Jésus, mais nous le blessons par nos questions inintelligentes : « Seigneur, montre-nous le Père » ! Il nous répond du tac au tac : « Il est là, devant vous, ou bien nulle part ». Nous voulons que Dieu se manifeste à ses enfants. Mais Dieu ne se manifeste que dans ses enfants. Les gens du dehors s'en rendent compte, mais l'enfant de Dieu ne s'en aperçoit pas. Nous voudrions saisir Dieu dans notre intelligence. Mais nous ne pouvons pas plus Le saisir que nous ne pouvons saisir notre propre pensée. En exigeant de Dieu des manifestations extraordinaires, nous blessons le Seigneur. Nos questions n'ont rien de la simplicité de l'enfant.

« Que votre cœur ne se trouble point » ! Si mon cœur se trouble, je blesse mon Sauveur. Si j'ai confiance en Jésus, ma vie est-elle conforme à celle confiance ? Est-ce que je me laisse aller à de tristes inquiétudes ? Il faut que je m'habitue à prendre tout comme venant de Dieu. Dieu ne viendra pas tout à l'heure, Dieu est là maintenant. Quand vous le sentirez, vous serez affranchis de toute inquiétude.

22 Avril
La lumière qui dure et celle qui s'éteint

Le Seigneur est l'Esprit...; quant à nous tous, nous reflétons, sur notre visage découvert, la gloire du Seigneur.

2 Corinthiens 3.18

Un serviteur de Dieu doit être assez indépendant des autres hommes pour ne plus même se rendre compte qu'il est seul. Au début de la vie chrétienne, nous avons des désillusions, des découragements. Ceux qui nous semblaient être des lumières s'éteignent peu à peu, ceux qui nous soutenaient s'en vont.

Il faut que nous en prenions tellement l'habitude que nous ne nous apercevions même plus que nous sommes seuls. « Tous m'ont abandonné... mais le Seigneur m'a soutenu ». (2 Timothée 4.16-17) Notre foi doit se fonder non pas sur la lumière qui s'éteint, mais sur celle qui dure. Quand un grand chrétien disparaît, nous sommes affligés, jusqu'à ce que nous ayons compris qu'il doit en être ainsi. Pour nous, nous avons simplement à refléter, sur notre visage découvert, la gloire du Seigneur.

Il ne faut pas qu'aucun obstacle vous empêche de regarder Dieu en face, et fixement, pour orienter votre conduite et votre pensée. Chaque fois que vous prêchez l'évangile, regardez Dieu en face pour savoir ce que vous devez dire, et la gloire du Seigneur vous illuminera jusqu'au bout. Le serviteur de Dieu doit être comme Moïse. « Moïse ne savait pas que la peau de son visage était devenue rayonnante pendant qu'il s'entretenait avec l'Éternel ».

Dieu ne nous demande pas d'étaler nos doutes à tous les yeux, ni de raconter les intimes extases de notre vie cachée avec Lui. Le secret du bon serviteur, c'est qu'il reflète toujours en lui-même la gloire de son Maître.

23 Avril
Ne fais pas une idole de ton travail pour Dieu

Nous sommes ouvriers avec Dieu.

1 Corinthiens 3.9

Méfie-toi de tout travail pour Dieu qui te détourne de concentrer sur Lui ta pensée. Il y a beaucoup de chrétiens qui font de leur travail leur idole. Le travailleur ne doit s'inquiéter que de sa communion permanente avec Dieu, et tout le reste, toute son activité, toute sa pensée, il doit ne s'en faire aucun souci, comme un enfant respectueux et docile du Père céleste, Sans cela, il risque fort de se laisser déborder et même écraser par son travail. Il ne peut plus jouir de la vie. Il est trop accablé pour que la bénédiction de Dieu puisse se poser sur lui. Mais d'autre part, si l'on sait concentrer toute son âme en Dieu, Dieu dirige pour nous tout le reste, harmonieusement.

Vous ne sentez plus peser sur vous la responsabilité de votre travail. Vous ne vous sentez plus responsable que d'une chose : le maintien intégral de votre communion intime et de votre collaboration avec Dieu. La sanctification produit en nous une liberté totale, celle de l'enfant. Mais rappelez-vous que cette liberté vous est accordée uniquement pour que vous puissiez vous consacrer sans relâche à votre divin Collaborateur.

Ce n'est pas à nous de décider où nous voulons aller, ni de savoir à quoi nous pouvons être utiles. C'est Dieu qui arrange tout pour nous. Partout où il nous place, notre rôle est de Lui être entièrement dévoué dans ce travail particulier. « Tout ce que ta main peut faire, fais-le avec ta force ».

24 Avril
Nous ne devons pas nous monter la tête

Toutefois, ne vous réjouissez pas de ce que les mauvais esprits vous sont soumis.

Luc 10.20

Pour les chrétiens, les convoitises du monde et les péchés grossiers ne sont plus un piège. Mais le danger qui les guette, c'est de se monter la tête, de rechercher le succès dans ce qu'ils entreprennent, de vouloir suivre la mode religieuse de leur milieu et de leur époque. Ne recherchez aucune autre approbation que celle de Dieu. « Par conséquent, pour aller à Lui, sortons du camp en portant Son opprobre ». Jésus ordonne à ses disciples de ne pas se réjouir, de ne pas se monter la tête, à propos des résultats de leur travail. Et nous, nous ne faisons guère autre chose. Nous dressons un bilan commercial : tant d'âmes sauvées et sanctifiées, tout va pour le mieux. Notre travail n'est qu'un appoint au grand travail de la grâce de Dieu. Nous n'avons pas à sauver les âmes, mais seulement à les mettre sur le chemin du salut, jusqu'à ce qu'elles s'abandonnent entièrement à Dieu. Une seule vie entièrement consacrée à Dieu a beaucoup plus de prix à ses yeux qu'une centaine de vies simplement réveillées par son Esprit. Serviteurs de Dieu, nous devons faire naître des serviteurs de Dieu. Dieu nous marquera son approbation en nous accordant cette grâce. Nous devons amener les autres à la même hauteur où Dieu nous a fait parvenir nous-mêmes.

Si le ministre de Dieu ne possède pas une vie cachée avec le Christ en Dieu, il tourne au dictateur et devient insupportable. Combien d'entre nous sont en fait des dictateurs, à l'égard des individus comme dans les assemblées. Il disait toujours : « Si quelqu'un veut être mon disciple... » Il respectait la liberté de ceux qu'il appelait.

25 Avril
Quelle est l'occasion opportune ?

Je t'en conjure... prêche la parole, insiste en toute occasion, opportune ou inopportune.

2 Timothée 4.12

Il y en a beaucoup parmi nous qui ont une tendance fâcheuse de vouloir insister dans un moment défavorable. Mais la parole de Paul à Timothée ne vise pas essentiellement tel ou tel moment du temps. Il s'agit avant tout de nos dispositions intérieures. « En toute occasion, opportune ou inopportune », c'est-à-dire que cela te convienne ou que cela te gêne. S'il ne nous fallait agir que lorsque nous sommes bien disposés, combien d'entre nous ne feraient jamais rien du tout ! Il y a des incapables dans le domaine spirituel comme dans le domaine matériel, des gens qui ne sont bons à rien, qui prétendent ne pouvoir rien faire en dehors des moments d'inspiration divine. La meilleure preuve que nous sommes vraiment en communion avec Dieu, c'est que nous travaillons pour lui de notre mieux, quelles que soient nos dispositions.

L'un des plus grands pièges, pour le serviteur de Dieu, c'est de se faire un fétiche de ses moments d'exaltation. Quand vous vous sentez inspiré, quand Dieu vous accorde une intuition exceptionnelle, vous dites : « Je veux toujours être comme cela, pour la gloire de Dieu ». Non, certes, vous ne serez pas toujours comme cela, Dieu ne le veut pas. Ces moments qu'il vous accorde ne viennent pas de vous, c'est un don de sa grâce, En prétendant vous maintenir dans l'exaltation, vous paralysez votre propre activité au service de Dieu. En vous faisant une idole de ces moments précieux, vous ferez disparaître Dieu de votre vie. Apprenez à faire en tout temps le devoir qui est là devant vous. Dieu s'inquiétera du reste."

26 Avril
L'ascension suprême

Dieu mit à l'épreuve Abraham : « ...Prends ton fils, ton unique, celui que tu aimes, Isaac... offre-le en holocauste, sur la montagne que je t'indiquerai »

Genèse 22.1-2

Abraham, loyal et sincère, prend la parole de l'Éternel au pied de la lettre : Dieu lui demande un sacrifice humain, comme les autres dieux, le sacrifice de son fils bien-aimé. Pour arracher de son cœur cette superstition, Dieu va le faire passer par une épreuve terrible. C'était le seul moyen. En obéissant en toute sincérité à ce que nous croyons être la volonté de Dieu, nous lui permettons d'arracher de nos cœurs les préjugés qui nous cachent la vérité à son sujet. Par exemple celle croyance abominable que Dieu fait mourir un enfant parce que sa mère l'aimait trop : mensonge de Satan, qui défigure Dieu. Certes, si l'ennemi peut nous empêcher de gravir jusqu'au sommet de la montagne, où Dieu nous délivrera d'un pareil préjugé, Satan s'y emploiera. Mais si nous sommes fidèles à Dieu, Dieu nous éclairera et nous purifiera.

La foi d'Abraham le rendait toujours prêt à obéir à Dieu en tout point, sans s'inquiéter d'autre chose. Abraham n'était pas un fanatique, sans cela il aurait immolé Isaac et déclaré que la voix de l'ange arrêtant son bras était la voix du diable, Si vous êtes fidèle à Dieu, Dieu vous conduira, à travers tous les obstacles, à la connaissance parfaite de ce qu'Il est. Mais il faut que vous soyez prêt à laisser tomber vos préjugés et vos croyances traditionnelles. Ne demandez pas à Dieu de vous éprouver. Ne dites pas comme Pierre : « Je ferai n'importe quoi, j'irai à la mort pour toi » ! Abraham ne dit rien de pareil, il resta fidèle à Dieu, et Dieu purifia sa foi.

27 Avril
Quel est ton véritable but ?

Et toi, tu réclamerais pour toi de grandes faveurs ?

Jérémie 45.5

Réclames-tu pour toi de grandes faveurs ? Non pas peut-être que tu veuilles être élevé toi-même très haut, mais tu voudrais que Dieu fasse de grandes choses pour toi. Or, Dieu veut te rapprocher de Lui, non pas seulement par les dons que tu reçois de sa main, mais par ce que tu connaîtras de Sa personne. Une grande faveur, cela vient, cela passe : c'est un accident dans notre vie. Un véritable don de Dieu n'est jamais quelque chose d'accidentel. Il est aisé de parvenir à la véritable communion avec Dieu, mais à la seule condition de le rechercher lui-même et non pas les bienfaits qu'il nous donne.

Si vous n'en êtes encore qu'à demander à Dieu des bénédictions matérielles, vous n'avez pas encore fait le premier pas vers l'abandon, vous vous faites un christianisme à votre façon. « J'ai bien demandé à Dieu le Saint-Esprit, mais il ne m'a pas donné la paix et le repos sur lesquels je comptais ». Dieu voit bien pourquoi : vous vous cherchez vous-même, et non pas Dieu. Jésus nous dit : « Demandez, et il vous sera donné ». Oui, mais savez-vous demander à Dieu comme il faut ? Une fois en communion avec Dieu, on cesse de lui demander une foule de choses. « Votre Père sait ce dont vous avez besoin, avant que vous le lui demandiez ». Alors pourquoi nos prières ? Pourquoi nos demandes ? Pour apprendre à Le connaître.

Vous demandez à Dieu la faveur suprême : « Seigneur, baptise-moi du Saint-Esprit » ! Si Dieu ne le fait pas, c'est parce que votre abandon n'est pas complet ; il y a quelque chose que vous ne voulez pas faire. Quel est votre véritable but ? Dieu regarde toujours en avant. Il ne se préoccupe pas de votre bonheur présent. Son but dernier, le voici : « Qu'ils soient un, comme nous sommes un ».

28 Avril
Ce que tu recevras

Je te donnerai ta vie sauve, comme un butin qu'on emporte, partout où tu iras.

Jérémie 4.5

Tel est le cadeau absolument certain que fait le Seigneur à ceux qui se confient en lui : « Je te donnerai ta vie ». Quel est le besoin essentiel de l'homme ? D'avoir la vie, d'avoir sa vie, « comme un butin qu'on emporte » et qu'on garde partout avec soi, même si l'on doit traverser l'enfer. Nous nous laissons hypnotiser par tant de vaines apparences, et même par tant de bénédictions que Dieu nous accorde. Tout cela est appelé à disparaître : une chose demeure, la chose capitale, la vie « cachée avec le Christ en Dieu ».

Êtes-vous prêt à vous laisser prendre par Dieu dans sa communion, et à ne plus songer aux « grandes faveurs » ? Êtes-vous prêt à l'abandon total ? L'abandon n'est pas total tant qu'on fait des réserves sur tel ou tel point, en se disant : « Et ça » ? Il faut ne plus se poser aucune question de ce genre, et alors, lorsque l'abandon est intégral, Dieu nous dit : « Je te donne ta vie : elle sera bien à toi, ce sera ton butin ». Celui qui est las de la vie ne la tient pas de Dieu : elle ne lui appartient pas véritablement. Pour sortir de ce désespoir, il n'est qu'un seul moyen : s'abandonner à Dieu. Alors on éprouve une surprise joyeuse et admirable : Dieu nous possède totalement, mais il nous a donné notre vie, comme un butin que nous possédons. Si vous n'en êtes pas encore là, c'est qu'il y a en vous quelque désobéissance, ou alors un défaut de simplicité.

29 Avril
Le charme de l'incertitude

Ce que nous serons n'a pas encore été manifesté.

1 Jean 3.2

Nous avons la tendance à regarder les choses d'un point de vue mathématique, à toujours calculer et prévoir : l'incertitude nous semble déplorable. Nous nous imaginons qu'il nous faut toujours tendre vers un but, mais c'est méconnaître la vraie nature de la vie spirituelle. La vie spirituelle est une certitude intime dans l'incertitude de tout ce qui peut arriver : impossible d'être stabilisé, d'y faire son nid. Le bon sens raisonne ainsi : « En supposant que je parvienne à telle ou telle condition... » Mais comment raisonner sur une condition qui est tout à fait en dehors de notre expérience ?

La certitude est l'idéal du sens commun. La vie spirituelle a le charme de l'incertitude. Posséder la certitude de Dieu, c'est être absolument incertain de ce que la journée va nous apporter. Il arrive bien souvent qu'on dit cela avec un soupir de tristesse. On devrait plutôt y voir l'attente pleine d'ardeur de surprises heureuses. Car si l'avenir, même le plus immédiat, est pour nous incertain, nous avons la plus sublime certitude : Dieu lui-même. Dès que nous nous sommes abandonnés à Dieu, et que nous nous contentons, pas à pas, de faire notre devoir le plus proche, il nous comble sans cesse des plus belles surprises.

Lorsque nous défendons avec acharnement une croyance, cela ne va plus : ce n'est plus en Dieu que nous croyons, mais en notre doctrine. « Si vous ne devenez comme de petits enfants... » La vie spirituelle est la vie d'un petit enfant, « Croyez aussi en moi », dit Jésus, mais il ne dit pas : « Croyez aussi en certaines doctrines sur moi ». Laissez-le agir ; le « comment » de sa venue est magnifiquement incertain. Pour vous, soyez-lui fidèle.

30 Avril
L'amour qui coule de source

L'amour est magnanime, il est bienveillant... il ne soupçonne pas le mal... Il supporte tout, il est toute confiance, toute espérance, toute patience.

1 Corinthiens 13.4-7

L'amour véritable n'a rien de prémédité, il coule de source, il se manifeste de cent manières merveilleuses. Il n'a rien d'un calcul mathématique. Nous ne pouvons pas dire : « Maintenant je vais tout supporter, ne jamais soupçonner le mal ». Ce qui caractérise l'amour, c'est sa spontanéité. Nous n'avons pas besoin d'ériger devant nous tous les commandements de Jésus. Mais quand son Esprit est libre de se déployer en nous, nous observons tous ses commandements sans même nous en rendre compte. Il arrive qu'après coup nous sommes surpris nous-mêmes d'avoir eu, en telle occasion, un sentiment si désintéressé, si peu égoïste. Le véritable amour, comme tout ce qui appartient à la vie de Dieu en nous, on ne s'en rend pas compte sur le moment, mais seulement après coup.

La source de l'amour est en Dieu, et non pas en nous. Notre cœur naturel est incapable de produire l'amour, il faut qu'il nous vienne d'en haut.

Quand nous faisons des efforts pour prouver à Dieu que nous l'aimons, c'est le signe certain que nous ne l'aimons pas. La preuve de notre amour, c'est son absolue spontanéité. En regardant en arrière, nous ne pouvons pas expliquer pourquoi nous avons fait telle ou telle chose, c'est l'amour qui nous a entraînés. « L'amour est versé abondamment dans nos cœurs par l'Esprit que Dieu nous a donné ». (Romains 5.5)

1er Mai
Le devoir avant tout

Car je marche par la foi, sans voir le Seigneur.

Corinthiens 11.5-7

Après avoir vivement senti les bontés de Dieu à notre égard, nous nous trouvons devant le travail qu'il veut que nous fassions pour lui, modestement, obscurément. Nous prenons un air tragique, nous parlons de nos difficultés, de nos épreuves. Nous aimerions voir le Seigneur, distinctement. Et nous ne voyons plus rien. Dans ces conditions, comment faire notre devoir ? Nous voudrions sans doute poiler toujours une auréole, et nous sentir illuminés de la gloire céleste. Mais un saint coiffé de son auréole ne peut servir à rien dans la vie pratique ; croyez-moi, il n'a rien de commun avec Dieu. Nous ne sommes pas des personnages angéliques, nous sommes des hommes et des femmes qui ont à travailler dans ce monde, et à qui la nouvelle naissance a conféré une puissance infiniment plus grande pour lutter et pour vaincre dans le combat de la vie.

Quand nous nous évertuons à faire revivre en nous nos rares moments d'exaltation, c'est la preuve qu'au fond nous ne cherchons pas Dieu. Nous nous faisons une idole de ces moments précieux, nous exigeons de Dieu qu'Il vienne encore nous apparaître et nous parler, alors que ce qu'il nous demande, c'est de vivre et de marcher par la foi. Combien de nous se retirent du combat, en disant : « Quand Dieu me reviendra, j'y retournerai ». Mais Il n'en fera rien. Il faudra nous secouer, et retourner au combat sans que Dieu nous soit apparu. Alors nous aurons une grande surprise : « Il était là tout le temps, et je n'en savais rien » ! Ne comptez jamais sur les moments d'inspiration, ils viennent toujours à l'improviste. Dieu nous les donnera quand Il jugera que nous n'en ferons pas un mauvais usage. Ce n'est pas cela qui doit être notre but : le devoir avant tout !

2 Mai
L'énergique patience

Si la vision tarde à s'accomplir, attends-la fermement.

Habacuc 2.3

La vraie patience est le contraire de l'indifférence : c'est un immense rocher, profondément enraciné, qui brave tout ébranlement. La vision de Dieu nous inspire la patience. Moïse tint ferme, non pas en se fondant sur ses aspirations morales, mais parce que Dieu lui était apparu. « il tint ferme, parce qu'il avait vu le Roi Invisible ». Un homme qui possède la vision de Dieu n'est pas lié à une conception particulière : il est lié à Dieu lui-même. Pour savoir si la vision vient vraiment de Dieu, il n'y a besoin que de constater l'élan intérieur qui en résulte, l'élargissement de la pensée, l'énergie pour l'action, dans tous les domaines. Si Dieu vous envoie en quelque façon dans le désert, comme il y envoya son Fils durant quarante jours, pour y être tenté, loin de Sa présence, tenez ferme. Et le pouvoir de tenir ferme vous viendra de votre vision intérieure de Dieu.

« Bien qu'elle tarde à s'accomplir, attends-la fermement ». La preuve que nous possédons en nous la vision, c'est que nous cherchons à saisir bien plus que nous avons déjà saisi. Il n'est pas bon, dans le domaine spirituel, d'être satisfait de ce qu'on a. « Que rendrai-je à l'Éternel pour tous ses bienfaits ? Je prendrai en main la coupe des délivrances ». Nous sommes très disposés à être satisfaits de nous-mêmes : « Je suis arrivé au but ; je suis entièrement sanctifié ; je suis sûr de pouvoir tenir ferme ». De tels propos nous condamnent. Il faut sans cesse aller de l'avant. « Non pas que j'aie encore atteint le but, ni que je sois déjà parvenu à la perfection ». S nous n'avons que ce que nous tenons actuellement, nous n'avons rien. Si nous avons en nous la vision de Dieu, nous avons bien plus que nous ne le saurons jamais.

3 Mai
L'intercession agissante

Priez Dieu ardemment, suppliez-le en toute occasion, avec le secours du Saint-Esprit.

Éphésiens 6.18

En intercédant pour les autres, il peut arriver que nous soyons effrayés de ce qu'il va leur coûter de se donner à Dieu.

En réponse à nos prières, Dieu est en train de transformer leur vie, et cela nous fait trembler pour eux. Nous ne devons pas être influencés de telles préoccupations. Nous avons à les regarder comme Dieu les regarde. En nous laissant dominer par notre sympathie humaine, par nos inquiétudes humaines à leur égard, nous avons l'aplomb de juger Dieu.

Notre intercession ne peut être agissante et efficace que si nous avons en Dieu une foi absolue, et ce qui nous sépare le plus de Dieu, ce sont nos préjugés et nos préférences personnelles. Pour intercéder comme il faut, nous devons être intimement unis à Dieu, et voir les autres comme il les voit. Ce qui nous empêche de le faire, ce n'est pas tant le péché que notre préoccupation du bien des autres, ou de notre propre bien, qui nous fait dire : « Avant tout il faut éviter que cela n'arrive ». Cela nous isole instantanément de Dieu.

L'intercession ne vous laisse ni le temps ni le désir de prier Dieu pour « votre chère petite âme ». La préoccupation de vous-même n'a pas besoin d'être écartée, elle n'est pas là du tout. Vous êtes entièrement uni à Dieu, et vous voyez les autres comme il les voit.

Quand vous discernez le mal chez autrui, c'est un appel de Dieu pour votre intercession, mais en aucune façon pour votre critique.

4 Mai
L'intercession substitutive

Ainsi, frères, ...le sang de Jésus nous ouvre un libre accès au lieu très saint...

Hébreux 10.19

Ne vous imaginez pas que dans l'intercession vous ayez le droit d'apporter à Dieu vos sympathies et vos préoccupations personnelles pour autrui, et d'exiger de Lui qu'Il s'y conforme. Nous n'avons le droit d'intercéder que parce que Jésus s'est identifié et substitué au péché. C'est « le sang de Jésus » qui « nous ouvre un libre accès au lieu très saint ».

Nous sommes « butés » spirituellement, et c'est le plus grand obstacle à l'intercession. Nous considérons qu'il y a, chez nous comme chez les autres des vertus, des éléments louables qui n'ont aucun besoin d'être rachetés par le sacrifice de Jésus-Christ. Cela paralyse notre intercession, comme l'estomac trop gonflé ne peut plus digérer. Nous rie nous plaçons pas au point de vue de Dieu pour considérer les autres. Nous sommes mécontents de Lui, nous sommes hypnotisés par notre propre manière de voir, et notre prétendue intercession n'est que la glorification de nos sympathies et de nos tendances naturelles. Nous avons à nous rendre compte que pour suivre Jésus, qui s'est identifié sur la croix avec le péché, nous avons à faire subir à toutes nos tendances une transformation radicale. L'intercession doit être substitutive, c'est-à-dire -que nous devons substituer à nos vues personnelles sur les autres la manière dont Dieu envisage leur salut.

Suis-je « buté » spirituellement ? Ou bien suis-je prêt à substituer le point de vue de Dieu à mon point de vue ? Suis-je têtu, revêche, rebelle ? Ou bien suis-je un enfant docile, qui se plie en tout aux volontés de son Père, et qui s'unit à Lui ?

5 Mai
Le jugement de Dieu

Le temps du jugement est venu : il commencera par la maison de Dieu.

1 Pierre 4.17

Le serviteur de Dieu ne doit jamais oublier que le salut est une pensée de Dieu, et non de l'homme. Le salut est donc un mystère insondable, et non pas une impression que nous éprouvons. Cette impression est simplement l'effet que le salut produit dans notre pensée. Ce n'est pas ce que nous éprouvons que nous devons prêcher, mais la grande Bonne Nouvelle qui est une pensée de Dieu. Nous n'avons pas à prêcher un procédé pour éviter l'enfer, ni pour vivre moralement : nous avons à prêcher l'évangile de Dieu.

Dans l'enseignement de Jésus-Christ, nous voyons sans cesse le jugement de Dieu, qui est la manifestation de l'amour de Dieu. Ne vous apitoyez, jamais sur une âme qui rencontre des difficultés pour aller à Dieu : ce n'est pas, ce n'est jamais la faute de Dieu. Ce n'est pas à nous de découvrir la cause de ces difficultés. Nous devons simplement présenter à cette âme la vérité divine de telle sorte que l'Esprit de Dieu lui fasse voir ce qui en elle est fautif. La marque la plus sûre que notre prédication est ce qu'elle doit être, c'est qu'elle évoque pour chaque âme le jugement. L'Esprit de Dieu fait rentrer chacun de nous en lui-même.

Si Jésus nous donnait jamais un ordre qu'Il ne pourrait pas nous rendre capables d'accomplir, Il serait un menteur. Et si nous refusons d'obéir, sous prétexte d'incapacité, nous accusons Dieu de n'avoir pas tenu compte de ce dont nous étions capables. Il faut que la puissance de Dieu détruise en nous toute confiance en nous-mêmes. C'est dans notre faiblesse et notre dépendance totale que la puissance infinie de l'Esprit de Dieu se manifestera.

6 Mai
La liberté selon l'évangile

Tenez ferme par conséquent dans la liberté que le Christ nous a procurée.

Galates 5.1

Un homme guidé par l'Esprit de Dieu ne viendra jamais vous dire de croire ceci ou cela : il vous dira tout simplement de conformer votre vie aux commandements de Jésus. On ne nous demande pas de croire à la Bible, mais bien à Celui que la Bible nous révèle. « Vous sondez les Écritures... ce sont elles, dit Jésus, qui rendent témoignage de moi ». (Jean 5.39) Nous avons à donner l'exemple d'une conscience affranchie du péché, et non pas d'une pensée libre de croire tout ce qu'elle veut. Si nous sommes libérés du péché, libres de la liberté que Jésus-Christ nous a procurée, d'autres seront amenés par là à celle même liberté, qui consiste à réaliser en nous-mêmes la domination absolue de Jésus-Christ sur notre âme.

Que votre vie soit toujours ajustée aux commandements de Jésus-Christ. Pliez-vous à son joug, mais à aucun autre, Et prenez bien soin de ne jamais imposer aux autres un joug qui n'est pas celui de Jésus-Christ. Dieu a besoin de beaucoup de temps pour nous faire comprendre que ceux qui ne pensent pas comme nous ne sont pas nécessairement dans l'erreur. En jugeant les autres, nous nous écartons du point de vue de Dieu.

Il n'existe qu'une seule liberté véritable, elle ne consiste pas à juger les autres, mais à laisser le champ libre, dans toute notre pensée, à Jésus seul, qui nous rend alors capables de faire le bien.

Ne soyez pas impatient : rappelez-vous avec quelle douceur et quelle patience Dieu vous a traité. Mais n'essayez jamais d'affaiblir la vérité de Dieu. Laissez-la s'épanouir, librement, sans vouloir l'accommoder à votre échelle. Jésus a dit : « Allez, et faites de tous les hommes mes disciples ». Il n'a pas dit : « Convertissez-les à vos idées ».

7 Mai
Celui qui bâtit pour l'éternité

Qui d'entre vous, voulant bâtir une tour, ne s'assied premièrement pour en calculer la dépense et voir s'il a de quoi l'achever ?

Luc 14.28

Notre Seigneur pense, dans cette parabole, non pas à un prix que nous aurions à évaluer, mais au prix immense qu'Il a Lui-même, d'avance, évalué. Il s'agit des trente années de sa vie obscure à Nazareth, des trois années de son ministère, avec l'enthousiasme passager des foules, l'opposition indignée et la haine de ses ennemis, l'agonie insondable de Gethsémani, et l'exécution brutale du Calvaire, pivot de l'histoire éternelle. Jésus-Christ a calculé la dépense. Les hommes n'auront pas le droit de se moquer de lui et de dire : « Cet homme a commencé de bâtir, mais il n'a pas pu achever sa tour ».

Notre Seigneur fixe les conditions nécessaires pour qu'il puisse nous embaucher dans son entreprise : « Si quelqu'un vient à moi et ne hait pas (par rapport à moi) tout ce qu'il a de plus cher au monde, il ne peut pas être mon disciple ». Pour qu'il puisse se servir de nous, il faut que nous l'aimions, Lui, de tout notre cœur, d'un amour passionné, qui laisse bien loin derrière lui tous les autres amours. Conditions sévères, mais glorieuses.

Tout ce que nous bâtissons va être inspecté par Dieu. Par l'épreuve du feu, Dieu va-t-il déceler dans notre ouvrage, bâti sur les fondements de Jésus, quelque édifice de notre façon ? Aujourd'hui l'on veut entreprendre pour Dieu des constructions gigantesques, mais là est le piège. Au sens strict, nous ne pouvons jamais travailler pour Dieu. Jésus nous embauche pour Ses entreprises, pour Ses constructions, et aucun de nous n'a le droit d'exiger telle ou telle place au chantier.

8 Mai
La patience de la foi

Parce que tu as su garder, à mon exemple, une courageuse patience.

Apocalypse 3.10

La patience courageuse est bien plus que l'endurance. La vie d'un croyant est entre les mains de Dieu comme l'arc entre les mains de l'archer. Dieu vise un but que le croyant ne peut pas du tout voir, et Dieu tend la corde toujours davantage, et le croyant dit à plusieurs reprises : « Je ne puis pas en supporter davantage ». Dieu n'y fait pas attention, il continue de tendre la corde, et quand le but est à portée, il tire. Fiez-vous à Dieu par la patience de la foi.

La foi n'est pas une simple émotion, c'est une confiance ferme et vigoureuse en l'Amour divin. Vous ne voyez pas Dieu, vous ne pouvez pas comprendre ce qu'Il fait, mais par la foi vous le saisissez quand même. Le naufrage de la foi résulte d'un déséquilibre. Il nous faut sonder notre pensée sur celle vérité éternelle : Dieu est amour. La foi, c'est l'effort héroïque par lequel on se jette entre les bras de Dieu.

Dieu, pour nous sauver, a risqué son Fils unique, tout ce qu'il avait de plus précieux. Il nous demande en retour de tout risquer pour suivre Jésus. Il y a encore en nous des points sur lesquels Dieu ne règne pas. La - vie de Jésus était tout entière consacrée à son Père, il doit en être de même pour la nôtre. « Te connaître, toi le seul vrai Dieu, et Jésus-Christ que tu as envoyé, c'est l'éternelle vie ». La vie éternelle, c'est proprement une vie qui peut tout affronter sans hésiter jamais. Dès qu'on l'a compris, la vie devient une merveilleuse aventure. Dieu fait notre éducation pour que nous puissions avoir accès à ce bonheur merveilleux.

9 Mai
La révélation nécessaire

Là où il n'y a pas de révélation, le peuple est sans frein.

Proverbes 29.18

Quelle différence entre un simple idéal moral et une révélation de Dieu ! L'idéal est abstrait, la révélation nous inspire. L'idéal n'amène guère à l'action. On peut se faire une conception de Dieu qui justifie notre inaction, en présence du devoir.

Jonas nous en offre un exemple. « Je savais bien, s'écrie-t-il, que tu es un Dieu miséricordieux et compatissant, lent à la colère, riche en bonté et prêt à renoncer au châtiment ». C'est ainsi qu'il excuse sa première désobéissance. Une conception de Dieu, même exacte, peut me fournir un prétexte à ne pas faire mon devoir. Tandis que la révélation que je reçois directement me pousse à l'action.

Le plus bel idéal peut être pour nous un opium qui nous endort et nous mène à la mort. Regardez en vous-même ; n'avez-vous pour vous guider qu'un idéal abstrait, ou bien Dieu se révèle-t-il à vous directement ? Il faut, par la vision de Dieu, atteindre au delà de ce que nous avons sous-la main.

Quand cette vision nous manque, « quand il n'y a pas de révélation », nous aussi, nous sommes « sans frein ». Nous cessons de prier, nous ne cherchons plus la direction de Dieu en toute chose, nous agissons d'après notre propre initiative. Nous sommes en train de descendre la pente. Où en sommes-nous ? Est-ce que nous sommes aujourd'hui orientés d'après la vision de Dieu ? Comptons-nous sur Lui pour faire de plus grandes choses qu'Il n'a jamais faites ? Sommes-nous, spirituellement, forts, frais et dispos ?

10 Mai
Allez de l'avant

Joignez à votre foi l'action bonne.

2 Pierre 1.5

« Joignez » indique bien qu'il y a quelque chose que nous avons à faire de nous-mêmes. Nous oublions trop souvent que si nous ne pouvons pas faire ce que Dieu fait pour nous, Il ne veut pas faire à notre place ce que nous pouvons faire nous-mêmes. Nous ne pouvons nous sauver ni nous sanctifier nous-mêmes, c'est Dieu qui le fait. Mais ce n'est pas Dieu qui peut prendre pour nous de bonnes habitudes, former notre caractère, aller de l'avant à notre place. C'est à nous à tirer peu à peu toutes les conséquences du salut que Dieu a réalisé en nous., Il s'agit encore une fois d'acquérir peu à peu de bonnes habitudes, et au début c'est très difficile. Aller de l'avant, c'est marcher par nous-mêmes sur la voie que Dieu a tracée devant nous.

Ne demandez pas votre chemin quand vous le savez parfaitement. N'hésitez plus, faites le premier pas, allez de l'avant.

Quand Dieu vous parle, agissez en toute confiance, résolument, et ne revenez jamais en arrière. Si vous hésitez alors que Dieu vous dit de faire quelque chose, vous risquez de perdre la grâce de Dieu. Allez de l'avant. Brûlez les ponts derrière vous : « J'écrirai cette lettre ». Écrivez-là ! « Je paierai cette dette ». Payez-la !

Il faut que nous prenions l'habitude d'écouter Dieu en toute circonstance, et de comprendre ce qu'il veut nous dire. Si, lorsque quelque chose nous arrive, nous nous tournons instinctivement vers Dieu, c'est que l'habitude est formée. Nous n'avons plus qu'à marcher, et aller de l'avant.

11 Mai
Allez-y carrément

À la fraternité joignez l'amour.

2 Pierre 1.7

Pour la plupart d'entre nous, l'idée de l'amour est passablement indéterminée. L'amour intégral pour une personne suppose que nous la mettons bien au-dessus de toutes les autres, et c'est cet amour-là que Jésus nous réclame pour Lui-même (Luc 14.26). Quand l'amour de Dieu est répandu dans nos cœurs par l'action du Saint-Esprit, il nous est facile de donner à Jésus la première place.

Dans ces conditions, la première chose que Dieu fait est d'expulser de moi tout mon orgueil, toute ma fausse estime de moi-même. Le Saint-Esprit me révèle que Dieu m'aime non pas du tout parce que je suis digne d'amour, mais parce que l'amour est la nature même de Dieu. « Et maintenant, dit l'Esprit de Dieu, aime les autres comme je t'ai aimé. Je vais te faire rencontrer une foule de gens qui n'ont rien de sympathique, et envers lesquels tu dois manifester Mon amour, comme je te l'ai manifesté à toi-même ». Pour cela, il n'y a qu'une méthode possible : il faut y aller carrément, sans barguigner. Autrement, vous échouerez.

Le Seigneur « supporte tout ». Si je regarde en moi-même, si je me rends compte que Dieu m'a aimé sans réserve, avec tous mes péchés, toutes mes lâchetés, tout mon égoïsme, toutes mes hontes, alors je me sentirai obligé d'aller aux autres pour les aimer de la même manière. L'amour de Dieu pour moi est inépuisable, et c'est là que je dois puiser pour aimer les autres à mon tour. Dès que je suis fâché contre quelqu'un, ma vie spirituelle est entravée. Je me fâche contre mon prochain, et je ne pense plus à tout ce que j'ai fait pour mécontenter Dieu. Il faudrait que mon union avec Jésus me fît participer à tout moment à sa tendresse. L'amour divin, comme l'amour humain, doit être entretenu et cultivé. L'amour doit couler de source, mais pour le maintenir en soi, il faut se discipliner.

12 Mai
Prenez l'habitude de n'être pas l'esclave de vos habitudes

Posséder et développer en vous ces qualités vous préservera d'être des paresseux et des inutiles.

2 Pierre 18

Quand nous commençons à former en nous une habitude, nous en avons conscience. À certains moments, nous avons conscience de devenir vertueux, patients, consacrés, mais ce n'est là qu'une étape qu'il faut dépasser. Si nous nous en tenions là, nous tomberions dans la suffisance des Pharisiens. Nos habitudes doivent se perdre et se confondre avec notre vie spirituelle, elles doivent devenir inconscientes. Nous avons seulement à nous rendre compte des qualités qui nous manquent, pour tâcher de les acquérir. Après quoi cela va tout seul.

Peut-être vous faites-vous une idole de vos habitudes religieuses, lire la Bible ou prier à telle heure précise. Vous verrez que Dieu s'arrangera pour déranger vos habitudes si vous en faites des idoles. « Je ne puis pas m'occuper de cela maintenant. Je suis en prière. Cette heure est consacrée à Dieu ». Non, cette heure est consacrée à votre idole, à votre habitude. Quelque chose vous manque. Rendez-vous en bien compte, et tâchez de l'acquérir.

Dans l'amour tel qu'il doit être, il n'y a plus d'habitudes apparentes. Ce qui doit se faire se fait tout seul, inconsciemment, Quand vous avez conscience de vos mérites, vous vous figurez que vous ne pouvez pas faire certaines choses. C'est que quelque chose vous manque. La seule vie parfaite est celle dont vivait le Seigneur Jésus, et il était en toute chose en harmonie avec Dieu. Est-ce le cas pour vous ? Si quelque chose ne va pas, laissez Dieu vous remettre à votre place, jusqu'à ce que votre vie soit comme celle d'un petit enfant.

13 Mai
L'habitude d'une bonne conscience

Une conscience irréprochable devant Dieu et devant les hommes.

Actes 24.16

Les commandements de Dieu sont difficiles, mais dès que nous Lui obéissons, ils deviennent divinement faciles.

La conscience est cette faculté supérieure de la nature humaine qui me révèle les plus hautes réalités spirituelles, et aussi ce qu'elles réclament de moi. C'est l'œil de mon âme, qui regarde vers Dieu, ou alors vers ce qu'elle considère comme l'idéal suprême. C'est pourquoi la conscience ne parle pas à tous le même langage. Si j'ai l'habitude de regarder Dieu en face, de toute mon âme, la conscience m'indiquera toujours quelle est la loi de Dieu, et ce que je dois faire pour lui obéir. Mais suis-je disposé à toujours lui obéir ? Il me faut garder ma conscience si sensible qu'elle m'évite tout faux pas. Il me faut vivre dans une communion si parfaite avec le Fils de Dieu, que dans chaque circonstance nouvelle ma conscience est ravivée et que je discerne à l'instant cette volonté de Dieu qui est toujours si « bonne, agréable et parfaite ».

Dieu fait notre éducation jusque dans le plus petit détail. Mon oreille est-elle exercée à percevoir le plus léger murmure de l'Esprit ? « N'attristez pas le Saint-Esprit de Dieu ». Sa voix n'est pas celle du tonnerre : elle est si douce qu'il est facile de la négliger. Pour garder notre conscience toujours sensible, il n'y a qu'un moyen : c'est d'être toujours entièrement sincère avec Dieu. Dès que votre conscience parle, obéissez. Ne discutez pas avec Dieu. Gardez-vous, par la moindre complaisance pour le mal, de ternir si peu que ce soit votre vision de Dieu.

14 Mai
L'habitude d'accepter tout joyeusement

... afin que la vie de Jésus se manifeste aussi dans notre corps.

2 Corinthiens 4.10

Les habitudes que nous formons en nous doivent manifester ce que la grâce de Dieu a fait en nous. Il ne s'agit pas de savoir si nous serons sauvés de l'enfer, mais si nous manifestons dans notre corps la vie du Fils de Dieu. C'est devant les choses désagréables que se manifeste clairement notre conversion. Est-ce que, par toute mon attitude, j'exprime la tendresse profonde de mon Sauveur, ou bien l'irritation profonde de mon égoïsme radical ? Pour accepter joyeusement les choses les plus désagréables, il faut l'enthousiasme que produira en moi la vie de Jésus si elle se manifeste à travers moi. Devant la chose la plus repoussante, dites à Jésus : « Seigneur, j'accepte joyeusement de t'obéir », et Jésus se manifestera glorieusement en vous.

Point de discussion. En obéissant à ce qui vous a été révélé, vous êtes rempli de la présence du Fils de Dieu. Mais si vous discutez, vous attristez le Saint-Esprit. Au lieu de rester toujours ouvert à la manifestation de Jésus, vous fermez la porte en vous apitoyant sur vous-même. Les circonstances où Dieu nous place sont des occasions toujours nouvelles de manifester la merveilleuse perfection et la merveilleuse pureté du Fils de Dieu. Est-ce que cela ne vous fait pas battre le cœur, cette idée que vous allez pouvoir manifester d'une nouvelle manière la lumière de Jésus ? Ne cherchez pas ce qui est désagréable, mais quand Dieu vous le présente, soyez sans crainte : il est de force à vous en tirer.

Soyez toujours prêt à manifester la vie du Fils de Dieu. Ne vous contentez pas de vivre de vos souvenirs. Que la parole de Dieu soit toujours en vous, vivante et agissante.

15 Mai
L'habitude d'être toujours à la hauteur

... afin que vous sachiez quelle est l'espérance à laquelle il vous appelle.

Éphésiens 1.18

Rappelez-vous que vous avez été sauvés afin que le Fils de Dieu se manifeste dans votre corps. Appliquez-vous de tout votre pouvoir à bien remplir ce rôle : soyez toujours à la hauteur des circonstances.

Vous ne pouvez rien pour votre salut, mais il vous faut agir pour le manifester au dehors, pour réaliser par votre vie les conséquences de l'action de Dieu en vous. Est-ce que vous les réalisez par votre parole, par votre cerveau, par vos forces nerveuses ? Si vous êtes toujours boudeur et rebelle, alors c'est un mensonge de dire que vous avez été sauvé et régénéré.

Dieu est le Grand Instructeur. Il veut vous exercer à sauter des obstacles. « Grâce à mon Dieu, je franchis le rempart ». Dieu ne vous épargnera aucune des épreuves qui vous sont nécessaires. « Ne vous étonnez pas, dit Pierre, de l'ardeur des tourments destinés à vous éprouver ». Soyez à la hauteur, et allez-y ! Il n'y a pas à se demander si cela va vous faire mal, du moment que Dieu pouffa par là se manifester en vous.

Que Dieu ne nous trouve jamais en train de geindre et de grogner, mais qu'il nous trouve pleins de « cran » comme des athlètes prêts à tout supporter. Le seul but de notre vie étant de manifester le Fils de Dieu, tout doit être subordonné à cela. De quel droit venons-nous imposer notre volonté à Dieu ? Est-ce que Jésus l'a jamais fait ? Nous sommes ici-bas pour nous soumettre à sa volonté, afin qu'il fasse de nous ses instruments, le pain rompu et le vin répandu au bénéfice des autres.

16 Mai
La vraie richesse

Participants de la nature divine.

2 Pierre 1.4

Conformément aux promesses de Dieu, nous sommes admis à participer à sa divine nature. Alors nous avons à incorporer cette nature divine dans notre propre nature par la formation d'habitudes spirituelles, dont la première est de nous rendre compte à chaque instant du capital d'énergie que Dieu met à notre disposition. « Mes ressources ne me le permettent pas ». Mensonge abominable ! Un homme riche et bien élevé ne parle jamais de ses besoins d'argent. Il en est de même dans le domaine spirituel. Riches en Dieu, nous parlons comme s'il nous avait totalement déshérités. Nous croyons être modestes quand nous disons à la fin de la journée : « Je suis arrivé au bout, mais ça été une rude tirée » ! Qui supposerait que, par l'entremise de Jésus, nous pouvons disposer de l'incalculable richesse du Dieu Tout-Puissant ? Car, si nous Lui obéissons, il n'y a pas si petit grain de sable ni si lointaine étoile qu'il ne puisse mettre à notre service. Qu'importe si les circonstances sont difficiles ! Si nous cédons à la tentation de nous plaindre, et de nous apitoyer sur notre sort à bouche que veux-tu, nous bannissons de notre vie les richesses de Dieu, et nous empêchons les autres de puiser à ses greniers. Aucun péché n'est plus grave que cette pitié de soi-même, parce qu'elle efface Dieu et met notre égoïsme sur le trône. Notre bouche ne s'ouvre plus que pour cracher des lamentations, et notre vie n'est plus qu'une éponge desséchée,-elle n'a plus rien de généreux, plus rien d'aimable.

Quand Dieu commence à être content de nous, il nous appauvrit dans tout le domaine des fausses richesses, jusqu'à ce que nous ayons bien compris que nous avons en Lui des sources jaillissantes, inépuisables. Alors Dieu nous demande de manifester autour de nous sa grâce, et de la répandre sur les autres.

17 Mai
L'ascension est l'achèvement de la transfiguration

Pendant qu'il les bénissait, il se sépara d'eux et fut enlevé au ciel.

Luc 24.51

À partir de la transfiguration, la vie de notre Seigneur est d'un autre ordre, d'une qualité nouvelle, dont nous ne pouvons par nous-mêmes avoir aucune expérience. À partir de ce moment-là, la vie de notre Seigneur devient entièrement substitutive. Jusque-là, sa vie était la vie normale d'un homme parfait. À partir de la transfiguration, tout est nouveau et incomparable : Gethsémani, la croix, la résurrection. Sa croix est le portique par lequel tout membre de la famille humaine entre h -. - dans la vie de Dieu. Par sa résurrection, il acquiert le droit de donner à chaque homme la vie éternelle. Par son ascension, notre Seigneur étant entré dans le Ciel, en tient pour nous tous la porte grande ouverte.

La transfiguration s'achève sur la montagne de l'ascension. Si Jésus, du haut de la montagne de la transfiguration était monté directement au ciel, il y serait allé seul ; il n'aurait été pour nous qu'une glorieuse figure. Mais renonçant à toute gloire, il est redescendu de la montagne pour s'unir à l'humanité déchue.

L'ascension complète la transfiguration. Cette fois-ci, le Seigneur retourne bien à Sa gloire éternelle : mais il n'y retourne plus seulement comme Fils de Dieu, il y retourne comme Fils de l'homme. La route est grande ouverte maintenant qui peut mener tout homme jusqu'au trône de Dieu. Fils de l'homme sur la terre, Jésus avait renoncé à son omnipotence, à son omniprésence, à sa toute-science. Fils de l'homme dans le ciel, il les a retrouvées. Depuis le jour de l'Ascension, il est à tout jamais le Roi des rois et le Seigneur des seigneurs.

18 Mai
Confiance et sérénité

Voyez les oiseaux de l'air... voyez les fleurs des champs.

Matthieu 6.26-28

Les fleurs des champs, sans le moindre effort, croissent et s'épanouissent. La mer, l'atmosphère, le soleil, la lune, les étoiles, ils sont là tout simplement, et leur simple présence nous comble de biens. Que de fois il arrive que nous entravons l'influence que Dieu voudrait exercer à travers nous, par nos efforts maladroits pour agir de la manière qui nous paraît la meilleure et pour être utiles. Jésus nous enseigne que la seule voie pour croître et grandir spirituellement, c'est de vivre en communion avec Dieu : « Ne vous préoccupez pas de rechercher comment vous pourrez être utile aux autres, mais croyez en Moi ; cherchez la Source, et des fleuves d'eau vive couleront de votre sein ». Même pour les sources de notre vie naturelle, notre bon sens est incapable de les atteindre. Et pour la vie spirituelle, Jésus nous enseigne que ce n'est pas par nos réflexions et nos inquiétudes que nous pouvons la faire croître et grandir, mais seulement par notre communion avec le Père céleste. Notre Père connaît nos circonstances, il nous fera croître et fleurir comme les lis des champs.

Ceux qui exercent sur nous la plus forte influence ne sont pas ceux qui cherchent à nous endoctriner, ce sont ces âmes simples, pleines de confiance et de sérénité, pareilles aux fleurs des champs et aux étoiles du ciel.

Pour servir Dieu, soyez unis à Jésus-Christ, et chacune de vos minutes sera mise à profit par Dieu sans que vous vous en rendiez compte.

19 Mai
Toujours sauvés du naufrage

Qui pourra nous séparer de l'amour du Christ ?

Romains 8.35

Dieu ne nous exempte pas des peines de la vie. Mais, dans la peine, Il se tient près de nous. Si terribles que puissent être les peines qui vous assaillent, aucune ne pourra vous séparer de la communion avec Dieu. Nous sommes « plus que vainqueurs » au sein même des pires épreuves. Paul ne parle pas ici de maux imaginaires, mais de réalités accablantes. « Mais parmi toutes ces détresses, s'écrie-t-il, nous sommes plus que vainqueurs, par l'amour de Celui qui nous a aimés sur la croix ». Ce n'est donc pas par aucun héroïsme de notre part. Je plaindrais un chrétien dont la vie serait sans épines, et qui n'aurait pas cette occasion d'éprouver la grâce de Dieu.

« Cet amour du Christ, qui pourrait nous en arracher ? Sera-ce l'oppression ? Ou l'angoisse ? Ou la persécution ? Ou la famine ? Ou le dénuement ? Ou le péril de mort ? Ou le glaive du bourreau » ?

Si Jésus-Christ ne nous trompe pas, si l'apôtre Paul n'est pas un visionnaire, eh ! Bien, à celui qui tient ferme, suspendu à l'amour de Dieu, au milieu de ces terribles détresses, il arrive quelque chose de bien extraordinaire. La logique ne compte plus pour lui, L'amour de Dieu, en Jésus-Christ, rayonne par-dessus toutes ces ténèbres : il est, toujours et partout, sauvé du naufrage.

20 Mai
La réalité divine

Par votre persévérance et votre patience, vous conserverez votre vie.

Luc 21.19

Quand un homme est né de nouveau, sa pensée et son raisonnement ne retrouvent pas tout de suite leur équilibre. il nous faut organiser dans notre pensée tous les éléments et toutes les conditions de notre vie nouvelle, façonner notre esprit à l'image du Christ. Il faut arriver, patiemment, à posséder notre âme. Il y a bien des croyants qui restent immobiles au seuil de la vie chrétienne, au lieu de construire leur nouvelle vie. Nous échouons dans cette entreprise si nécessaire, à cause de notre ignorance, et parce que nous attribuons à l'action de Satan ce qui est l'effet de notre propre nature, indocile et rebelle. Quels abîmes de corruption il y a au fond de nous, qui soudain transparaissent !

Sur certains points, il ne s'agit pas de prier, il faut réagir. La mauvaise humeur doit être énergiquement boutée dehors, à coups de pied s'il le faut. La mauvaise humeur tient généralement à un état physique. Mais il ne faut jamais y consentir. Prenez-vous par la peau du cou, secouez-vous énergiquement, et vous verrez que cela passera. Ce qu'il y a de terrible, c'est que nous ne voulons pas réagir. La vie chrétienne est une vie, où l'on a sans cesse besoin d'avoir du cran.

21 Mai
Ce qu'il faut mettre en première ligne

Cherchez premièrement le royaume de votre Père céleste et la sainteté qu'il peut seul vous donner, et tous les biens matériels vous seront donnés en plus.

Matthieu 6.33

Aucune parole n'est plus révolutionnaire que cette parole de Jésus : « Cherchez premièrement le royaume de Dieu ». Même les plus pieux d'entre nous raisonnent tout autrement : « Il faut bien que je vive ; que j'aie de quoi manger ; que j'aie un peu d'argent » Notre grand souci n'est pas le royaume de Dieu, mais le maintien de notre vie physique. Jésus renverse l'ordre : d'abord nos rapports avec Dieu ; nous avons à mettre cela en première ligne ; le reste viendra ensuite.

« Ne vous inquiétez pas pour votre vie... » Combien il est déraisonnable, nous dit Jésus, de s'attacher si ardemment à tous ces biens matériels ! Remarquez que Jésus ne prêche pas du tout l'insouciance. Celui qui ne s'inquiète de rien est un insensé. Le disciple de Jésus doit s'attacher avant tout à ses rapports avec Dieu, et subordonner, mais non pas supprimer, toutes ses autres préoccupations à celle-là. Ne vous laissez pas dominer par l'idée de ce que vous aurez à manger et à boire. il y a des gens qui ne s'inquiètent pas du tout de ce qu'ils mangent et boivent, et ils ont à en souffrir ; ils ne s'inquiètent pas de leurs vêtements, et leur tenue n'est pas ce qu'elle devrait être ; ils ne s'inquiètent pas de leurs affaires, et Dieu les tient pour responsables. Jésus nous dit : Premièrement le royaume de Dieu, et secondement tout le reste.

Obéir à cet enseignement de Jésus est très difficile, Il faut beaucoup de courage à un chrétien pour qu'il permette au Saint-Esprit de le plier à cette sévère discipline.

22 Mai
Le but de la vie chrétienne

Je te prie... afin que tous soient un. Comme tu es en moi, Père, et moi en toi, qu'eux aussi soient en nous.

Jean 17.21

Si vous traversez une épreuve où vous vous sentez seul, lisez ce chapitre 17 de l'évangile de Jean. Vous y verrez l'explication de votre épreuve. Jésus a demandé à Dieu que vous puissiez être uni au Père comme il l'est lui-même. Vous efforcez-vous de rendre possible à Dieu l'exaucement de cette prière, ou bien votre vie a-t-elle un autre but ? Depuis que vous êtes disciple de Jésus, votre vie ne vous appartient plus comme auparavant.

Le but que Dieu poursuit n'est pas proprement l'exaucement de nos prières, mais par nos prières nous apprenons à discerner la pensée de Dieu à notre égard, celle qui nous est révélée dans ce chapitre 17 de Jean. Dieu ne peut pas ne pas exaucer la prière de Jésus : « Qu'ils soient un, comme nous sommes un ». En sommes-nous là?

Dieu ne se préoccupe pas de nos projets. Il ne nous demande pas si nous voulons traverser telle ou telle épreuve ; il permet qu'elle ait lieu pour réaliser son but, à Lui. Les épreuves que nous traversons nous rendent meilleurs, plus dignes de Dieu ; ou au contraire elles nous aigrissent, elles accroissent notre égoïsme. Elles font de nous des démons ou des saints, suivant l'attitude que nous avons à l'égard de Dieu. Si nous savons dire : « Que ta volonté soit faite », nous recevons la consolation incomparable de comprendre que Dieu, notre Père, travaille en nous selon sa sagesse. Rien ne peut plus nous abattre, nous dessécher le cœur. Jésus a demandé pour nous la même union qui existe entre lui et son Père. Nous en sommes bien loin, du moins la plupart d'entre nous, mais cette prière de Jésus ne peut pas ne pas être exaucée.

23 Mai
L'inquiétude est un manque de foi

Ne vous inquiétez pas de la nourriture nécessaire à votre vie, de ce que vous mangerez et de ce que vous boirez ; ni de ce que vous mettrez sur vous, pour habiller votre corps.

Matthieu 6.25

Toutes ces préoccupations que le bon sens vulgaire considère comme essentielles, Jésus y voit la défaillance de notre foi. Si nous avons reçu en nous l'Esprit de Dieu, l'Esprit nous sondera, nous aiguillonnera sans cesse : « Que fais-tu de ton Dieu dans cette amitié nouvelle, dans ces beaux plans pour tes vacances, dans ces livres nouveaux que tu viens d'acheter » ? Il insistera sans trêve jusqu'à ce que nous ayons appris à faire de Dieu notre première, notre principale préoccupation. Partout où nous mettons autre chose que Dieu en première ligne, tout s'embrouille et s'obscurcit.

« Ne vous inquiétez pas... » Ne vous chargez pas vous-même du souci de prévoir. Se tourmenter n'est pas seulement une faute, c'est un manque de foi : nous nous tourmentons parce que nous ne croyons pas que Dieu puisse s'occuper des petits détails de notre vie, et c'est toujours ces petits détails pour lesquels nous nous faisons du souci. Jésus nous révèle tout cela dans la parabole du semeur. Qu'est-ce qui étouffe en nous la parole qu'il y a semée ? Satan ? Eh ! Bien non, ce sont « les soucis de ce monde ». Toujours les petits tracas de la vie. Je ne veux pas croire à ce que je ne vois pas de mes yeux, c'est le germe de notre incroyance. Le seul remède à cela, c'est l'obéissance au Saint-Esprit.

Ce que Jésus réclame avant tout de ses disciples, c'est l'abandon.

24 Mai
La joie dans le désespoir

Quand je le vis, je tombai comme mort à ses pieds.

Apocalypse 1.17

Même si, comme l'apôtre Jean, vous connaissez Jésus intimement, il peut arriver qu'il vous apparaisse soudain avec un aspect tout nouveau, et tel que vous tombiez comme mort à ses pieds. Il y a des moments où Dieu ne peut se révéler à nous que dans sa majesté. C'est cette terrible majesté qui produit en nous la joie dans le désespoir : courbés jusqu'à terre, nous savons que la main de Dieu seul pourra nous relever.

« Il posa sur moi sa main droite ». Dans notre accablement, nous sentons tout à coup le contact de Jésus-Christ. Ce n'est pas la main du juge, c'est la main de notre Père céleste. Ce contact à lui seul est un réconfort, une paix ineffable. « Les bras éternels sont au-dessous de toi » pour te soutenir, te consoler, te fortifier. Dès qu'on a senti ce contact, aucune crainte n'est plus possible. Du haut de sa gloire éternelle, le Seigneur Jésus s'abaisse jusqu'à moi, le plus insignifiant de ses disciples, pour venir me dire : « Ne crains pas, crois seulement » Quelle douceur et quelle tendresse !

Le désespoir ordinaire ne contient aucune joie, aucune espérance de quelque chose de meilleur. Mais il y a de la joie dans mon désespoir quand « je sais qu'en moi, c'est-à-dire dans mon être terrestre, on ne peut rien trouver de bon ». Ma joie c'est de sentir que je n'ai plus, tel que je suis, qu'à m'anéantir devant Dieu, et que Lui seul pourra me relever. Dieu ne peut rien faire pour moi tant que je n'ai pas reconnu mon incapacité radicale.

25 Mai
Savons-nous mettre de côté notre intérêt personnel ?

Si tu prends à gauche, j'irai à droite ; et si tu prends la droite, j'irai à gauche.

Genèse 13.9

Aussitôt que vous commencez de vivre de la vie d'un enfant de Dieu, de magnifiques horizons s'ouvrent devant vous, et vous avez le droit de choisir là dedans tout ce qui vous convient. Mais si vous vivez par la foi, si vous êtes vraiment un enfant de Dieu, vous userez de votre liberté pour renoncer à tous vos droits, et vous laisserez Dieu choisir à votre place. Dieu vous placera peut-être, pour vous éprouver, devant un choix tel qu'à vues humaines, votre premier devoir serait de vous inquiéter de votre santé, de votre bien-être. Mais si vous vivez par la foi, vous renoncerez joyeusement à votre droit de choisir vous-même, et vous laisserez à Dieu le soin de choisir pour vous. C'est en pratiquant cette discipline d'obéissance totale à la voix de Dieu que vous verrez tout votre être naturel se transformer en un être spirituel.

Toutes les fois que nous nous fondons sur notre droit, cela obscurcit en nous l'intuition de Dieu. Le plus grand ennemi de la vie en Dieu, ce n'est pas le péché, c'est le bien qui n'est pas tout ce qu'il devrait être. Abraham avait tous les droits pour choisir lui-même, c'était, semble-t-il, ce qu'il avait de mieux à faire et, dans son entourage, on a dû le taxer de fou. Beaucoup d'entre nous ne font pas de progrès dans la vie spirituelle, parce que nous voulons choisir nous-mêmes ce qui vaut le mieux, au lieu de laisser Dieu choisir pour nous. Nous avons à nous habituer à regarder à Dieu pour toute chose.

26 Mai
La prière comme Jésus la conçoit

Priez sans cesse.

1 Thessaloniciens 5.17

Quelle est notre conception de la prière ? Si nous la concevons comme la respiration de notre âme, aussi indispensable que la respiration pulmonaire ou la circulation de notre sang, nous sommes dans le vrai. Nous respirons sans cesse, et notre sang s'écoule sans cesse, et nous ne nous en apercevons pas. De même il peut se faire que nous ne sentions pas notre contact avec Dieu, mais si nous Lui obéissons sans cesse, le contact reste établi. La prière n'est pas un exercice qu'on pratique de temps en temps, c'est la vie même de notre âme. C'est pourquoi nous devons prier sans cesse, être comme les petits enfants qui sans cesse ont quelque chose à dire ou à demander à leurs parents. La prière doit jaillir de notre cœur à toute occasion.

Jésus ne parle jamais de prières qui resteraient sans réponse : il avait la certitude absolue que la prière reçoit toujours une réponse. Possédons-nous cette certitude ? « Quiconque demande reçoit ». « Mais pourtant... », disons-nous. Or, Dieu répond toujours à nos prières ; de la manière qui est en réalité la meilleure, bien que l'exaucement de nos requêtes, sur le terrain où nous nous sommes placés, ne nous soit pas tout de suite accordé. Possédons-nous cette certitude, qu'il y a toujours une réponse de Dieu.

Nous atténuons, nous affaiblissons les paroles de Jésus, pour les mettre d'accord avec le sens commun. Mais il n'aurait pas valu la peine qu'il vînt sur la terre pour nous enseigner le sens commun. Ce qu'il nous dit de la prière est une révélation

27 Mai
Le baptême du Saint-Esprit

J'enverrai sur vous ce que mon Père a promis. Demeurez dans la ville, jusqu'à ce que vous soyez revêtus de la puissance d'en haut.

Luc 24.49

Les disciples devaient rester à Jérusalem, non pas seulement pour se préparer à leur mission, mais pour attendre ce que Jésus leur avait promis. « Élevé par la puissance de Dieu, dit Pierre le jour de la Pentecôte, ce Jésus que vous avez mis à mort et que Dieu a ressuscité, a reçu du Père l'Esprit Saint et l'a répandu sur ses disciples vous le voyez, vous l'entendez, »

Avant que Jésus ait été glorifié, l'Esprit ne pouvait se manifester sur la terre (voyez Jean 7, ~ Pour nous, nous n'avons pas à l'attendre comme les disciples. Il est tout prêt pour nous, si nous sommes prêts pour Lui.

Recevoir le Saint-Esprit, c'est recevoir la vie même du Seigneur ressuscité et glorifié. Le baptême du Saint-Esprit n'est pas autre chose que cela. Le Nouveau Testament nous l'enseigne très clairement.

Le baptême du Saint-Esprit n'est pas un fait momentané, c'est une présence éternelle. « C'est ici l'éternelle vie, qu'ils te connaissent, toi le seul vrai Dieu, et Jésus-Christ que tu as envoyé ». Commencez dès maintenant à vivre de cette vie, qui ne finira jamais.

28 Mai
La révélation parfaite

En ce jour-là, vous ne m'interrogerez plus sur rien.

Jean 16.23

« En ce jour-là ». C'est-à-dire quand le Sauveur glorifié nous aura fait entrer dans la communion du Père. Jusqu'à ce moment-là, vous avez bien des questions à me poser. Mais une fois que vous êtes dans la communion de Dieu, les questions s'évanouissent, il n'en reste plus. Votre vie s'est transformée parce qu'elle s'est identifiée à celle du Christ ressuscité, et vous êtes en parfait accord avec les desseins de Dieu. Peut-on vraiment dire cela de vous ? Mais pourquoi pas ?

Il peut y avoir une foule de choses qui restent obscures pour votre intelligence, mais elles n'ont pas à intervenir entre votre cœur et Dieu. « Ce jour-là, vous ne m'interrogerez plus sur rien ». À quoi bon poser des questions, puisque vous savez que Dieu arrangera toutes choses pour que sa volonté se réalise de point en point. Votre cœur ne se trouble point, puisque vous vous confiez en Jésus. Si vous rencontrez quelque difficulté quelque obstacle à votre foi, n'en cherchez pas la solution dans votre intelligence, mais bien dans vos dispositions intérieures, c'est là qu'il y a quelque chose à corriger. Quand vous serez parfaitement disposé à vous soumettre à Jésus, votre intelligence y verra parfaitement clair, vous serez tout près de Dieu, comme l'enfant qui tient la main de son père, et ce jour-là vous n'aurez plus de questions à poser.

29 Mai
La communion inaltérable

En ce jour-là, vous demanderez en mon nom... le Père lui-même vous aime.

Jean 16.26-27

« Vous demanderez en mon nom », c'est-à-dire à cause du fait que vous serez unis à moi. Il ne s'agit pas de l'invocation magique du nom de Jésus. Et « ce jour-là », il est là devant nous. « Le Père lui-même vous aime ». L'union ne peut pas être plus intime, plus parfaite. Notre Seigneur ne veut pas dire que nous serons exemptés de toute difficulté intérieure, mais qu'il pourra nous communiquer par le baptême du Saint-Esprit toute la pensée de Dieu, comme lui-même la possède.

« Quoi que ce soit que vous demandiez au Père en mon nom... » Nous aurons ce jour-là une communion inaltérable avec Dieu. Nous serons un avec lui, comme Il est un avec Jésus.

« ... Il vous l'accordera ». Jésus nous garantit ici que Dieu tiendra compte de nos prières. Quel merveilleux engagement ! Nous pouvons donc, librement, entrer en communion parfaite avec la souveraine volonté de Dieu, à l'instar de Jésus lui-même.

« Quoi que ce soit que vous demanderez au Père en mon nom, Il vous l'accordera ». La souveraineté de Jésus nous garantissant la possibilité d'avoir à notre disposition la souveraineté de Dieu !

30 Mai
« Oui - Mais... »

Seigneur, je te suivrai... mais...

Luc 9.61

Supposons que Dieu vous demande de faire quelque chose qui est tout à fait contraire à votre bon sens, qu'allez-vous faire ? Allez-vous reculer ? Quand on a pris une habitude, dans le domaine corporel, on recommence chaque fois, jusqu'à ce qu'on ait brisé cette habitude par un effort de volonté. Il en est de même dans le domaine spirituel. Vous serez chaque fois sur le point d'obéir à Jésus-Christ, et chaque fois vous reculerez, jusqu'à ce que vous ayez pu abandonner, par un acte de volonté, votre propre volonté. « Oui, dites-vous ; mais, si je fais cela, qu'en résultera-t-il » ? « Oui, j'obéirai à Dieu, pourvu qu'Il me laisse user de mon bon sens, mais ne me demandez pas de m'avancer dans l'obscurité ».

Jésus-Christ réclame de son disciple le même cran, le même esprit sportif que nous voyons chez l'homme ordinaire. Si un homme veut réussir dans n'importe quel domaine, il faut qu'il soit prêt, à certains moments, à tout risquer, à faire le saut. Jésus-Christ vous demande de risquer, au point de vue du bon sens, tout ce que vous avez et de faire ce saut périlleux. Si vous le faites, vous vous apercevez tout de suite que vous êtes désormais sur un terrain aussi solide que celui du bon sens. En jugeant par le bon, sens, les affirmations de Jésus sont de la pure folie ; mais en, jugeant par la foi, vous vous apercevrez avec un frémissement que ce sont les paroles même de Dieu.

Confiez-vous en Dieu et quand Il vous le demandera, faites le saut. Dans les circonstances tragiques, nous devenons presque tous des païens. Bien peu d'entre nous ont le courage de faire à Dieu crédit.

31 Mai
Dieu le premier

Dieu le premier dans notre confiance

.Jésus ne se fiait pas à eux, il les connaissait tous... il savait de lui-même ce qu'il y avait dans l'homme.

Jean 2.24-25

Notre Seigneur ne se fiait à personne. Et pourtant il ne soupçonnait jamais le mal, jamais il n'avait d'amertume contre quelqu'un, jamais il ne désespérait de personne ; et cela parce qu'il mettait Dieu le premier dans sa confiance. Il se fiait absolument à la grâce de Dieu pour n'importe quel homme. Si je mets ma confiance d'abord dans les êtres humains, je finirai par désespérer de tous. Je serai plein d'amertume, parce que j'ai cherché dans l'homme une perfection irréalisable. Ne mettez votre confiance qu'en Dieu seul, qu'il s'agisse de vous-même ou de quelqu'un d'autre.

Dieu le premier, dans ce qu'il exige de vous

Voici, je viens, ô Dieu, pour faire ta volonté.

Hébreux 10.9

Obéissons-nous à nous-mêmes, ou aux exigences de Dieu ? Notre Seigneur obéissait à la volonté de son Père. Aujourd'hui l'on proclame « Il faut se mettre au travail. Les païens périssent sans connaître Dieu. Allons leur en parler ». Nous avons avant tout à obéir à ce que Dieu exige de nous, dans notre for intérieur. C'est alors seulement que Dieu pourra se servir de nous, et Il nous ouvrira Lui-même la voie.

Dieu le premier, dans ce qu'il nous a confié.

Et quiconque reçoit un de ces petits enfants en mon nom, c'est moi qu'il reçoit.

Matthieu 18.5

Le précieux trésor que Dieu me confie, c'est Lui-même sous la forme d'un petit enfant. Dieu me demande d'être la crèche de Bethléhem. Le but de Dieu, c'est que peu à peu l'homme naturel soit transfiguré en moi par la vie de son Fils, qui se développe en moi, et que je dois manifester toujours davantage.

1er Juin
La question renversante

Fils de l'homme, ces ossements peuvent-ils revivre ?

Ézéchiel 37.3

Ce pécheur peut-il devenir un saint ? Cette vie tordue peut-elle se redresser ? Il n'y a pour cela qu'une seule réponse :
« Seigneur, tu le sais, mais je ne le sais pas ». Ne prétendez pas ici faire intervenir votre bon sens, en disant : « Oh ! Oui, avec la lecture plus assidue de la Bible, un peu plus de piété, un peu plus de prière, nous arriverons à un résultat ».

Il est beaucoup plus facile de faire quelque chose que d'avoir confiance en Dieu. Stimulés par la peur, nous agissons. Mais ce n'est pas de l'inspiration, ce n'est pas de la foi véritable. Et c'est pourquoi tant de gens travaillent pour Dieu, sans collaborer vraiment avec lui. Au fond, est-ce que je crois que Dieu pourra faire ce qui m'est impossible ? Moins je me rends compte que Dieu est capable de venir à mon aide, et plus je suis enclin à désespérer de la conversion des autres. Si j'étais, grâce à mon expérience personnelle, tout pénétré de la grandeur et de la puissance de Dieu, alors je ne douterais plus qu'il pût sauver les autres, quelle que fût leur déchéance. Plus je manque de vie spirituelle, plus je suis envahi par le doute et la crainte.

« Ainsi parle le Seigneur, l'Éternel Je vais ouvrir vos tombeaux... » Quand Dieu veut me révéler la corruption de la nature humaine, il ouvre mon tombeau. Il me fait voir en moi, pour autant que je suis en dehors de sa grâce, bien plus de possibilité de mal que le pire criminel n'en a jamais réalisé. « En moi, dit Paul, dans mon être charnel, il n'y a rien de bon ». Dieu nous révèle ainsi par son Esprit ce que nous sommes naturellement, avant que sa grâce toute-puissante ait agi en nous.

2 Juin
Quelle est la vision qui vous hante ?

Quel est l'homme qui craint l'Éternel ?

Psaume 25.12

Quelle est la vision qui vous hante ? « Aucune », direz-vous peut-être. Mais aucun de vous n'échappe à une telle hantise. La vision peut venir d'en bas ou d'en haut. Le psalmiste nous dit que nous devons être hantés par la vision de Dieu. Cette vision doit faire partie intégrante de toutes nos pensées, sans aucun raisonnement de notre part. La pensée de l'enfant est toujours hantée par la vision de sa mère, même quand il ne s'en rend pas compte. On le voit bien dès qu'il lui arrive quelque infortune. C'est ainsi que nous devons avoir en Dieu la vie, le mouvement et l'être, que nous devons considérer toute chose du point de vue de Dieu, la vision de Dieu surgissant sans cesse de notre subconscience.

Si nous sommes hantés par la vision de Dieu, aucune autre ne peut nous hanter, aucun souci, aucun tracas, aucun découragement. Et voilà pourquoi Jésus condamne si sévèrement le péché de l'inquiétude. Comment osons-nous douter ainsi de la bonté de Dieu, quand il nous environne de toute part ? Être hanté par la vision de Dieu, c'est le rempart le plus efficace contre les assauts de l'ennemi.

« Son âme reposera dans le bonheur ». Malgré la persécution, la calomnie, toutes les misères, si notre vie est cachée avec le Christ en Dieu, Il nous fera reposer dans le bonheur. Nous nous privons nous-mêmes de cette communion merveilleuse et bienfaisante. « Dieu est notre refuge ». C'est un abri où rien ne peut nous atteindre.

3 Juin
L'intimité avec Dieu

L'amitié de l'Éternel est pour ceux qui le craignent.

Psaume 25.14

À quoi reconnaît-on un véritable ami ? À ce qu'il nous raconte ses chagrins secrets ? Non, mais à ce qu'il nous fait part de ses joies secrètes. Vous trouverez bien des gens pour vous confier leurs chagrins ; l'intimité seule permet d'échanger ses joies intimes. Avons-nous jamais permis à Dieu de nous faire part de ce qui le réjouit ? Sommes-nous si pressés de lui raconter tous nos secrets que nous ne lui laissons pas un instant pour nous parler lui-même ? Au début de notre vie chrétienne, nous sommes débordants de requêtes. Plus tard, nous comprenons que Dieu veut nous mettre en rapport direct avec lui, afin que nous prenions part à ses desseins. Sommes-nous assez pénétrés de la conception que Jésus-Christ a de la prière : « Que ta volonté soit faite... » pour pouvoir saisir les plus secrètes intentions de Dieu ? Dieu touche nos cœurs, non pas tant par ses grandes bénédictions que par les petits détails : il est au courant de tout ce qui nous concerne, il sympathise avec nos moindres préoccupations.

À l'homme qui craint l'Éternel, Dieu montrera la voie qu'il doit choisir. Au début, nous avons besoin de nous rendre compte que Dieu nous dirige. Plus tard, notre pensée est si pénétrée par l'Esprit de Dieu qu'il n'est pas besoin que nous cherchions sa volonté ; l'idée même de choisir autre chose ne nous viendra plus. Chaque fois que nous ne sommes pas sûrs d'être sur la bonne voie, il faut s'arrêter net, et non pas se mettre à raisonner, en se disant : « Pourquoi pas, après tout » ? Dieu, à ce moment-là, nous instruit par nos choix spontanés, il dirige notre bon sens ; nous ne faisons plus obstacle à son Esprit en lui demandant sans cesse : « Seigneur, quelle est donc ta volonté » ?

4 Juin
Il ne te délaissera point

Dieu lui-même a dit : Je ne te laisserai pas ; non, je ne t'abandonnerai pas. Ainsi pouvons-nous dire avec assurance Le Seigneur est mon secours, je n'aurai pas peur ; que pourrait me faire un homme ?

Hébreux 13.5-6

Quelle direction ma pensée est-elle en train de suivre ? Est-elle attentive aux paroles de Dieu ? Ou bien n'est-elle préoccupée que de ses craintes ? « Dieu lui-même a dit... » Est-ce que je prétends, au lieu de l'écouter, n'être attentif qu'à ce que disent mes instincts laissés à eux-mêmes ?

« Je ne te délaisserai pas ». Dieu ne me délaisse pas, malgré mon péché, malgré mon égoïsme, malgré ma résistance, malgré ma révolte. Quelle promesse ! Et comment ne pas l'écouter ?

« Je ne t'abandonnerai pas ». Ce n'est pas toujours les vraies difficultés qui me font croire que Dieu m'abandonne : c'est tout simplement le terre à terre de la vie quotidienne. Il n'y a point de roc escarpé à gravir, il n'est pas question d'héroïsme, il n'y a point de vision merveilleuse, il y a le train train de la vie de tous les jours. Suis-je capable d'entendre encore la voix
de Dieu ?

Nous sommes dans l'idée que Dieu va faire pour nous quelque chose d'extraordinaire, et qu'il nous prépare pour cela. Mais si nous avançons dans la vie chrétienne, nous découvrons que Dieu peut être glorifié en nous à tout instant. Alors, si nous sommes fidèles à ce que Dieu nous dit, une énergie prodigieuse nous viendra, et nous pourrons chanter de joie au milieu des plus triviales occupations.

5 Juin
Ce que Dieu me dit

Dieu lui-même a dit : ... Aussi pouvons-nous dire avec assurance...

Hébreux 13.5-6

Ce que je dis doit se fonder sur ce que Dieu me dit. Dieu dit : « Je ne te laisserai pas ». Alors, de mon côté, je puis dire avec courage : « Le Seigneur est mon secours, je n'aurai pas peur ». Alors je ne serai plus hanté par la crainte. Si je suis jamais tenté d'avoir peur, je me souviendrai de la promesse de Dieu, et je serai plein de courage, comme un enfant qui s'élance pour accomplir un désir de son père. Il y s bien des croyants dont la foi faiblit quand surgit la crainte ; leur aine ne sait pas respirer la force en Dieu.

Qu'est-ce donc qui vous fait si peur ? Vous n'êtes pas un lâche, vous allez de l'avant, mais la crainte vous tenaille. Vous ne savez où trouver du secours. Dites-vous donc : « Le Seigneur est mon secours, là où je suis, en ce moment même ». Avez-vous appris à écouter Dieu d'abord, et puis à régler vos paroles sur les siennes ? Ou bien commencez-vous par dire ce qui vous paraît juste, en essayant après coup d'ajuster à cela la parole de Dieu ? Vous n'aurez qu'une chose à faire : vous emparer de la promesse de Dieu, et puis dire : « Je n'aurai pas peur ». Quelque obstacle qui puisse obstruer votre chemin, Dieu a dit : « Je ne t'abandonnerai jamais ».

La fragilité de notre foi nous empêche de nous fier à la parole de Dieu. Quand nous sentons notre faiblesse devant les difficultés, ces difficultés deviennent des montagnes, nous ne sommes plus que des vermisseaux, et Dieu n'existe plus. Rappelez-vous que Dieu a dit : « Je ne te délaisserai pas ». Et répondez-lui courageusement : « Oui, le Seigneur est mon secours ».

6 Juin
Élaborez ce que Dieu met en vous

Élaborez en vous votre propre salut.

Philippiens 2.12

Votre volonté s'accorde avec celle de Dieu, mais dans votre organisme il y a une tendance profonde qui vous rend impuissant à faire votre devoir. Quand le Seigneur entre dans votre pensée, cela éveille en vous la volonté du bien, qui est toujours d'accord avec Dieu. Si vous en doutiez, regardez à Jésus, et vous vous en rendrez compte. Ce qui vous fait dire : « Non, je ne veux pas » ! Ce n'est pas votre volonté, c'est votre perversité, ou bien votre obstination, qui luttent toujours contre Dieu. La volonté dans l'homme va plus profond que le péché, car la volonté, c'est le caractère essentiel que Dieu s mis dans l'homme, sa créature, tandis que le péché est une perversion qui s'est introduite après coup dans la nature humaine. Chez un homme régénéré, la volonté est une énergie qui provient directement du Tout-Puissant. « Car c'est Dieu qui produit en nous la volonté et l'action, pour l'accomplissement de Ses desseins ».

Vous avez à élaborer, avec l'aide de Dieu, ce que Dieu met en vous. Vous n'êtes pas l'auteur de votre salut, mais vous avez à l'élaborer, en vous fondant, d'une foi inébranlable, sur la Rédemption parfaite accomplie par le Seigneur. De cette manière, votre volonté s'unit à celle de Dieu, vous agissez en tout selon les desseins de Dieu, et votre âme respire librement Dieu étant la source de votre volonté, vous pouvez aisément vous ajuster à ce qu'il veut de vous. Notre obstination est comme un paquet de préjugés qui refuse d'être éclairé ; il n'y a qu'une chose à faire, le faire sauter à la dynamite, par l'obéissance résolue au Saint Esprit.

Est-ce que j'ai saisi par la foi le Dieu Tout-Puissant, source de ma volonté ? Dieu me demande de faire Sa volonté, et il met en moi tout ce qu'il faut pour la faire.

7 Juin
Le point central

Tout ce que vous demanderez en mon nom, je le ferai.

Jean 14.13

Est-ce que je m'acquitte fidèlement du ministère de l'intercession ? Dans ce ministère caché, il n'y a aucun piège, aucun danger de vanité ou d'orgueil ; mais il porte du fruit à la gloire du Père. Est-ce que je laisse ma vie spirituelle se dissiper à tous les vents, ou bien est-ce qu'elle est concentrée sur un seul point : l'Expiation ? Est-ce que Jésus-Christ domine de plus en plus tons les élans de ma vie ? Si l'Expiation est le point central de toute .ma pensée, sous son influence je porterai du fruit à la gloire de Dieu, dans chaque phase de mon existence.

Il faut que je prenne le temps de me recueillir, si je veux saisir ce point central, d'où me viendra toute énergie. Est-ce que je donne à cette pensée ne fût-ce qu'une minute par heure, dans toute ma journée ? « Si vous demeurez en moi », dit Jésus (c'est-à-dire si vous pensez et si vous agissez continuellement en partant de ce point central), « demandez ce que vous voudrez, et vous l'obtiendrez ». Est-ce que je demeure en lui ? Est-ce que je prends pour cela le temps nécessaire ? Quelle est la source principale de mon énergie ? Est-ce mon travail lui-même, le service que j'accomplis pour Dieu, mes sacrifices pour les autres, ou bien mon effort de travailler pour Dieu ? Ce qui doit être la source capitale de mon énergie, c'est le sacrifice de Jésus, c'est l'Expiation. Ce qui exerce sur nous la plus forte influence, c'est non pas ce qui absorbe le plus de notre temps, mais ce qui a sur nous le plus de pouvoir. Il faut nous concentrer sur ce qui est essentiel.

« Tout ce que vous demanderez en mon nom, je le ferai ». Celui qui demeure en Jésus ne fait qu'un avec la volonté de Dieu, et son choix, qui nous apparaît tout à fait libre, coïncide avec l'éternel décret de la volonté divine. C'est là, dites-vous, un mystère ? Une contradiction ? Une absurdité ? Oui, sans doute, et pour le croyant c'est une vérité glorieuse.

8 Juin
Pour mieux connaître Dieu

Si vous savez cela, vous êtes heureux, pourvu que vous le mettiez en pratique.

Jean 13.17

Si vous n'avez pas le courage de couper vous-même les amarres, Dieu les brisera par une tempête, et vous serez bien forcé d'aller au large. Fort de l'appui de Dieu, lancez-vous sur l'océan où il vous appelle, et vos yeux s'ouvriront. Si vous croyez en Jésus, vous n'avez plus le droit de, rester toujours à l'intérieur de la rade, où il fait si bon vivre, toujours attaché au rivage. Il faut franchir la barre, et vous lancer sur la haute mer. C'est alors que vous connaîtrez mieux, que vous y verrez clair.

Lorsque vous voyez une chose à faire et que vous la faites sur-le-champ, immédiatement votre connaissance grandit Remarquez-le bien : s'il arrive que votre vie spirituelle soit en panne, c'est depuis le moment où vous aurez négligé un appel précis, parce que cela ne vous semblait pas très urgent. Votre intuition spirituelle s'est obscurcie : au moment critique, vous n'êtes plus maître de votre âme, vous êtes le jouet des circonstances. Il est toujours dangereux de différer l'obéissance à un appel.

Il y a une pseudo-obéissance qui consiste à se créer à soi-même des occasions de dévouement et de sacrifice ; on est plein d'un zèle admirable, et au fond l'on n'y voit pas clair. Il est plus facile de se sacrifier de la sorte que d'obéir en toute simplicité. « L'obéissance, dit Paul dans sa lettre aux Romains, vaut mieux que le sacrifice ». Prenez garde de ne pas soupirer après votre ancienne vie tranquille à l'intérieur du port, lorsque Dieu vous demande d'être ce que vous n'avez jamais été. « Si un homme veut faire..., il connaîtra... »

9 Juin
Demandez

Car quiconque demande, reçoit.

Luc 11.10

Au fond, rien n'est plus difficile que de demander véritablement. Nous désirons, nous soupirons, nous exigeons, nous sentons l'aiguillon du besoin, mais c'est seulement à la dernière extrémité que nous demandons tout simplement. C'est quand nous sentons réellement ce qui nous manque que nous nous décidons à demander. Avez-vous jamais demandé comme celui qui est, spirituellement, dénué de tout ? « L'un de vous manque-t-il de sagesse, qu'il la demande à Dieu ». Mais pour la demander vraiment, il faut vraiment sentir qu'elle vous manque. Vous ne pouvez pas jongler avec la réalité. Si la réalité spirituelle vous manque, vous n'aurez plus qu'une chose à faire. Demandez à Dieu son Esprit Saint, en vous fondant sur la promesse de Jésus (Luc 11.13). Le Saint-Esprit rendra réels en vous tous les effets de la rédemption accomplie par Jésus.

« Car quiconque demande, reçoit ». Cela ne veut pas dire que Dieu n'accorde pas ses dons à celui qui ne demande pas, mais qu'il faut demander pour vraiment recevoir, c'est-à-dire pour saisir par toutes vos facultés, par votre cœur et votre intelligence, que ce sont là les dons d'un Père à son enfant.

« Si l'un de vous manque de sagesse... » Pour vous rendre compte de ce qui vous manque, il faut que vous ayez entrevu la réalité : ne remettez pas les œillères du bon sens. On entend des gens qui vous disent : « Prêchez-nous l'Évangile pur et simple ; ne nous parlez plus de sainteté, en nous donnant l'idée désagréable que nous sommes dénués de tout, comme des mendiants ». Demander au fond veut dire mendier. Il y a des pauvres qui s'accommodent très bien de leur pauvreté. Mais celui qui n'a plus rien du tout n'a plus honte de mendier. « Heureux, dit Jésus, les mendiants de l'esprit » !

10 Juin
Cherchez, et vous trouverez

Vous demandez, et vous ne recevez pas, parce que vous demandez mal, et pour satisfaire vos passions.

Jacques 4.3

Si vous demandez pour satisfaire vos passions, et non pas pour plaire à Dieu, vous demandez mal, vous demandez pour vous-même. Et plus vous vous cherchez vous-même, moins vous cherchez Dieu. Cherchez comme il faut chercher, c'est-à-dire cherchez Dieu, et vous le trouverez. Mettez-vous en marche, et concentrez vos efforts vers ce but. Avez-vous jamais cherché Dieu de tout votre cœur, ou bien ne l'avez-vous invoqué que lorsque votre âme était un peu dolente ? Cherchez énergiquement, et vous le trouverez.

« Vous tous qui avez soif, venez ! Les eaux sont là ». Avez-vous vraiment soif, ou bien êtes-vous béatement satisfait de votre médiocrité ?

« Frappez, et l'on vous ouvrira ». « Approchez-vous de Dieu ». Frappez ! La porte est fermée, et pendant que vous frappez, votre cœur bat à coups redoublés. « Nettoyez vos mains, pécheurs » ! Frappez un peu plus fort. Vous vous apercevez que vos mains sont sales. « Purifiez vos âmes, hommes irrésolus » ! Ceci vous touche encore davantage, vous sentez qu'il faut à tout prix aboutir. « Sentez votre misère, affligez-vous et pleurez » ! Vous êtes-vous jamais vraiment affligés devant Dieu de votre misère intérieure ? Ce n'est plus une complaisante pitié de vous-même, c'est la douloureuse stupéfaction de voir ce que vous êtes en réalité. « Humiliez-vous devant le Seigneur » ! C'est une humiliation, sans contredit, de devoir frapper à la porte, tout comme le brigand crucifié. Mais, à celui qui frappe, on ouvrira.

11 Juin
Venez à moi

Venez à moi, vous tous qui êtes fatigués et chargés, et je vous donnerai du repos.

Matthieu 11.28

Est-ce que je suis vraiment désireux de trouver le repos et la sérénité ? Les problèmes qui ont une véritable importance dans la vie ne sont pas nombreux. Et tous trouvent leur solution dans cette parole : « Venez à moi ». Jésus ne nous dit pas « Faites ceci ; ne faites pas cela ». Il nous dit : « Venez à moi ». Si je viens à Lui, je serai déchargé de mon péché, ma vie deviendra ce que je sens bien qu'elle devrait être ; je pourrai chanter de joie.

Avez-vous jamais consenti à cet acte si simple, si enfantin venir à Jésus ? Mais votre cœur est si obstiné ! Et cependant, si vous voulez être libéré de votre péché, c'est le seul moyen.

La réponse que nous faisons à Jésus est ce qui nous juge. À u moment où nous nous y attendons le moins, sa voix murmure à notre oreille : « Viens à moi ». Si je me laisse attirer, alors tout en moi se transforme. Ne raisonnez pas, mais jetez-vous dans ses bras. Fiez-vous à lui seul, abandonnez tout le reste.

« Je vous donnerai du repos ». C'est-à-dire je vous délivrerai de votre inquiétude, je vous soutiendrai en toute chose. Jésus n'a pas l'intention de nous mettre au lit, pour que nous nous y endormions en le tenant par la main. Oh ! Non, il veut nous tirer hors du lit, hors de notre langueur, de notre épuisement, de notre léthargie spirituelle. Il veut nous donner l'énergie, l'activité, la vie. Nous parlons de résignation à la volonté de Dieu ! Jésus veut nous donner l'énergie et la puissance du Fils de Dieu.

12 Juin
Venez à moi

Rabbi, où demeures-tu ? - Venez, leur dit-il, et vous verrez. Ils allèrent, et... restèrent auprès de lui ce jour-là.

Jean 1.38-39

« Venez avec moi », nous dit quelquefois Jésus. Nous restons auprès de lui ce jour-là, et puis c'est fini ; nous retournons à nos affaires, à nos intérêts personnels. Nous ne comprenons pas qu'on peut rester avec Jésus en toute circonstance.

« Tu es Simon ; on t'appellera Céphas ». Dieu ne peut écrire notre nouveau nom que là où il a effacé notre orgueil, notre suffisance, notre égoïsme. Il y en a parmi nous qui ne sont enfants de Dieu que par-ci par-là, comme les taches de rougeole. Si vous nous regardez seulement sur tel point, ou bien sous telle lumière, quand nous sommes tout à fait bien disposés, vous croiriez que nous sommes des modèles de piété. Mais quand nous sommes mal disposés, patatras ! Le vrai disciple de Jésus porte son nom sur toute sa personne ; l'égoïsme, l'orgueil, la suffisance ont partout disparu.

L'orgueil est la déification du moi. Et cet orgueil peut être chez plusieurs d'entre nous, aujourd'hui, non pas celui du pharisien, mais celui du péager. Vous dites : « Oh ! Je ne suis pas ce que je devrais être ». Votre orgueil d'homme s'en accommode, mais au fond vous blasphémez contre Dieu, car votre pensée, c'est que Dieu ne peut pas vous transformer. « Je suis trop faible, trop découragé, dites-vous ; le salut n'est pas pour moi ». Humble au regard des hommes, vous êtes un blasphémateur à l'égard de Dieu, Vous ne croyez pas à la puissance de Dieu. « Il faudrait, dites-vous, que Dieu vienne me prendre et m'emporte au ciel ». Mais Il est prêt à le faire. Allez à Jésus, restez auprès de lui, sans rien exiger d'autre. Jésus vous prendra avec Lui, non pas pour un jour, mais pour toujours.

13 Juin
Venez à moi

Jésus leur dit : Venez, suivez-moi.

Marc 1.17

L'un des arguments que nous invoquons le plus volontiers pour ne pas suivre Jésus, c'est notre tempérament, nos dispositions naturelles. Mais, quand une fois nous allons à lui, la première chose dont nous nous rendons compte, c'est qu'il n'attache aucune importance à nos dispositions naturelles. Nous nous imaginons que nous pouvons consacrer à Dieu nos dons et nos capacités. Mais comment consacrer à Dieu ce qui ne vous appartient pas ? Il n'y a qu'une chose que vous puissiez lui consacrer, votre personne même (Romains 52.5), tous vos droits sur vous-même. Si vous faites cela, Dieu se servira de vous pour faire une de Ses divines expériences. Les expériences de Dieu réussissent toujours. Ce qui caractérise un enfant de Dieu, c'est le rayonnement moral qui résulte d'un abandon total à Jésus-Christ. La vie n'est plus alors qu'une source limpide et toujours jaillissante, alimentée sans cesse en nous par le Saint-Esprit. L'enfant de Dieu se rend compte que c'est son Père céleste qui règle lui-même toutes les circonstances de sa vie, aussi jamais il n'est disposé à se plaindre, il sait que Jésus est là, il s'abandonne à lui sans aucune réserve. Mais gardez-vous d'ériger votre propre expérience en règle universelle. Laissez Dieu agir à sa manière avec votre prochain, comme il l'a fait pour vous.

Si vous savez obéir à l'appel de Jésus : « Viens à moi », il se servira de vous pour renouveler cet appel. Votre vie sera l'expression de l'appel même de Jésus.

« Viens à moi ». Mon frère, ma sœur, es-tu venu(e) ?

14 Juin
Fais un pas en avant

Demeurez en moi.

Jean 15.4

Grâce à l'Expiation, l'Esprit de Jésus pénètre en moi. Mon rôle, à partir de ce moment, est d'ajuster et d'organiser toutes mes pensées pour qu'elles soient d'accord avec le Christ. Dieu ne se charge pas pour moi de cette besogne : j'ai à faire prisonnières toutes mes pensées pour les amener à l'obéissance, pour les soumettre au Christ. Il me faut « demeurer en Lui » dans le domaine intellectuel, le domaine financier, dans tous les domaines, dans toute la rudesse de la vie.

Est-ce que je fais obstacle à l'action de Dieu, dans les circonstances où il m'a placé, sous le vrai prétexte que telle ou telle chose pourrait gêner ma communion avec Lui ? Quelle impertinence ! Dans n'importe quelles circonstances, je puis « demeurer en Jésus », aussi sûrement que dans une réunion de prière. Ce n'est pas à moi de modifier les circonstances où Dieu m'a placé. Jésus,. partout où il était, gardait avec son Père la communion la plus entière. Il acceptait humblement toutes les circonstances que Dieu lui dispensait. Il n'était jamais agité, il trouvait tout le temps de se recueillir. Notre vie religieuse se nourrit d'excitation, nous n'avons pas la sérénité d'une vie cachée avec le Christ en Dieu.

Quels sont les obstacles qui vous empêchent de demeurer en Jésus ? « Oui, Seigneur, dites-vous ; mais attends une minute, il faut que je finisse cette besogne urgente. La semaine prochaine, je serai tout à Toi ». Faites an pas en avant. Décidez-vous. Demeurez en Jésus dès maintenant. Cela vous coûtera d'abord quelques efforts, mais ensuite cela se fera tout seul, sans le moindre effort. Décidez-vous à demeurer en Jésus, là où vous êtes, et dès maintenant.

15 Juin
Fais un pas en avant

Faites de votre côté tous vos efforts pour ajouter à votre foi la vertu, à la vertu la science, à la science... la patience...

2 Pierre 1.5

Devenus « participants de la nature divine », dit Pierre, appliquez-vous maintenant à former en vous de bonnes habitudes. Ajoutez, ajoutez encore ; formez ainsi votre caractère. Le caractère d'un homme n'est jamais une chose toute faite ; nous ne naissons pas avec un caractère tout formé, ni dans le domaine naturel ni dans le domaine spirituel. Nous ne naissons pas non plus avec des habitudes toutes faites. Quand nous avons passé par la nouvelle naissance, nous devons nous former des habitudes conformes à la vie nouvelle que Dieu a mise en nous. Nous ne sommes pas destinés à être mis dans une vitrine, nous devons manifester les merveilles de la grâce de Dieu dans le train train de la vie ordinaire. Le terre à terre de la vie quotidienne est la pierre de touche de notre caractère. Nous perdons notre vie spirituelle parce que nous voulons absolument faire de grandes choses. « Jésus prit un torchon... et se mit à laver les pieds de ses disciples ».

Nous avons des jours sans inspiration, sans émotion religieuse, sans rien d'autre que le train train de la vie de tous les jours. Cette routine est un moyen dont Dieu se sen pour nous sauver de nous-mêmes entre deux phases d'illumination. Ne comptez pas avoir toujours de tels instants, mais apprenez à vivre dans la vie terre à terre, soutenus par la grâce de Dieu.

Marchez, allez de l'avant, ajoutez : voilà le difficile. Nous voudrions que Dieu fît tout pour nous, Chacun de nos efforts, si minime soit-il, est soutenu par toute la grâce de Dieu. Le croyons-nous ?

16 Juin
Êtes-vous un ami de Jésus ?

Il n'y a pas de plus grand amour que de donner sa vie pour ceux qu'on aime... Je vous ai appelé mes amis.

Jean 15.13-15

Jésus ne me demande pas de mourir pour lui, mais bien de donner ma vie pour lui. Pierre, de tout son cœur, disait : « Je donnerai ma vie pour toi ». Où en serait le chrétien qui n'aurait pas le courage de faire une telle déclaration ? Le sentiment du devoir suppose toujours un peu d'héroïsme. Le Seigneur vous a-t-il déjà posé cette question : « Veux-tu donner ta vie pour moi » ? Il est plus facile de mourir que de donner sa vie, jour après jour, en sacrifiant toutes ses plus hautes ambitions. Nous ne sommes pas faits pour vivre toujours dans la lumière de l'inspiration, mais nous avons à nous souvenir de ces moments-là pour nous aider à vivre dans la vie ordinaire. Jésus n'a eu dans toute sa vie qu'un seul moment d'entière illumination, sur la montagne de la transfiguration. Et puis il s'est de nouveau dépouillé de toute sa gloire pour redescendre dans la plaine, parmi les démoniaques. Pendant trente-trois ans, Jésus a donné sa vie pour faire la volonté de son Père. « Nous aussi, dit l'apôtre Jean, nous devons donner notre vie pour nos frères ». Mais cela est contraire à la nature humaine.

Si je suis un ami de Jésus, il faut que je donne, résolument et attentivement, ma vie pour lui. Certes, cela est difficile, mais il faut remercier Dieu pour cette difficulté. Le salut pour moi est facile, parce qu'il a tant coûté à Dieu, mais la manifestation du salut en moi est difficile. Dieu me sauve, me revêt du Saint-Esprit, et puis Il me dit : « Va de l'avant ; sois fidèle à ton Dieu, bien que, tout autour de toi, te pousse à l'infidélité ». - « Je vous ai appelés mes amis », nous dit Jésus. Soyez fidèle à votre Ami, et souvenez-vous que vous le représentez id-bas, et que vous êtes responsable de son honneur.

17 Juin
Ne jugez point

Ne jugez point, afin de n'être point jugés.

Matthieu 7.1

Jésus, on le voit, nous interdit absolument de juger les autres. Or, le chrétien ordinaire est extrêmement porté à critiquer son prochain. La tendance à juger et à critiquer fait partie intégrante de la nature humaine. Mais dans le domaine spirituel, on n'arrive à rien par la critique. Par votre critique, vous diminuez, vous affaiblissez celui qui en est l'objet ; le Saint-Esprit seul est capable de critiquer comme il faut, de signaler le mal sans blesser ni froisser. Par votre critique, vous vous diminuez vous-même ; quand on est possédé par l'esprit de jugement, on ne peut pas entrer en communion avec Dieu : on devient dur, méchant, cruel, tout en se persuadant qu'on est un être supérieur. Jésus nous enseigne qu'il faut combattre en nous la tendance critique. Cela suppose tout un entraînement. Il faut surtout nous défier de tout ce qui nous amène à nous considérer comme au-dessus des autres.

Rien n'échappe à la pénétration de Jésus. Comme il l'a si bien vu, la raison qui me fait critiquer la paille dans votre œil, c'est que j'ai une poutre dans le mien. Tout ce que je critique en vous, Dieu me le fait voir en moi. En jugeant les autres, je me condamne moi-même. Ne vous imaginez pas que vous pouvez apprécier les autres équitablement. Il y a toujours, chez celui que vous jugez, un point qui vous échappe, et qui est peut-être essentiel. Le remède que Dieu emploie pour nous guérir de notre orgueil, c'est une bonne douche qui nous fait sentir notre propre misère. Quand je vois ma propre misère, en dehors de la grâce de Dieu, je ne me sens plus le droit de condamner aucun homme, ni de désespérer de lui.

18 Juin
Ne doute pas, marche seulement

Pierre, marchant sur les eaux, s'avança vers Jésus. Mais, voyant que le vent était fort, il eut peur...

Matthieu 14.29-30

Le vent était fort, les vagues étaient hautes avant que Pierre sortit de la barque pour aller vers Jésus. Mais Pierre n'y prenait pas garde : son Maître était là, il l'appelait à lui ; Pierre, sans voir autre chose, marchait vers Jésus. Mais en chemin, il réfléchit que le vent était fort, et immédiatement il se mit à enfoncer. Pourtant le Seigneur pouvait lui donner le pouvoir de marcher dans le creux des vagues aussi bien qu'à leur sommet. Mais la condition indispensable, dans les deux cas, c'était de regarder au Seigneur Jésus et de se fier à Lui.

Il nous arrive à nous aussi, de nous avancer pour aller vers Dieu ; et tout à coup, nous réfléchissons au danger que nous courons, et nous nous mettons à enfoncer. Si vous avez clairement entendu l'appel du Seigneur, vous n'avez pas à vous préoccuper des circonstances qu'il a disposées et organisées pour vous. Elles sont là, c'est vrai, mais vous n'avez pas à vous laisser hypnotiser par elles, car alors vous serez englouti, vous auriez perdu de vue votre Maître, et vous l'entendriez vous dire : « Homme de peu de foi, pourquoi as-tu douté » ? Quelles que soient vos circonstances, restez les yeux fixés sur Jésus, ayez en lui pleine confiance.

Si vous hésitez, ne fût-ce qu'une seconde, quand Dieu vous a parlé, tout est perdu. Surtout ne vous mettez pas à dire : « M'a-t-il vraiment parlé » ? Jetez-vous en avant, sans penser à rien d'autre. Vous ne savez pas d'avance quand Dieu vous parlera. Mais dès qu'Il le fait, si faiblement que vous perceviez Sa voix, abandonnez-vous à Lui, et Sa voix deviendra toujours plus distincte.

19 Juin
Le dévouement à Jésus

M'aimes-tu ?... Pais mes brebis.

Jean 21.16

Jésus ne nous dit pas : « Convertissez les gens à votre manière de penser, mais occupez-vous de mes brebis, donnez-leur la nourriture qu'il leur faut », c'est-à-dire : « Enseignez-leur à me connaître ». Nous considérons que nous servons Jésus par notre activité chrétienne. Mais Jésus considère que nous le servons par notre attitude à son égard, et non pas par ce que nous faisons pour lui. Être disciple de Jésus-Christ, c'est lui être entièrement dévoué : ce n'est pas adhérer à une croyance ou à un dogme quelconque. « Si celui qui vient à moi ne hait pas... il ne peut pas être mon disciple ».

Jésus ne raisonne pas, il ne nous contraint pas, il constate : « Si tu veux être mon disciple, il faut que tu te donnes entièrement à moi ». Dès que l'Esprit de Dieu agit en moi, je m'écrie : « Mon Seigneur et mon Dieu » ! Et voilà comment je me donne tout entier.

Aujourd'hui nous avons substitué la doctrine sur Jésus à la personne de Jésus. Nous nous dévouons à telle ou telle cause, mais bien rarement à Jésus lui-même, Les représentants de l'intelligence humaine ne voient en Jésus qu'un maître comme les autres : Notre Seigneur, lui, mettait en première ligne son obéissance à la volonté du Père. Le salut des hommes venait en seconde ligne, comme une conséquence naturelle. Si je me dévoue seulement à la cause de l'humanité, je serai bientôt épuisé, et mon amour faiblira. Mais si j'aime Jésus-Christ passionnément, je servirai toujours l'humanité, même si les hommes me traitent comme le paillasson où. ils s'essuient les pieds. Le secret de la vie chrétienne, c'est le dévouement de toute l'âme à Jésus-Christ, et son caractère essentiel, c'est qu'elle ne se fait pas remarquer. C'est le grain de blé qui tombe à terre et qui meurt, pour lever ensuite et transformer l'aspect du champ, c'est-à-dire du monde.

20 Juin
La prière d'intercession

L'Éternel rétablit Job dans son premier état, parce qu'il intercédait pour ses amis.

Job 42.10

Cette sorte de prière égoïste et plaintive, où l'on exige de Dieu que tout en nous soit en règle, je ne la trouve nulle part dans le Nouveau Testament. Le fait que je veux avant tout être en règle avec Dieu prouve que je suis rebelle à l'Expiation.

« Seigneur, je purifierai mon cœur si Tu réponds à ma prière ; je marcherai droit si Tu veux m'aider ». Mais je ne puis pas me mettre en règle avec Dieu. Je ne puis pas rendre ma vie parfaite.

Je ne puis être en règle avec Dieu que si j'accepte l'Expiation comme un don absolument gratuit. Suis-je assez humble pour cela ? Il me faut abandonner toute exigence, et même tout effort, m'abandonner entièrement entre les mains de Dieu, et m'adonner à la liche sacrée de l'intercession. Beaucoup de prières supposent qu'au fond on ne croit pas à l'Expiation.

Jésus n'a pas à s'atteler à l'œuvre de notre salut, elle est accomplie déjà, et c'est l'insulter que de l'implorer pour qu'il l'accomplisse.

Si vous ne portez pas de fruits abondants, si vous ne saisissez pas les enseignements de la parole de Dieu, adonnez-vous au ministère de l'intercession. « L'Éternel rétablit Job dans son premier état parce qu'il intercédait pour ses amis ». Votre rôle, si vous êtes sauvé, c'est avant tout de prier pour les autres. Partout où Dieu vous place, priez ardemment, priez pour que l'œuvre de la Rédemption puisse se manifester dans d'autres vies comme elle s'est manifestée dans la vôtre. Priez maintenant pour vos amis. Priez maintenant pour tous ceux avec qui Dieu vous a mis en contact.

21 Juin
Le ministère de l'intercession

Pour vous, vous êtes une race élue, un sacerdoce royal.

1 Pierre 2.9

Par quel droit pouvons-nous devenir « un sacerdoce royal » ? Par le droit de l'Expiation. Sommes-nous prêta à tourner le dos résolument à notre égoïsme spirituel et à nous consacrer à cette fonction royale, à ce sacerdoce de la prière ? En grattant sans cesse notre conscience pour voir si tout va bien, nous faisons de nous-mêmes des chrétiens pleins d'eux-mêmes, chétifs et malades, et non pas des enfanta de Dieu simples, droits et robustes. Jusqu'à ce que nous ayons pris la bonne attitude à l'égard de Dieu, nous faisons des efforts désespérés, et nous disons : « Oh ! Quelle merveilleuse victoire j'ai remportée sur moi-même » !

Que devient dans tout cela le miracle de la Rédemption ? Croyez de toute votre âme, et sans la moindre réserve, que la Rédemption vous a sauvé entièrement, et puis ne vous tracassez plus au sujet de vous-même, mais faites ce que Jésus-Christ vous demande : priez pour l'ami importun qui vient vous déranger à minuit, priez pour les enfants de Dieu, priez pour tous les hommes. Priez en ne comptant que sur Jésus-Christ pour faire de vous ce que vous devez être, et non pas en invoquant vos efforts méritoires pour obtenir le secours du Seigneur.

Combien de temps faudra-t-il à Dieu pour nous débarrasser de notre habitude malsaine de toujours penser à nous-mêmes ? Il faut que nous arrivions à être dégoûtés de nous-mêmes jusqu'à la nausée, jusqu'à ce que rien ne puisse nous étonner de ce que Dieu nous fera voir en nous. Par nous mêmes, nous sommes incapables de saisir notre profonde corruption. La seule façon pour nous d'être en règle, c'est de nous abandonner à Jésus-Christ, après quoi nous devons, de toutes nos forces, nous consacrer au ministère de l'intercession.

22 Juin
Comment Dieu nous juge

Comme vous jugez les autres, vous serez vous-mêmes jugés ; et la mesure que vous appliqua à autrui vous sera, à vous-mêmes, appliquée.

Matthieu 7.2

Il ne s'agit pas ici d'une simple hypothèse : c'est une loi établie par Dieu. Le jugement que vous portez, on le portera sur vous. Ce n'est pas une vengeance, c'est une juste rétribution. Plus vous êtes habile à déceler les défauts des autres, plus on le sera à votre égard. On vous rend la monnaie de votre pièce. Dieu lui-même applique cette loi (voyez Psaume 28.25 à 28).

Au second chapitre de sa lettre aux Romains, Paul précise encore plus cette loi, en nous montrant que celui qui critique le péché de son prochain est lui-même coupable du même péché. Dieu ne tient pas compte seulement des actes accomplis, mais des intentions qui les préparent. Nous ne savons pas croire aux enseignements de la Bible, et en particulier à celui-là.

Ce qui nous rend si perspicaces à discerner chez les autres l'hypocrisie, la fraude, la fausseté, c'est qu'elles habitent notre cœur. Ce qui caractérise l'enfant de Dieu, c'est l'humilité. « Tous ces péchés, et bien d'autres encore, se seraient manifestés en moi si Dieu ne m'avait accordé sa grâce ; je n'ai nul droit de les condamner chez autrui ».

« Ne jugez point, dit Jésus, pour que vous ne soyez point jugés ». Qui de nous oserait se tenir devant Dieu, en lui disant : « O Dieu, juge-moi comme j'ai jugé mes frères ». Nous avons condamné nos frères. Si Dieu nous condamnait de la sorte, nous irions en enfer. Mais Dieu nous juge à travers l'Expiation merveilleuse accomplie par Jésus-Christ.

23 Juin
La douleur, conséquence du péché

Homme de douleur et familier avec la souffrance.

Isaïe 53.3

Nous ne pouvons pas être familiers avec la souffrance au même degré que notre Seigneur ; nous la traversons, nous la supportons, nous n'arrivons pas à être familiers avec elle.

Au commencement de notre vie nous ne pouvons pas accepter le fait du péché. Nous nous faisons une idée rationnelle de la vie humaine. Nous croyons qu'en surmontant ses mauvais instincts et en faisant sa propre éducation, un homme par une évolution graduelle peut atteindre à la vie selon Dieu. Mais quand nous avançons dans la vie, nous rencontrons un fait dont nous n'avions pas tenu compte, à savoir le péché, et ce fait à lui seul renverse tous nos beaux raisonnements. Le péché a rendu la vie laide et irrationnelle. Le péché n'est pas une simple déficience, c'est une terrible réalité, c'est une révolte ouverte contre Dieu. Dans ma vie, c'est une lutte à mort entre le péché et Dieu lui-même.

Le Nouveau Testament nous l'enseigne très clairement : si le péché règne en moi, il tuera en moi toute la vie qui me vient de Dieu ; si c'est Dieu qui règne en moi, il tuera en moi le péché. Il n'y a pas d'autre alternative. L'aboutissement suprême du péché dans le monde, c'est la crucifixion de Jésus-Christ ; et ce sera la même chose dans ma vie, et dans la vôtre. Dans votre conception de la vie et du monda~ il faut nous habituer à cette idée, que le péché est un fait, le seul qui explique à la fois la venue de Jésus-Christ sur la terre, et l'existence dans notre vie de l'affliction et de la souffrance.

24 Juin
Il faut accepter le fait du péché

C'est ici votre heure ; vous avez pour vous la puissance des ténèbres.

Luc 22.53

C'est parce que nous ne savons pas accepter le fait du péché que tant de malheurs nous arrivent. On peut faire de beaux discours sur la noblesse de la nature humaine, mais il y a quand même au fond de la nature humaine quelque chose qui se moque de tout ce qui est grand et de tout ce qui est élevé. Si vous vous refusez à reconnaître l'existence réelle de l'égoïsme et du péché, de l'instinct de révolte et de méchanceté, vous serez amené à pactiser avec le mal, à renoncer à le combattre.

Vous n'avez pas su discerner l'heure noire, la puissance des ténèbres. Si vous ne saisissez pas la réalité du péché, dans votre vie et dans celle des autres, vous serez pris dans ses filets et vous serez vaincu, Si vous la saisissez, vous pourrez lutter et vous mettre en garde. En vous rendant compte de la réalité du péché, vous ne détruisez pas le fondement de vos rapports avec les autres, de vos affections, de vos amitiés. Mais d'un commun accord, vous et votre ami, vous reconnaissez que la vie est tragique.

Jésus-Christ n'avait aucune confiance en la nature humaine, et pourtant jamais il ne fut sceptique, désabusé, soupçonneux, parce qu'il avait toute confiance dans l'œuvre qu'il pouvait accomplir pour l'humanité. Ce n'est pas l'innocence qui peut nous donner la sécurité, c'est la pureté que Dieu nous donne. L'innocence n'appartient qu'à l'enfant. Chez l'adulte elle ne signifie rien. L'adulte doit se rendre compte de la réalité du péché, et demander à Dieu la victoire.

25 Juin
Se trouver soi-même dans la fournaise de l'affliction

Maintenant mon âme est troublée... Et pourquoi dirais-je : Père, délivre-moi de cette heure ?... Mais c'est pour cette heure-là que je suis venu ! Père, glorifie ton nom !

Jean 12.27-28

Comme enfant de Dieu, je n'ai pas à Lui demander de m'épargner la peine de l'affliction, mais seulement que je puisse rester et devenir ce que je dois être à travers la fournaise. C'est dans la fournaise que notre Seigneur s'est trouvé lui-même. L'affliction ne lui a pas été épargnée, mais en elle il s'est trouvé, il s'est enrichi.

Nous disons que l'affliction ne devrait pas exister, mais elle existe, et c'est dans cette fournaise que nous devons nous trouver nous-mêmes. Si nous essayons d'y échapper, si nous refusons d'en tenir compte, nous sommes des insensés. L'affliction est un des faits capitaux de la vie ; il ne sert de rien de le nier. Le péché, l'affliction, la souffrance sont des réalités, et si Dieu les permet, ce n'est pas à nous de dire qu'il se trompe.

L'affliction fait disparaître beaucoup de notre frivolité, mais elle ne nous rend pas toujours meilleurs. Ou la souffrance m'élève, ou elle m'abaisse. Vous ne pouvez pas vous trouver vous-même dans le succès, vous perdriez la tête, ni dans la médiocrité quotidienne, vous seriez dégoûté de vous-même. Vous ne pouvez vous trouver vous-même que dans la fournaise de l'affliction. La raison en est peut-être difficile à connaître, mais c'est un fait confirmé par l'écriture et par notre expérience. Vous reconnaissez tout de suite l'homme qui s'est trouvé lui-même dans la fournaise de l'affliction : lorsque vous êtes désemparé, allez à lui, il vous accueillera, il trouvera toujours du temps à vous donner. Les autres vous dédaigneront et n'auront pas de temps à vous consacrer. Celui qui s'est ainsi trouvé lui-même peut venir au secours des autres.

26 Juin
Maintenant

C'est maintenant le temps favorable ; c'est maintenant le jour du salut.

2 Corinthiens 6.2

La grâce que vous avez reçue hier ne peut pas vous suffire pour aujourd'hui. La grâce est une source toujours jaillissante ; vous pouvez y puiser à chaque instant. Elle est là « dans les afflictions, dans les détresses, dans les angoisses... » C'est là que se manifeste la grâce de Dieu, dans notre patience. À des moments pareils, vous est-il arrivé de ne pas saisir cette grâce divine ? Est-ce que vous dites : « Ce sera pour plus tard » ? Vous priez Dieu de venir à votre aide. Mais Sa grâce est là, devant vous ; vous n'avez qu'à la saisir. Nous considérons la prière comme une préparation à notre travail, mais dans la Bible elle est bien autre chose : elle est l'acte de puiser à même la grâce de Dieu. Ne vous dites pas : « Je supporterai cela jusqu'à ce que je puisse aller me recueillir et prier Dieu qu'il me délivre ». Priez maintenant.

Puisez au moment du besoin à cette source qui est toujours là. La prière doit être une action pratiqué, et non pas une simple élévation de l'âme pieuse. Nous avons tant de peine à comprendre que la prière est l'acte de puiser à même la grâce de Dieu.

« Sous les coups, dans les cachots, dans les émeutes, dans les fatigues... » Comme l'apôtre Paul, sachez puiser à même la grâce de Dieu. Vous serez émerveillé vous-même, autant que ceux qui en seront les témoins. Mais puisez maintenant. Aucune douleur, aucune humiliation ne vous empêchera de manifester la grâce de Dieu.

Donnez, comme Paul, tout ce que vous avez. Ne gardez rien pour vous, de tout ce que Dieu vous donne. C'est la pauvreté triomphante.

27 Juin
Ne regardez qu'à Dieu

Je suis avec toi pour te délivrer, dit l'Éternel.

Jérémie 30.11

Dieu promit à Jérémie qu'il le délivrerait : « Je te donnerai ta vie sauve, comme un butin qu'on emporte avec soi ». C'est tout ce que Dieu promet à ses enfants. Où qu'il nous envoie, il protège notre vie. Quant à nos biens, quant à notre argent, cela n'a pas d'importance, nous ne devons pas nous en inquiéter ; sans quoi, nous serons dans les alarmes, nous connaîtrons les pires angoisses. Si Dieu protège notre vie, nous sommes à couvert. N'allons pas entretenir dans notre cœur les inquiétudes de toute espèce.

Le Sermon sur la Montagne nous enseigne que, chargés d'exécuter les ordres de Jésus-Christ, nous n'avons pas à nous préoccuper de nos intérêts personnels. Jésus nous dit : Ne vous tourmentez pas pour savoir si les hommes vous traitent avec justice. Une telle préoccupation nous éloigne de notre devoir essentiel : le dévouement à Jésus. Ne vous attendez jamais à être traité avec justice dans ce monde, mais vous-même pratiquez-la. Si nous comptons sur la justice des autres, nous nous laisserons aller à grogner, à nous apitoyer sur nous-mêmes : « Pourquoi suis-je donc traité comme cela » ?

Soumis à Jésus-Christ, dévoués à son service, tout le reste ne compte plus pour nous. Jésus nous dit : "Allez de l'avant, faites ce que je vous demande : je protège votre vie. Mais ne cherchez pas à la protéger vous-mêmes, vous ne seriez plus sous ma garde.

Sous ce rapport les plus pieux d'entre nous sont comme des athées. Nous ne croyons pas à la protection divine, et nous ne nous fions qu'à notre bon sens, dont nous faisons une idole. C'est notre intelligence que nous suivons, et non pas Dieu.

28 Juin
Saisis par Dieu

Non que j'aie déjà obtenu le prix... mais je m'efforce de le saisir, ayant été moi-même saisi par Jésus, le Messie.

Philippiens 3.12

Ne choisissez jamais par vous-même d'être ministre de l'évangile. Mais quand une fois vous avez reçu l'appel de Dieu, malheur à vous si vous vous détournez du chemin, que ce soit à gauche ou à droite ! Nous ne sommes pas ici parce que nous l'avons décidé de nous-mêmes, mais parce que Dieu nous a saisis. Il n'est donc pas question de se dire : « Oh, je ne suis pas à la hauteur » ! Ce que vous avez à prêcher, c'est Dieu qui l'ordonne, ce n'est pas vos tendances personnelles.

Gardez votre âme en communion constante avec Dieu, et rappelez-vous que vous n'avez pas seulement à rendre votre témoignage, mais à prêcher l'évangile. Tout chrétien doit rendre son témoignage, mais quand on se sent appelé à prêcher, c'est que la main de Dieu vous a saisi comme un étau : elle vous fait souffrir, mais ne vous lâche pas. En est-il bien ainsi pour chacun d'entre nous ?

N'affaiblissez jamais, n'atténuez en rien la parole de Dieu : prêchez-la dans sa sévère rigueur. Vous devez être loyalement fidèle à la parole de Dieu. Mais dans vos rapports personnels avec vos frères, rappelez-vous bien qui vous êtes, non pas un ange venu du ciel, mais un pauvre pécheur sauvé par la grâce de Dieu.

« Mes frères, dit Paul aux chrétiens de Philippes, je ne me figure pas y être encore arrivé ; je ne sais qu'une chose : oublieux du passé, tendant de toutes mes énergies vers l'avenir, je m'efforce vers le but... »

29 Juin
La discipline du chrétien

Si ta main droite te fait tomber dans le mal, coupe-la et jette-la loin de toi ; car il est plus avantageux pour toi qu'un de tes membres périsse que d'avoir ton corps tout entier jeté aux gémonies.

Matthieu 5.30

Jésus ne dit pas que tout le monde doit se couper la main droite, mais que si votre main droite vous empêche de le suivre, eh ! Bien, il faut la couper. Il y a des choses en elles-mêmes irréprochables qui ne sont pas conciliables avec le don total de soi-même à Dieu. Votre main droite est un de vos biens les plus précieux. Même cela, dit Jésus, vous devez le sacrifier, si cela est nécessaire pour me suivre. Aucune discipline plus sévère ne fut jamais proposée à l'humanité.

Quand Dieu nous fait naître de nouveau, notre vie semble à bien des égards mutilée. Il y a une foule de choses que vous n'osez plus faire, des choses qui vous touchent de si près que, pour vous et pour ceux qui vous entourent, c'est comme si vous arrachiez votre œil ou si vous coupiez votre main droite, et les incroyants se récrient : « Mais c'est absurde » ! Aucun croyant véritable ne peut se dispenser de ces restrictions et de ces suppressions, au début de sa vie chrétienne. Mais il vaut mieux être borgne ou manchot aux yeux des hommes, et harmonieux aux yeux de Dieu. Jésus-Christ, par son Esprit, est obligé de vous soumettre à toutes ces restrictions. Au moins n'en profitez pas pour critiquer les autres !

On commence par une vie mutilée, mais on aboutit à la perfection : « Soyez parfaits, dit Jésus, comme votre Père céleste est parfait ».

30 Juin
Faites-le maintenant

Dépêche-toi de te mettre d'accord avec ton adversaire.

Matthieu 5.25

Jésus-Christ pose ce principe : Faites ce que vous savez que vous devez faire, faites-le maintenant, faites-le promptement ; sans quoi, le procès suivra son cours, et vous aurez à payer jusqu'au dernier centime, dans la douleur, dans la détresse, dans l'agonie. Les lois de Dieu sont irrévocables : on ne peut pas y échapper.

Réclamer à mon adversaire ce qu'il me doit, sans doute, j'en ai le droit. Mais Jésus insiste sur le devoir capital qu'il y a pour moi, à payer avant tout à mon adversaire tout ce que je lui dois. Peu importe que je sois ou non lésé. Ce qui importe c'est que je ne fasse rien pour léser autrui.

Agissez promptement, jugez-vous vous-même sans plus tarder. Dès qu'il s'agit de votre salut, ne tardez pas un seul instant. Sinon, le procès suivra son cours. Dieu veut que son enfant soit pur et blanc comme la neige. Tant qu'il reste en vous la moindre désobéissance, Dieu ne vous épargnera aucun des avertissements nécessaires. Quand nous prétendons avoir raison, c'est généralement que nous avons tort au moins sur un point. Et l'Esprit de Dieu insiste alors, avec quelle énergie ! Pour que nous venions à la lumière.

« Dépêche-toi de te mettre d'accord avec ton adversaire ». Est-ce que vous avez soudain découvert que vous aviez la moindre rancune contre quelqu'un ? Confessez-vous à Dieu, et réconciliez-vous tout de suite, sans plus tarder, maintenant !

1er Juillet
Il faut payer !

En vérité, je te le dis, tu ne sortiras pas de là que tu n'aies payé jusqu'au dernier centime...

Matthieu 5.26

Dans le ciel, il ne peut y avoir un petit coin d'enfer. Dieu a résolu de vous rendre purs, saints, justes. Il ne vous laissera pas échapper, même un instant, au contrôle du Saint-Esprit.

Il vous avait appelés à comparaître devant son tribunal, mais vous n'êtes pas venus. Alors le procès suit son cours, et maintenant vous êtes en prison et vous n'en sortirez pas avant d'avoir payé le dernier centime. « Est-ce bien là le Dieu de grâce et d'amour » ?, dites-vous. Oui, en vous traitant de la sorte, Dieu manifeste son amour. Son but est de vous rendre purs, innocents, sans aucune tache. Mais, pour cela, il veut vous amener à reconnaître votre tendance naturelle à vouloir disposer de vous-mêmes. Dès l'instant où vous acceptez que Dieu change cette disposition naturelle, ses forces de régénération sont mises en œuvre. Dès que vous comprenez le but que Dieu se propose, qui est de vous amener à des relations normales avec lui et avec vos semblables, il mettra toutes Ses ressources à votre disposition pour vous aider à marcher dans le droit chemin. Prenez aujourd'hui la résolution : « Oui, Seigneur, je suis décidé à écrire cette lettre ce soir-même ; oui, Seigneur, je vais maintenant me réconcilier avec celui que j'ai blessé ».

Le message de Jésus-Christ dans le Sermon sur la Montagne s'adresse à la volonté et à la conscience, et non à l'intelligence. Si vous vous mettez à le discuter vous affaiblissez l'appel que le Christ vous adresse.

« Pourquoi ma vie spirituelle ne s'épanouit-elle pas », dites-vous ? Mais avez-vous payé vos dettes selon Dieu ? Faites tout de suite ce que vous serez obligé de faire un jour . Les ordres de Dieu sont impératifs.

2 Juillet
Comment suivre Jésus ?

Si quelqu'un vient à moi, et s'il ne hait pas... il ne peut être mon disciple.

Luc 14.26-33

Rien de ce que nous avons de plus précieux, ne doit nous empêcher de suivre Jésus-Christ. Être disciple de Jésus, c'est être attaché à Lui seul. Il y a une grande différence entre l'attachement à une personne et l'attachement à des principes, ou à une cause. Notre Seigneur ne s'est pas fait le champion d'une cause ; il a appelé les hommes à s'attacher à Lui. Être son disciple, c'est être esclave par amour. Beaucoup parmi nous se disent chrétiens, et ne sont pas attachés à Jésus-Christ comme des esclaves. Aucun être humain ne peut avoir pour Jésus-Christ cet amour passionné s'il ne lui a pas été donné par le Saint-Esprit. On peut admirer Jésus, on peut le respecter, le vénérer, et pourtant ne pas l'aimer. Seul le Saint-Esprit aime le Seigneur Jésus et peut répandre dans nos cœurs l'amour de Dieu. Lorsque l'Esprit Saint voit une occasion de glorifier Jésus, il s'empare de notre cœur, de nos nerfs, de toute notre personne, et nous enflamme d'amour pour Jésus-Christ.

La vie chrétienne a un caractère d'originalité spontanée. Pourtant comme Jésus son Maître, on accusera le disciple de ne pas être en harmonie avec la société et d'être inadapté. Mais Jésus fut toujours en parfait accord avec son Père, et le chrétien doit de même être en accord avec Lui. Avec Lui-même et non pas avec telle ou telle doctrine desséchée et sans vie. Les hommes se complaisent dans des doctrines mais Dieu doit faire sauter leurs préjugés à la dynamite, pour qu'ils puissent s'attacher vraiment à Jésus-Christ.

3 Juillet
J'ai péché

Malheur à moi ! Je suis perdu ! Car je suis un homme dont les lèvres sont impures.

Isaïe 6.5

Quand je suis vraiment en présence de Dieu, ce n'est pas du péché en général qu'il me convainc, mais d'un péché précis. On dira facilement : « Oui, je sais que je suis pécheur... », mais en présence de Dieu, ce n'est pas cette constatation banale qui nous permet de nous en tirer. Être convaincu de péché, c'est en arriver à dire : Il Je suis ceci ; j'ai fait cela. Il Cette conviction-là est la preuve même que l'on se trouve vraiment en présence de Dieu. Ce n'est rien de vague, mais c'est d'un péché précis que l'Esprit de Dieu me convainc. C'est alors que Dieu nous révèle que toute notre nature est corrompue. Il en est toujours ainsi lorsque nous sommes face à face avec Lui .

Les saints les plus éminents ou les plus humbles, tes pécheurs les plus corrompus ou les plus « honnêtes », passent par cette expérience de conviction de péché. Lorsqu'un homme se trouve au premier degré de l'échelle de l'expérience chrétienne, il peut dire : « Je ne vois pas bien quelle faute j'ai commise, mais le Saint-Esprit me la montrera d'une manière précise ». Isaïe, en contemplant la sainteté de Dieu, se rendit compte qu'il était un homme aux lèvres impures ; il fallait qu'il soit purifié. « Il toucha ma bouche (avec un charbon ardent) et me dit : ceci a touché tes lèvres ; ton iniquité est enlevée et ton péché est expié , il faut qu'il soit consumé par le feu qui purifie ».

4 Juillet
Une chose que Dieu défend

Ne t'irrite pas ; ce serait mal faire.

Psaume 37.8

S'irriter, c'est s'appauvrir, soit au point de vue de la pensée, soit au point de vue de l'âme. Il est facile de dire : « Ne t'irrite pas » !, mais il est plus difficile d'être soi-même assez fort moralement, pour ne pas s'irriter. Tant que l'épreuve ne nous atteint pas, que nous ne vivons pas comme beaucoup de nos contemporains dans la déroute et l'angoisse, nous parlons aisément de « nous reposer sur le Seigneur », et d'attendre patiemment sa délivrance. Mais quand tout cela nous atteint, pouvons-nous encore nous reposer en Dieu ? Si, dans ces cas-là, nous ne pouvons obéir à l'ordre : « Ne t'irrite pas », ordre qui doit être vécu dans les jours de perplexité comme dans les jours de paix ; alors nous ne le vivrons jamais. Et s'il n'est pas valable pour vous, ne vous attendez pas à ce qu'il soit valable pour quelqu'un d'autre. Le repos en Dieu ne dépend pas des circonstances extérieures, mais de notre communion avec Dieu.

Se tracasser conduit toujours au péché. Nous nous imaginons qu'une certaine dose d'anxiété et de soucis est une preuve de sagesse ; mais cela révèle seulement notre lâcheté. L'irritation en face des circonstances prouve que nous tenons à choisir notre propre chemin. Notre Seigneur ne s'est jamais fait de soucis. il n'a jamais été anxieux, car il n'était pas venu accomplir sa propre volonté, mais celle de Dieu. Si nous sommes enfants de Dieu, il est mal de nous irriter.

Vous entretenez peut-être la pensée que vos difficultés dépassent les possibilités de Dieu ? Mettez de côté toutes vos suppositions ridicules, et demeurez à l'ombre du Tout Puissant. Engagez-vous devant Dieu à renoncer à l'inquiétude, pour cette chose qui vous tourmente. Pourquoi cette irritation, ces soucis ? Parce que nous faisons nos calculs sans tenir compte de Dieu.

5 Juillet
Compter avec Dieu

Recommande ton sort à l'Éternel, mets en lui ta confiance, Et il agira.

Psaume 37.5

Ne faites pas de projets sans Dieu !

Il semble que Dieu se plaise à renverser les projets que nous avons formés sans le consulter. Nous nous plaçons nous-mêmes dans des conditions que Dieu n'avait pas choisies, et soudain nous nous apercevons que nous avions tiré nos plans sans tenir compte de lui. Nous ne l'avons pas laissé intervenir comme une réalité vivante. La seule manière d'être garanti contre les soucis, c'est de faire intervenir Dieu, dans tous nos calculs, comme le facteur dominant.

Si dans notre vie religieuse, nous avons l'habitude de donner à Dieu la première place, nous sommes enclins à penser que ce serait lui manquer de respect que de lui accorder la première place dans les détails de notre vie pratique. Si nous nous imaginons que nous devons prendre nos airs du dimanche pour nous approcher de Dieu, nous ne .viendrons jamais à Lui. Il faut nous présenter à lui tels que nous sommes.

Ne faites pas non plus entrer le mal dans vos calculs. Dieu nous demanderait-il donc de ne tenir aucun compte du mal ? « La charité... ne soupçonne pas le mal ». L'amour n'ignore pas l'existence du mal, mais il n'entre pas dans ses calculs. Si nous sommes sans Dieu, alors il nous faut compter avec la puissance du mal ; il conditionne nos calculs, et tous nos raisonnements sont construits en fonction de cette puissance.

Ne faites pas vos projets en vous attendant à de mauvais jours. On ne peut pas être pessimiste si on se confie en Jésus-Christ. Jésus a dit : « Que votre cœur ne se trouble pas ». Dieu nous ordonne aussi de ne pas nous faire de soucis. Ressaisissez-vous, cent fois par jour s'il le faut, jusqu'à ce que vous ayez pris l'habitude de donner à Dieu la priorité, au centre de tous vos projets.

6 Juillet
De la vision à la réalité

Le mirage se changera en étang et la terre desséchée en sources d'eaux.

Isaïe 35.7

Avant qu'une chose se réalise, nous en avons la vision. Mais lorsque nous constatons que cette vision, bien qu'elle soit authentique, ne se réalise pas, Satan profite de ce moment favorable pour nous tenter ; et nous en arrivons à dire que ce n'est pas la peine de continuer. Au lieu de voir s'accomplir la vision, nous traversons la vallée de l'humiliation.

Dieu nous donne d'abord une vision, puis il nous fait descendre dans la vallée, pour nous marteler jusqu'à ce que la vision ait pris forme en nous. C'est dans cette vallée que tant d'entre nous faiblissent et perdent pied. Chaque vision se réalisera un jour, si nous avons la patience d'attendre. Sachons bien que Dieu a le temps. Il ne se presse jamais. Nous sommes, nous, au contraire, terriblement pressés et impatients. Éclairés par la splendeur de la vision reçue, nous nous mettons en marche, mais la vision n'est pas encore devenue réalité en nous. Il faut donc que Dieu nous conduise dans la vallée et nous fasse passer par le feu et par l'eau, pour nous façonner jusqu'à ce que nous soyons prêts à recevoir ce qu'il voulait nous donner. Dès l'instant où nous avons eu la vision, Dieu a commencé à travailler pour former en nous son idéal ; mais sans cesse nous échappons de ses mains et essayons de nous façonner nous-mêmes à notre façon.

La vision que Dieu nous accorde n'est pas un rêve, mais une révélation de ce que Dieu veut que nous soyons. Laissez-le vous mettre sur son tour, comme le potier, et vous façonner à sa guise, et il est certain qu'il vous rendra conforme à la vision qu'il vous a donnée. Pendant qu'il travaille, ne perdez pas patience.

7 Juillet
Tout ce qui est noble est difficile

Entrez par la porte étroite... car étroite est la porte et resserré le chemin qui mènent à la vie...

Matthieu 7.13-14

Si nous voulons vivre en disciples de Jésus-Christ, n'oublions pas que tout ce qui est noble est difficile, La vie chrétienne est ardue autant que glorieuse, mais sa difficulté ne nous fait ni trembler, ni reculer, elle nous stimule à la victoire. Est-ce que le merveilleux salut de Jésus-Christ a un tel prix à nos yeux que nous sommes prêts à faire tout pour qu'Il règne ?

Dieu sauve les hommes par sa grâce souveraine qu'il accorde à cause de la Rédemption accomplie par Jésus. Il produit en nous la volonté d'agir selon son bon plaisir. Mais il nous faut mettre en œuvre ce salut dans la vie de chaque jour. Dès que nous croyons à sa Rédemption, nous commençons à obéir et nous découvrons qu'il nous en rend capables. Si nous échouons, c'est que nous n'avons pas mis en pratique ce que nous avons reçu. Dans les moments difficiles, nous sommes mis à l'épreuve. Si nous avons obéi à l'Esprit et mis en pratique, dans notre vie quotidienne, ce que Dieu nous révèle, nous serons soutenus à la fois par la grâce de Dieu et par les habitudes que nous aurons acquises.

Remercions Dieu de nous confier des tâches difficiles. Son salut rend joyeux, mais appelle à l'héroïsme et à la sainteté. Il révèle ce dont nous sommes capables. Jésus est venu " pour conduire à la gloire un grand nombre de fils ", et Dieu ne veut rien nous épargner de l'éducation d'un fils. Il ne fait pas de nous des êtres avachis, car la grâce de Dieu transforme hommes et femmes à la ressemblance de Jésus-Christ leur frère. Pour vivre dans l'existence quotidienne la noble vie de disciple de Jésus, il faut une ferme discipline. La noblesse d'âme exige un constant effort.

8 Juillet
Volonté et loyauté

Choisissez aujourd'hui qui vous voulez servir.

Josué 24.15

La volonté de l'homme est la résultante de toutes ses énergies. Je ne puis cesser de vouloir ; je dois exercer ma volonté. Pour obéir à Dieu, il me faut vouloir ; pour recevoir l'Esprit de Dieu, il me faut vouloir. Lorsque Dieu nous révèle une vérité, ce n'est pas sa volonté qui est mise en question, c'est la nôtre. Le Seigneur nous a souvent mis, chacun de nous, en face de grandes décisions à prendre. Dans une telle situation il est bon de nous rappeler comment nous avons réagi lors de notre conversion, lors de notre première rencontre avec Jésus, ou lorsque telle ou telle vérité nous a été révélée. Il nous paraissait alors facile de nous abandonner à son autorité. Remémorons-nous ces moments lumineux, maintenant que l'Esprit de Dieu nous met en présence de nouvelles révélations.

" Choisissez aujourd'hui qui vous voulez servir." Il s'agit d'un choix délibéré et non d'une décision vers laquelle vous glisseriez sans effort. C'est un choix capital dont tout le reste dépend, une décision à prendre, entre vous et Dieu. Ne consultez ni la chair, ni le sang. Chaque nouveau choix qui vous est proposé entraîne autour de vous des défections et votre foi est mise à l'épreuve. Dieu vous permet de tenir compte de l'opinion des chrétiens qui vous entourent, mais cependant vous constatez que les autres ne vous comprennent pas. Ce n'est pas à vous de discerner où Dieu vous mène ; la seule chose que Dieu vous révèle, c'est Lui-même.

Dites-Lui : "Je veux t'être fidèle." Dès que vous avez choisi la fidélité à Jésus-Christ, Dieu vous prend à témoin. Ne consultez pas d'autres chrétiens, mais déclarez solennellement : "Je veux Te servir." Ayez la volonté d'être fidèle et croyez que d'autres peuvent l'être, eux aussi.

9 Juillet
L'épreuve radicale

Josué dit au peuple : "Vous ne pourrez pas servir l'Éternel."

Josué 24.19

Avez-vous encore la moindre confiance en quoi que ce soit au monde, en dehors de Dieu ? En n'importe quelle qualité naturelle, n'importe quel concours de circonstances ? Devant ce devoir nouveau, que Dieu vous révèle, comptez-vous sur vous-même, à un degré quelconque ? C'est pour le savoir que Dieu vous met à l'épreuve. Vous avez raison de dire : Il Je ne peux pas avoir une vie sainte " ; mais vous pouvez décider de laisser Jésus vous rendre saint." Vous ne pourrez pas servir l'Éternel ", mais vous pouvez vous abandonner au Seigneur pour que sa toute-puissance agisse en vous. Votre communion avec Dieu est-elle sans ombres, pour qu'Il puisse manifester en vous sa vie merveilleuse ?

Le peuple répondit à Josué : "Non, c'est l'Éternel que nous voulons servir." Ce n'est pas une décision prise à la légère, mais un engagement raisonné." Mais il n'est pas possible, dites-vous, que Dieu m'ait appelé à cette tâche ; je suis trop indigne, ce ne peut pas être moi ! " C'est pourtant bien vous, et plus vous serez faible et misérable, mieux cela vaudra. Tant qu'on se fie en n'importe quoi d'autre, on ne peut pas dire réellement : "C'est l'Éternel que je veux servir."

Nous disons : "Ah ! Si seulement je pouvais vraiment croire." Mais en réalité la question est : "Si tu voulais croire." Il n'est pas étonnant que Jésus-Christ insiste tant sur le péché d'incrédulité." Il ne put pas faire là beaucoup de miracles, à cause de leur incrédulité." Si nous croyions vraiment que Dieu peut faire ce qu'il promet, à quelle transformation ne pourrions-nous pas nous attendre ! Est-ce que ma foi est assez hardie pour accepter et croire les promesses de Dieu ?

10 Juillet
La paresse spirituelle

Veillons les uns sur les autres pour nous exciter à la charité et aux bonnes œuvres.

N'abandonnons pas notre assemblée. Hébreux 10.24-25

Nous sommes tous tentés d'être spirituellement paresseux ; nous fuyons volontiers , les tracas et l'agitation de la vie, notre seul objectif étant d'assurer notre tranquillité. Ce passage de l' Épître aux Hébreux nous exhorte à nous stimuler les uns les autres, et à nous serrer les Coudes. Cela demande de l'initiative, la recherche des intérêts de Christ et non des nôtres. La vie proposée par Jésus-Christ est exactement le contraire d'une vie d'isolement, de retraite, de séparation.

La vraie spiritualité se révèle par la lutte contre l'injustice, la bassesse, l'ingratitude et le désordre, toutes choses qui tendent à entretenir en nous la paresse spirituelle. Nous invoquons la nécessité de la prière et de la lecture de la Bible comme prétextes à l'isolement. Nous nous servons de Dieu, en somme, pour nous assurer la paix et la joie. Ce que nous recherchons, ce n'est pas le règne de Christ, c'est le contentement qu'il peut nous procurer. Nous nous engageons par là dans la mauvaise direction. Nous prenons les effets pour tes causes.

" Je crois de mon devoir, dit Pierre, de vous tenir en éveil, et de ranimer vos souvenirs... " Il est très désagréable d'être bousculé ainsi par quelqu'un dont Dieu se sert pour nous aiguillonner, par un chrétien plein de vie. Ne confondons pas vie spirituelle et activisme ; il peut être la contrefaçon de la vraie spiritualité. C'est la paresse spirituelle qui entretient en nous l'envie de ne pas être dérangé et le désir de chercher la solitude. Jésus n'encourage jamais la pensée de l'isolement : "Allez dire à mes frères... ", dit-il.

11 Juillet
Le chrétien sanctifié

... Afin de connaître Christ...

Philippiens 3.10

Le chrétien sanctifié ne cherche pas à satisfaire ses propres désirs, il cherche à connaître Jésus-Christ. Jamais il ne croit que les circonstances qu'il traverse soient le fruit du hasard. Il ne distingue pas deux domaines dans sa vie, l'un profane, l'autre religieux. Tous les obstacles qu'il rencontre sont destinés, dans sa pensée, à lui faire mieux connaître Jésus-Christ auquel il s'abandonne entièrement. Le but du Saint-Esprit est de nous amener à glorifier Jésus-Christ dans tous les domaines, et s'il le faut, il nous ramènera sans cesse au même point. En cherchant notre propre gloire, nous faisons de notre activité une idole ; l'enfant de Dieu, au contraire, dans son travail, cherche sans cesse à donner toute la gloire à Jésus-Christ. Soit que nous mangions, soit que nous buvions, soit que nous lavions les pieds des disciples, nous devons le faire dans l'intention de glorifier Jésus-Christ. Chaque détail de notre vie trouve son modèle dans un détail de la vie de Jésus.

Le Seigneur cherchait à glorifier son Père même dans les choses les plus terre à terre : "Jésus, sachant qu'il était venu de Dieu, et qu'il s'en allait à Dieu... prit un linge... et se mit à laver les pieds de ses disciples."

Le but du chrétien est de connaître Christ. Est-ce que là où je suis, aujourd'hui, ce que je fais me porte à le mieux connaître ? Sinon, je manque le but. Je ne suis pas ici pour me trouver moi-même, mais pour le connaître, Lui. Dans l'œuvre de Dieu, nous avons trop souvent tendance à penser, et à dire : "Ceci doit être fait - donc il faut que je le fasse." Ce n'est pas l'attitude du chrétien expérimenté ; son but est de reconnaître et de manifester en toute circonstance la volonté de Jésus-Christ.

12 Juillet
L'église chrétienne

Jusqu'à ce que nous soyons tous parvenus... à la mesure de la stature parfaite de Christ.

Éphésiens 4.13

Réhabilitée par la Rédemption accomplie par Jésus-Christ, la race humaine tout entière peut retrouver des relations normales avec Dieu, telles qu'Il les voulait. L'Église cesse d'être une société d'ordre spirituel lorsqu'elle se préoccupe du développement de sa propre organisation. La réhabilitation de l'humanité par Jésus-Christ implique la manifestation du Christ dans la vie collective aussi bien que dans la vie individuelle. C'est dans ce but que Jésus a envoyé des apôtres et des docteurs : afin que l'unité spirituelle de tous puisse être réalisée. Nous ne sommes pas appelés à jouir isolément de la communion avec Dieu. Nous sommes appelés à laisser Jésus-Christ vivre en nous, de manière à réaliser l'Église, le corps de Christ.

Ai-je en vue l'édification du corps de Christ, ou seulement ma propre formation spirituelle ? L'essentiel est le lien qui m'unit personnellement à Jésus-Christ : "Afin que je le connaisse, Lui..." L'accomplissement du dessein de Dieu implique de ma part un abandon complet à sa volonté ! Dès que je me recherche moi-même, je compromets mes relations avec Dieu. Quelle humiliation pour moi quand je découvrirai que mon but n'a pas été de glorifier Jésus-Christ, lui-même, mais seulement de glorifier ce qu'il a fait pour moi !

"Mon but, c'est Dieu lui-même. Ce n'est ni la joie, ni la paix, ni même sa bénédiction : c'est lui-même, mon Dieu !"

Est-ce bien vers ce but, et ce but seul, que tend toute ma vie ?

13 Juillet
Êtes-vous prêts à payer le prix ?

L'année de la mort du roi Ozias, je vis le Seigneur.

Isaïe 6.1

L'histoire des rapports de notre âme avec Dieu est, bien souvent, l'histoire de la disparition de celui dont nous avions fait notre héros. À bien des reprises, Dieu doit éloigner ceux que nous aimons le plus, pour pouvoir prendre Lui-même leur place. Parfois ces séparations nous font souffrir et nous plongent dans le découragement. Traduisez ce verset sur le plan personnel : "l'année où mourut celui qui dans mon cœur prenait la place de Dieu, qu'est-il arrivé ? " . Direz-vous :
" J'ai tout abandonné... Je suis tombé malade... J'ai perdu toute raison de vivre ? " ou : "J'ai vu le Seigneur."

La manière dont Dieu m'apparaît dépend avant tout de l'état de mon âme. Ce que je suis détermine ce que Dieu peut me révéler. Avant que je puisse dire moi aussi : "J'ai vu le Seigneur ", il faut qu'il y ait déjà en moi quelque chose qui vienne de Dieu, qui corresponde à Dieu. Tant que je ne suis pas né de nouveau, tant que je n'ai pas commencé à voir le royaume de Dieu, je vois tout sous l'angle de mes préjugés. J'ai besoin d'une opération chirurgicale accomplie par les événements extérieurs et d'une purification intérieure.

Dieu doit avoir la première, et la seconde, et la troisième place dans ma vie, jusqu'à ce que tout mon être soit rempli de lui ; qu'il soit toujours devant moi, à l'exclusion de tout le reste." Dans le monde entier, il n'y a que toi, mon Dieu, il n'y a que toi."

Payez toujours le prix nécessaire. Que Dieu puisse voir que vous êtes prêt à tout pour vivre selon la vision qu'il vous a donnée.

14 Juillet
Le chrétien face à la persécution

Mais moi, je vous dis de ne pas résister au méchant ; mais si quelqu'un te frappe sur la joue droite, présente-lui aussi l'autre.

Matthieu 5.39

Ces versets mettent en évidence l'humiliation qui est attachée au nom de " chrétien ". Du point de vue de la morale naturelle, si quelqu'un ne rend pas coup pour coup, c'est un lâche. Du point de vue spirituel, si un homme ne riposte pas, c'est une preuve de la présence du Fils de Dieu en lui. Si on vous insulte, faites taire tout ressentiment et saisissez l'occasion pour laisser le Fils de Dieu se manifester à travers vous. On ne peut pas faire semblant d'avoir les sentiments qui étaient en Jésus-Christ. Ils sont en nous, ou ils n'y sont pas. Pour le chrétien, les insultes personnelles sont des occasions de rayonner de l'incroyable douceur de notre Seigneur Jésus.

L'enseignement du Sermon sur la Montagne n'est pas : "Faites votre devoir", mais " faites plus que votre devoir ". Ce n'est pas notre devoir de faire un deuxième " mille ", ou de tendre l'autre joue, mais Jésus dit à ses disciples d'agir toujours ainsi. Bannissons des pensées comme : "Je ne peux pas en faire davantage ", ou : "On ne m'a pas pris au sérieux, j'ai été incompris." Chaque fois que je revendique mes droits, je fais tort au Fils de Dieu ; par contre je peux éviter à Jésus d'être blessé si je reçois les coups moi-même. C'est ainsi qu'on peut se charger des afflictions du Christ. Le disciple réalise que, dans sa vie, c'est l'honneur de son Seigneur qui est en jeu, et non le sien.

Ne vous attendez pas à ce qu'on soit juste envers vous, mais ne cessez jamais de l'être vous-même. Nous réclamons toujours la justice. Voici ce qu'enseigne le Sermon sur la Montagne : "Ne vous attendez pas à la justice, mais vous, pratiquez-la."

15 Juillet
Un point d'honneur

Je me dois aux Grecs et aux barbares...

Romains 1.14

Paul était accablé par le sentiment qu'il était le débiteur de Jésus-Christ ; et ce sentiment dominait et dirigeait toute sa conduite. la pensée que Jésus était son créancier divin inspirait toute sa vie. Suis-je animé par le sentiment que j'ai une dette à l'égard de Christ, concernant toute âme qui n'est pas encore sauvée ? Mon honneur de chrétien, c'est d'acquitter ma dette envers le Christ en sauvant d'autres âmes. Tout ce qui, en moi, a la moindre valeur, c'est à la Rédemption opérée par Jésus-Christ que je le dois. Est-ce que je fais tout ce qui est en mon pouvoir pour que sa Rédemption puisse se manifester dans d'autres vies ? Je ne peux le faire que si le Saint-Esprit suscite en moi le sentiment d'être le débiteur de Christ.

Je ne suis pas appelé à être un grand personnage parmi les hommes, mais un esclave du Seigneur Jésus." Vous ne vous appartenez point à vous-mêmes." Paul s'était livré lui-même à Jésus-Christ. Il disait : "Je me dois à toute créature dans le monde entier, à cause de l'Évangile de Jésus ; je ne suis libre que pour être totalement esclave de Jésus-Christ." Il doit en être de même pour quiconque porte le nom de chrétien. Cessez de prier pour vous-même et dépensez-vous au service des autres. Soyez esclaves de Jésus. C'est ainsi que l'on peut être fait pour les autres pain rompu et vin répandu.

16 Juillet
Dieu conduit

À combien plus forte raison votre Père Céleste donnera-t-il de bonnes choses à ceux qui les lui demandent !

Matthieu 7.11

Jésus donne ici des règles de conduite pour ceux qui ont en eux son Esprit. Par cette comparaison familière, il cherche à pénétrer notre esprit de la pensée que Dieu contrôle toutes choses. Cela doit amener le disciple à une attitude de confiance totale, et le pousser à demander et à chercher tout ce dont il a besoin avec ardeur .

Nourrissez votre esprit de la pensée que Dieu est là, tout près de vous. Lorsque cette idée est bien ancrée en vous, il vous devient naturel de dire, dans les difficultés : "Qu'importe ! Mon Père est au courant." Une telle pensée viendra instinctivement, sans effort. Autrefois vous aviez l'habitude de demander l'avis des uns et des autres ; mais maintenant, vous êtes tellement rempli de la pensée que Dieu conduit tout, qu'il vous suffit de le consulter directement. Les règles de conduite, que Jésus établit pour ceux qui ont reçu son Esprit, se ramènent à ce principe : "Dieu est mon Père, il m'aime ; il n'oublie jamais rien de ce qui me concerne ; alors pourquoi m'inquiéter ? "

Il y a des moments, dit Jésus, où Dieu est forcé de nous laisser dans l'obscurité ; mais ayez confiance en Lui ! Dieu nous apparaîtra peut-être comme un ami malveillant, mais Il ne l'est pas ; comme un Père dénaturé, mais Il ne l'est pas ; comme un juge injuste, mais Il ne l'est pas ! Fortifiez en vous cette pensée, que Dieu contrôle toutes les circonstances de votre vie. Rien ne vous arrive sans que Dieu le veuille, c'est pourquoi vous pouvez, avec une parfaite confiance, vous reposer sur Lui. Prier, ce n'est pas seulement demander, mais maintenir notre âme dans un climat tel qu'il nous semble naturel de tout demander à Dieu." Demandez, et vous recevrez."

17 Juillet
La foi, ce miracle !

Ma parole et ma prédication ne reposaient pas sur les discours persuasifs de la sagesse.

1 Corinthiens 2.4

Paul était un savant et un orateur de premier ordre. Ce n'est pas une fausse humilité qui lui fait dire ces choses. Mais il pensait qu'il affaiblirait la puissance de Dieu, si, en l'écoutant on était frappé par son éloquence. La foi en Jésus est un miracle que seule la puissance de la Rédemption peut produire, et non l'éloquence d'un discours : "Non pas les discours persuasifs de la sagesse, mais la puissance de Dieu... une démonstration d'esprit et de puissance." La puissance créatrice de la Rédemption se manifeste au travers de la prédication de l'Évangile ; mais jamais à cause de la personnalité du prédicateur. Si le prédicateur doit s'imposer un jeûne, ce n'est pas en s'abstenant de manger, mais bien en s'abstenant de toute éloquence, de tout raffinement dans la diction, de tout effort pour émouvoir, de tout ce qui pourrait finalement voiler l'Évangile de Dieu. Le prédicateur est là comme représentant de Dieu, " comme si Dieu vous exhortait par nous ".

Il est là non pour présenter un idéal humain, mais l'Évangile de Dieu. Si c'est seulement à cause de ma prédication que les gens désirent devenir meilleurs, ils ne feront pas un seul pas vers Jésus-Christ. Tout ce qui est susceptible de flatter mon amour-propre dans ma prédication de l'Évangile, fera de moi, finalement, un traître à l'égard de Jésus. Car j'empêche son acte rédempteur de déployer ses énergies créatrices.

"Quand j'aurai été élevé de la terre, dit Jésus, j'attirerai tous les hommes à moi."

18 Juillet
La foi, ce mystère

Et il dit : « Qui es-tu, Seigneur » ?

Actes 9.5

Grâce au miracle de la Rédemption, Saul de Tarse, Pharisien ardent et opiniâtre, fut en une seconde transformé en humble esclave, dévoué au Seigneur Jésus.

Ce qui peut s'expliquer n'a rien de miraculeux. Lorsque nous comprenons comment les choses se passent, nous pouvons les ajuster à nos désirs. C'est pourquoi tout naturellement nous cherchons à comprendre. L'obéissance n'est pas une chose naturelle, et la désobéissance n'est pas forcément un péché. Il n'y a dans l'obéissance en elle-même aucune vertu morale, à moins qu'on reconnaisse chez celui qui donne les ordres une autorité supérieure. La désobéissance peut être le moyen de s'affranchir d'une autorité abusive. Quand un homme dit à un autre : "Il faut... tu dois..." il tend à l'asservir et à l'éloigner de Dieu. L'homme en obéissant devient esclave, à moins qu'il ne discerne par-delà l'autorité de l'homme, celle d'un Dieu saint auquel il se soumet.

Bien des personnes ne commencent à se tourner vers Dieu que lorsqu'elles rejettent leurs traditions religieuses. Car il n'y a qu'un seul Maître légitime du cœur humain et ce n'est pas la religion, mais Jésus-Christ. Mais malheur à moi si, le voyant devant moi, je lui dis : "Non, je ne te veux pas ! " Il n'insistera pas pour que j'obéisse, mais en refusant j'aurai commencé à signer l'arrêt de mort du Fils de Dieu dans mon cœur. Lorsque je m'oppose à Jésus-Christ, en lui disant : "Je refuse ", il n'insistera pas. Mais je tourne le dos à la puissance créatrice de sa Rédemption. La grâce de Dieu ne s'inquiète pas de savoir à quel point je suis corrompu, pourvu que je vienne à la lumière, mais malheur à moi si je tourne le dos à la lumière ! (voir Jean 3.19 à 21).

19 Juillet
Le Maître de notre foi

Vous m'appelez Seigneur et Maître, et vous dites bien, car je le suis.

Jean 13.13

Notre Seigneur n'impose jamais son autorité ; jamais il ne dit : "Tu dois ". Il nous laisse parfaitement libres. Libres de lui cracher au visage, comme certains hommes l'ont fait ; libres de le mettre à mort. Il ne nous dira rien. Mais lorsque, grâce à la Rédemption sa vie est créée en moi, je reconnais aussitôt qu'il a sur moi une autorité absolue. C'est la domination morale de Celui dont il est dit : "Tu es digne... " Mais mon indignité refuse de se courber devant Celui qui est digne. Chaque fois que je rencontre un homme qui m'est supérieur, et que je refuse de reconnaître sa supériorité, je révèle mon indignité. Dieu fait notre éducation par des gens qui nous dépassent, non en intelligence mais en " sainteté ", jusqu'à ce que nous nous soumettions au Seigneur lui-même.

Si notre Seigneur nous imposait l'obéissance, il serait un tyran, et n'aurait plus la véritable autorité. Il ne réclame jamais notre obéissance, mais lorsqu'il se révèle à nous, nous lui obéissons aussitôt. Il devient sans peine notre Seigneur , et nous vivons dans l'adoration du matin au soir. La manière dont je conçois l'obéissance met en évidence ma croissance spirituelle.

L'obéissance est un mot auquel nous devons redonner sa vraie valeur. L'obéissance n'est possible qu'entre des égaux : c'est le rapport d'un fils à son Père, et non d'un domestique à son patron." Moi et le Père, nous sommes un "." Bien qu'il fut Fils, il a appris l'obéissance par les choses qu'il a souffertes." Le Fils a obéi en tant que Rédempteur parce qu'il était le Fils, et non pas pour le devenir.

20 Juillet
Compter sur la présence de Dieu

Ceux qui se confient en l'Éternel... marchent et ne se fatiguent point.

Isaïe 40.31

Marcher n'a rien de palpitant ni de sensationnel. Cela demande pourtant de l'endurance, de la continuité. Pour " marcher sans se fatiguer ", sans s'épuiser, il faut utiliser toutes ses forces. Le mot " marcher " est employé dans la Bible en rapport avec le caractère." Jean, voyant Jésus marcher vers lui, dit : "Voici l'agneau de Dieu ." Il n'y a jamais rien d'abstrait dans la Bible, tout y est vie, réalité concrète. Dieu ne dit pas : "Soyez spirituels ", mais " Marchez devant moi ."

Lorsque nous sommes malades ou déprimés, nous recherchons le " sensationnel ". Cela aboutit sur le plan physique, à des manifestations nerveuses qui sont des contrefaçons du Saint-Esprit. Sur le plan émotionnel cela entraîne des affections désordonnées et l'immoralité ; sur le plan spirituel, nous finissons par détruire toute vie authentique.

La présence réelle de Dieu n'est pas liée à un signe particulier, mais elle dépend de notre volonté de regarder sans cesse au Seigneur. Quand nous cessons de compter sur Lui, les difficultés surgissent. L'expérience dont parle le Psalmiste : "C'est pourquoi nous sommes sans crainte lorsque les flots mugissent... " deviendra notre expérience si nous sommes décidés à nous appuyer non sur le sentiment de la présence de Dieu, mais sur la certitude de sa présence.

" L'Éternel était ici. et je ne le savais pas. Dans les moments critiques, demandons à Dieu de nous guider ; mais gardons-nous de dire sans cesse : "O Seigneur , conduis-moi dans telle ou telle direction." Il est certain qu'il nous conduira. Si les décisions que le bon sens nous dicte ne correspondent pas à la volonté de Dieu, il nous le fera comprendre. Restons alors en repos, et attendons que sa présence nous éclaire.

21 Juillet
La porte du royaume

Heureux les pauvres en esprit.

Matthieu 5.3

Prenons garde de ne pas voir avant tout en Jésus celui qui est venu pour nous enseigner. Si Jésus-Christ n'est que cela, l'idéal qu'il me propose, et qu'il m'est impossible de réaliser, sera pour moi comme le supplice de Tantale. À quoi cela sert-il de dresser devant moi un idéal inaccessible ? Je serais plus heureux si je ne l'avais jamais entrevu. À quoi bon me dire qu'il faut que je sois ce que je ne pourrai jamais être : Un homme au cœur pur faisant plus que son devoir, parfaitement consacré à Dieu ? Si je ne connais pas d'abord Jésus-Christ comme mon Sauveur, son enseignement n'est pour moi autre chose qu'un idéal qui me désespère. Mais lorsque je suis né de nouveau par l'Esprit de Dieu, je comprends que Jésus n'est pas venu seulement pour enseigner. Il est venu pour réaliser en moi l'idéal qu'il enseigne. La Rédemption implique que Jésus-Christ peut créer dans toute âme d'homme les mêmes sentiments et les mêmes dispositions qui réglaient sa propre vie, et c'est à des disciples ainsi disposés que s'adressent les préceptes donnés par Dieu.

L'enseignement du Sermon sur la Montagne produit le désespoir chez l'homme " naturel ", et c'est justement là le but que Jésus cherche à atteindre. Aussi longtemps que dans notre orgueil nous nous croyons capables de réaliser un tel idéal, Dieu nous laissera buter contre un obstacle sur lequel nous nous briserons. Alors nous comprendrons qu'il nous faut aller à Lui comme des pauvres, pour recevoir ses dons : "Heureux les pauvres en esprit." La première condition d'entrée dans le Royaume de Jésus-Christ est de reconnaître notre pauvreté, et notre incapacité absolue. Alors Jésus peut dire : "Béni sois-tu ! " Hélas ! Nous sommes lents à reconnaître que nous sommes pauvres ! Seule la connaissance de notre misère rend possible en nous l'action de Jésus-Christ.

22 Juillet
La sanctification

Ce que Dieu veut, c'est votre sanctification.

1 Thessaloniciens 4.3

Le côté de la mort - Dans la sanctification, Dieu agit en nous sur deux plans : celui de la mort, et celui de la vie. Beaucoup d'entre nous passent tellement de temps à s'occuper de la mort à eux-mêmes qu'ils en deviennent sépulcraux. La sanctification est toujours précédée d'un combat acharné, car en nous quelque chose s'oppose aux exigences de Jésus-Christ. Dès que le Saint-Esprit nous révèle en quoi consiste la sanctification, le combat s'engage." Si quelqu'un vient à moi, et ne hait pas... sa propre vie, il ne peut être mon disciple."

L'Esprit de Dieu, travaillant à ma sanctification, me dépouillera de tout, jusqu'à ce qu'il ne reste plus que " moi-même ". Suis-je prêt à me laisser ainsi dépouiller, à n'avoir plus rien, ni amis, ni père, ni frère, ni intérêt personnel, prêt pour la mort ? C'est la condition même de la sanctification. Il n'est pas étonnant que Jésus ait dit : "Je ne suis pas venu apporter la paix, mais l'épée." C'est là que commence la lutte, et que beaucoup d'entre nous battent en retraite. Nous refusons d'être participants de la mort de Jésus." C'est une exigence trop sévère, disons-nous, Il ne peut me demander cela ". Mais si ! Notre Seigneur est un Maître sévère, et c'est bien cela qu'il nous demande.
Suis-je prêt à me dépouiller de tout, à n'avoir plus rien que moi-même ? Suis-je décidé à ne pas tenir compte de l'opinion que mes amis peuvent avoir de moi, ni de ma propre opinion sur moi-même, pour déposer cet être dépouillé entre les mains de Dieu ? C'est alors qu'il me sanctifiera entièrement et que mon cœur dépouillé n'aura d'autre préoccupation, que celle de la gloire de Dieu .

Lorsque je demande à Dieu : "Seigneur, montre-moi en quoi consiste, pour moi, la sanctification ? ", il répondra à cette prière : "Elle consiste à être uni à Jésus." La sanctification n'est pas quelque chose que Jésus met en moi : c'est Lui-même en moi .

23 Juillet
La sanctification (2)

C'est par lui que vous êtes en Jésus-Christ, qui, de par Dieu, a été fait pour nous... sanctification.

1 Corinthiens 1.30

Le coté de la vie : Le mystère de la sanctification, c'est que toutes les perfections de Jésus-Christ me sont communiquées, non pas graduellement, mais instantanément, dès que je saisis par la foi cette promesse : "Jésus-Christ a été fait pour moi sanctification." La sanctification n'est autre que la sainteté de Jésus qui devient la mienne.

Le secret unique et merveilleux d'une vie sainte ne consiste pas à imiter Jésus-Christ, mais à laisser les perfections de Jésus-Christ se manifester d'elles-mêmes à travers ma faiblesse. La sanctification, c'est " Christ en vous ". C'est sa vie incomparable qui m'est communiquée, par la foi, comme un don souverain de la grâce de Dieu. Suis-je prêt à l'accepter ?

La sanctification met en moi les saintes qualités de Jésus-Christ. C'est sa patience, son amour, sa foi, sa pureté, sa piété, qui se manifestent dans toute âme sanctifiée. La sanctification ne consiste pas à recevoir de Jésus la capacité d'être saint, mais à recevoir de lui sa sainteté même : c'est lui-même qui se manifeste en moi. Ce n'est pas une imitation de Jésus. Toutes les perfections sont en Jésus-Christ, et le secret de la sanctification, c'est que toutes ses perfections sont à ma portée. Lentement mais sûrement, je commence à vivre une vie sainte et incomparablement sereine, " gardé par la puissance de Dieu ."

24 Juillet
L'intention et l'acte

Si votre justice ne surpasse pas celle des scribes et des pharisiens, vous n'entrerez pas dans le Royaume des Cieux.

Matthieu 5.20

Ce qui caractérise le vrai chrétien, ce n'est pas tant la bonté de ses actes que la bonté de ses intentions ; la grâce surnaturelle de Dieu l'a transformé. la seule chose qui soit supérieure à une bonne action, est une nature bonne. Jésus déclare : « Si tu es mon disciple, ce n'est pas seulement ta conduite qui doit être bonne, mais tes intentions, tes rêves, les moindres recoins de ton être ». Tu dois avoir des intentions si pures que le Tout-Puissant n'y trouve rien à reprendre. Oui peut se tenir dans la lumière éternelle de Dieu, sans que Dieu trouve en lui rien à reprendre ? Le Fils de Dieu, lui seul. Et Jésus-Christ proclame que, par sa Rédemption, il peut mettre dans le cœur de tout homme ses propres dispositions, et le rendre aussi pur et simple qu'un petit enfant. la pureté que Dieu réclame est impossible à réaliser, à moins que mon être intérieur ne soit régénéré par Jésus.

Personne ne peut se rendre pur en obéissant à des lois. Jésus-Christ ne nous donne pas des règles et des ordonnances ; ses enseignements sont des vérités qui ne peuvent être mises en pratique que grâce aux dispositions qu'il met en nous. le grand miracle du salut de Jésus-Christ est qu'il triomphe de l'hérédité ! Le chrétien reste un homme, mais son ressort est changé.

25 Juillet
Suis-je un de ces "heureux" ?

« Heureux les pauvres en esprit... ; heureux les affligés... ; heureux les débonnaires... ; heureux... »

Matthieu 5.3-10

La première fois que nous lisons les enseignements de Jésus, nous trouvons cela merveilleusement simple et évident, et nous ne nous sentons pas vraiment concernés. Par exemple, les Béatitudes nous paraissent être de beaux principes, faits pour des gens vivant loin du monde, inadaptés à la vie moderne, hors du monde rude et affairé dans lequel nous vivons. Cependant, nous découvrons bientôt que les Béatitudes contiennent la dynamite du Saint-Esprit. Elles explosent au contact direct des circonstances de notre vie. Lorsque le Saint-Esprit nous rappelle une Béatitude, nous sommes mis en demeure de prendre une décision : soit d'accepter, soit de refuser le bouleversement spirituel que produira l'obéissance à ces paroles. C'est ainsi qu'agit le Saint-Esprit. Nous n'avons pas besoin d'être né de nouveau pour mettre en pratique les Béatitudes dans leur sens littéral, c'est un jeu d'enfant. Par contre, leur interprétation par le Saint-Esprit, qui les applique aux circonstances de notre vie, est le rude labeur du chrétien fidèle.

L'enseignement de Jésus n'a rien de commun avec notre façon humaine de comprendre la vie ; c'est pourquoi, de prime abord, il nous étonne et nous déconcerte. Nous devons progressivement adapter notre conduite et nos paroles à ces préceptes, que le Saint-Esprit applique à notre cas particulier. Le Sermon sur la Montagne n'est pas un recueil de lois et de règlements ; c'est une description de ce que le Saint-Esprit va faire en nous.

26 Juillet
Ce qu'il faut pour atteindre à la pureté

C'est du cœur que viennent les mauvaises pensées, les meurtres, les adultères, les impudicités, les vols, les faux témoignages, les calomnies...

Matthieu 15.19

Nous faisons de notre ignorance une garantie de notre innocence ; puis nous considérons notre innocence comme une garantie de notre pureté. Lorsque nous entendons les rudes affirmations de notre Seigneur, nous nous récrions : "Mais je n'ai jamais éprouvé dans mon cœur aucune de ces horreurs ! " Nous n'admettons pas ce que Jésus met ici en évidence. De deux choses l'une : Jésus-Christ est réellement l'autorité suprême qui sonde le cœur humain, ou il n'est pas digne d'intérêt. Suis-je prêt à croire à son divin discernement, ou est-ce que je me complais dans ma naïve ignorance ? Le jour où ce sentiment d'innocence se dissipera, je découvrirai avec crainte toutes les possibilités de mal qui sont en moi. Tant que je me retranche derrière une innocence illusoire, je vis dans un paradis chimérique. Si je ne me suis jamais conduit comme un criminel, c'est à la fois mon manque de courage et les usages de la société civilisée qui m'en ont empêché ! Mais quand Dieu met à nu mon cœur, le diagnostic de Jésus se vérifie.

Le seul secours possible est alors dans la Rédemption de Jésus-Christ. Si je m'abandonne à lui, les abominations dont mon cœur est capable, ne peuvent jamais se manifester . La véritable pureté est un sommet trop élevé pour que je puisse l'atteindre par mes propres efforts ; mais lorsque le Saint-Esprit vient habiter en moi, il remplit mon cœur de l'Esprit saint qui est pureté absolue.

27 Juillet
Obéir, oui ! Mais après ?

Aussitôt après, il obligea ses disciples à monter dans la barque et à passer avant lui de l'autre côté.

Marc 6.45 à 52

Nous avons tendance à nous imaginer que, si Jésus-Christ nous oblige à faire quelque chose, l'obéissance nous conduira vers un succès éclatant. Ne croyons jamais que le plan de Dieu est de nous accorder les succès dont nous rêvons ; il est possible que ses intentions soient juste à l'opposé des nôtres. Nous croyons que Dieu nous conduira dans une direction particulière, vers le but que nous désirons atteindre, et nous faisons erreur. Le fait d'atteindre tel ou tel but n'est qu'un incident de parcours. Notre état présent, où nous ne voyons qu'un moyen, est aux yeux de Dieu un aboutissement.

Comment est-ce que je m'imagine les desseins de Dieu à mon égard ? Sa pensée est que je dépende entièrement de lui et de sa puissance. Si je reste calme et serein au milieu du tourbillon de la vie, Dieu a atteint son but. Il désire que je puisse voir Jésus marchant sur les eaux, sans aucun rivage en vue, sans autre but, sans autre certitude que celle-ci : tout est bien puisque je le vois là, devant moi, marcher sur les flots. C'est ma manière de vivre et non le but de ma vie qui glorifie Dieu .

L'entraînement auquel Dieu me soumet n'est pas pour tout à l'heure, il est pour maintenant. Son dessein concerne la minute présente, et non un avenir problématique. Nous avons à lui obéir sans nous inquiéter des conséquences possibles. Ce qui, pour les hommes, est une préparation en vue de l'avenir, est pour Dieu un aboutissement.

Le but de Dieu est de m'apprendre à reconnaître qu'il peut, Lui, marcher aujourd'hui sur les eaux tourmentées de mon existence. Si nous avons en tête un but plus lointain, nous nous désintéressons du présent. Comprenons donc que Dieu veut notre obéissance. Chaque instant nous deviendra précieux.

28 Juillet
Pourquoi les nuées ?

Voici, il vient avec les nuées.

Apocalypse 1.7

Les nuées, dans la Bible, sont toujours en rapport avec Dieu. Les nuées, ce sont ces douleurs, ces chagrins, ces épreuves dans notre vie ou dans celle des autres, qui semblent démentir la souveraineté de Dieu. Mais c'est précisément par ces épreuves que l'Esprit de Dieu nous enseigne à marcher par la foi. Si notre vie était sans nuages, nous n'aurions point de foi." Les nuées ne sont que des poussières qui tombent des pieds de notre Père "..., elles nous prouvent qu'il est là. Quelle révélation lorsqu'on comprend que les peines, les pertes, les souffrances, ne sont que des nuées qui environnent notre Dieu ! Dieu est toujours environné de nuées, il ne vient jamais à nous dans toute Sa splendeur .

Il n'est pas tout à fait exact de dire que Dieu veut, au travers de nos épreuves, nous apprendre quelque chose ; au contraire, par chaque nuage qu'il envoie, il veut nous désapprendre quelque chose. En nous couvrant de sa nuée, Dieu cherche à simplifier notre foi, jusqu'à ce que nous soyons à son égard comme des enfants. Il veut établir une relation directe entre Lui et nous, et ainsi tout le reste sera dans l'ombre. Tant qu'il n'en sera pas ainsi, je continuerai à être enveloppé de nuages et d'obscurité. Qu'en est-il ? Mes relations avec Dieu sont-elles devenues plus simples et plus naturelles qu'auparavant ?

Il y a un lien direct entre les voies étranges par lesquelles Dieu nous conduit, et ce que nous savons de Lui. Apprenons à interpréter les énigmes de la vie à la lumière de ce que nous savons de Dieu. Tant que nous ne pouvons pas regarder en face les situations les plus sombres sans rien perdre de notre confiance en Dieu, nous ne le connaissons pas vraiment.

" Ils eurent peur en entrant dans la nuée." Qui est avec vous dans la nuée ? Elle deviendra plus sombre si c'est un autre que " Jésus seul ".

29 Juillet
Que voyez-vous dans les nuées ?

Voici, il vient avec les nuées.

Apocalypse 1.7

Les nuées, dans la Bible, sont toujours en rapport avec Dieu. Les nuées, ce sont ces douleurs, ces chagrins, ces épreuves dans notre vie ou dans celle des autres, qui semblent démentir la souveraineté de Dieu. Mais c'est précisément par ces épreuves que l'Esprit de Dieu nous enseigne à marcher par la foi. Si notre vie était sans nuages, nous n'aurions point de foi." Les nuées ne sont que des poussières qui tombent des pieds de notre Père "..., elles nous prouvent qu'il est là. Quelle révélation lorsqu'on comprend que les peines, les pertes, les souffrances, ne sont que des nuées qui environnent notre Dieu ! Dieu est toujours environné de nuées, il ne vient jamais à nous dans toute Sa splendeur .

Il n'est pas tout à fait exact de dire que Dieu veut, au travers de nos épreuves, nous apprendre quelque chose ; au contraire, par chaque nuage qu'il envoie, il veut nous désapprendre quelque chose. En nous couvrant de sa nuée, Dieu cherche à simplifier notre foi, jusqu'à ce que nous soyons à son égard comme des enfants. Il veut établir une relation directe entre Lui et nous, et ainsi tout le reste sera dans l'ombre. Tant qu'il n'en sera pas ainsi, je continuerai à être enveloppé de nuages et d'obscurité. Qu'en est-il ? Mes relations avec Dieu sont-elles devenues plus simples et plus naturelles qu'auparavant ?

Il y a un lien direct entre les voies étranges par lesquelles Dieu nous conduit, et ce que nous savons de Lui. Apprenons à interpréter les énigmes de la vie à la lumière de ce que nous savons de Dieu. Tant que nous ne pouvons pas regarder en face les situations les plus sombres sans rien perdre de notre confiance en Dieu, nous ne le connaissons pas vraiment.

"Ils eurent peur en entrant dans la nuée." Qui est avec vous dans la nuée ? Elle deviendra plus sombre si c'est un autre que "Jésus seul".

30 Juillet
La désillusion bienfaisante

Jésus ne se fiait point à eux... car il savait ce qui était dans l'homme.

Jean 2.24-25

Après une désillusion, je ne me trompe plus sur le compte des autres ; je suis sur mes gardes, au risque de devenir cynique, dur, plus sévère que de raison. Mais la désillusion bienfaisante, celle qui vient de Dieu, nous fait voir les hommes et les femmes tels qu'ils sont, sans que des pensées cyniques ou des paroles piquantes ou amères nous viennent à l'esprit. Beaucoup de nos malheurs viennent des illusions que nous nous faisons. Nous ne nous comportons pas avec les autres d'après ce qu'ils sont véritablement, mais d'après les idées que nous nous faisons à leur sujet. Tout nous apparaît merveilleux et parfait, ou bien mesquin et exécrable, suivant l'idée que nous nous sommes forgée.

Le refus de perdre ses illusions est la cause de la plupart des souffrances de l'existence. Voici ce qui se produit : si nous aimons une créature humaine sans aimer Dieu, nous attendons de l'être aimé toutes les perfections. Lorsque notre attente est déçue, nous devenons cruels et méchants, sans nous rendre compte que nous attendons de lui plus qu'il ne peut nous donner. Il n'y a qu'un être au monde qui puisse satisfaire tous les besoins de notre cœur blessé : c'est le Seigneur Jésus-Christ. Si Jésus nous paraît juger si sévèrement toute affection humaine, c'est qu'il sait bien que toute affection qui n'est pas fondée sur notre amour pour lui aboutit nécessairement au désastre. Notre Seigneur ne se fiait à aucun homme, et cependant il ne fut jamais soupçonneux ni amer. Sa confiance en Dieu et en sa grâce était telle qu'il ne désespérait de personne. Par contre, si nous plaçons notre confiance dans les hommes, nous en arriverons à désespérer de tous.

31 Juillet
Jusqu'à ce que nous soyons entièrement à Lui

Il faut que la patience accomplisse parfaitement son œuvre, afin que vous soyez parfaits et accomplis, sans faillir en rien.

Jacques 1.4

Sur le plan moral et spirituel, beaucoup d'entre nous sont " bien " dans l'ensemble, mais négligents sur un point particulier. Cela ne vient pas précisément du péché, mais plutôt des traces de notre ancienne vie. Or, être négligent, est une offense au Saint-Esprit. Il ne devrait y avoir dans notre vie aucun " laisser-aller " , ni dans la façon dont nous mangeons et buvons, ni dans notre manière d'adorer Dieu.

Non seulement nous devons avoir à l'égard de Dieu l'attitude intérieure qui convient, mais l'expression extérieure de notre piété doit être irréprochable. Dieu ne laissera rien passer, il voit tous les détails. Cent fois, s'il le faut, il reviendra sur notre point faible. Il ne se lasse jamais, jusqu'à ce que nous ayons compris la leçon, car il nous veut accomplis. Il peut s'agir d'un instinct incontrôlé : avec patience, avec persévérance, Dieu revient sur ce point particulier. Peut-être avons-nous l' habitude de laisser notre esprit vagabonder ; peut-être sommes-nous égoïstement individualistes. Dieu travaille à nous délivrer de la moindre chose qui en nous n'est pas parfaite.

Après avoir contemplé les merveilles de la Rédemption, nos cœurs sont pleins d'amour pour Dieu. La manière merveilleuse dont il a travaillé en nous nous prouve que dans l'ensemble, nous sommes en règle avec lui." Maintenant ", dit l'Esprit par la bouche de Jacques, " que votre patience soit rendue parfaite ". Attention au laisser-aller qui nous fait dire : "Oh ! ça peut aller " ! Dans quelque domaine que ce soit, Dieu dénoncera avec insistance ce qui ne va pas, jusqu'à ce que nous soyons entièrement à lui .

1er Août
Comment Dieu procède-t-il ?

Quand il nous demande de tout laisser, il vient nous remplacer lui-même

Lorsque Jésus eut achevé de donner ses instructions à ses disciples, il partit de là, pour enseigner et prêcher dans les villes du pays.

Matthieu 11.1

Quand Dieu vous dit : "partez ", et que vous restez chez vous, parce que vous êtes préoccupé par ceux que vous laissez à la maison, vous les privez de l'enseignement de Jésus en personne. Mais si vous obéissez et laissez à Dieu toutes les conséquences, il ira lui-même enseigner les vôtres ; tant Que vous refusez d'obéir, vous êtes un obstacle sur leur chemin. Faites bien attention, lorsque vous opposez ce que vous appelez votre devoir aux commandements précis du Seigneur, disant : "Je sais que Dieu m'a appelé à partir, mais mon devoir me retient ici." C'est la preuve que vous ne croyez pas à la parole de Jésus. Quand il nous demande de ne plus enseigner, il enseigne à notre place.

" Maître..., si tu le veux, je dresserai ici trois tentes..." Matthieu 17.4 Jouons-nous au directeur spirituel ? Dieu ne peut-il plus atteindre ceux que nous instruisons à cause de la place que nous prenons ? Taisons-nous, gardant l'esprit en éveil, Dieu veut nous faire contempler son Fils, il veut transformer nos moments de prière en " montagnes de la transfiguration ", et nous l'en empêchons. Si nous sommes convaincus que Dieu agira d'une certaine manière, il nous surprendra en n'agissant plus jamais comme cela.

Quand il nous ordonne d'attendre, c'est lui qui agit. Restez dans la ville... jusqu'à ce que... Sachez attendre et Dieu agira. Mais attendez sans impatience, avec sérénité. Êtes-vous assez détaché de vos expériences spirituelles pour vous attendre à Dieu ? Attendez calmement, dans une obéissance active. Lorsque les choses se passent de cette manière-là, il est rare que nous y discernions l'action de Dieu.

2 Août
La discipline par les difficultés

Vous aurez des tribulations dans le monde ; mais prenez courage, j'ai vaincu le monde.

Jean 16.33

On pense souvent que la vie chrétienne nous apporte la délivrance de toute épreuve. Ce qu'elle apporte, c'est la délivrance dans l'épreuve, ce qui est tout différent." Heureux celui que le Très-Haut admet en sa présence... pour qu'il habite dans ses parvis... là, aucun malheur ne l'atteindra" aucun fléau ne peut vous atteindre dans l'intimité de Dieu.

L'enfant de Dieu n'échappe pas aux épreuves, mais Jésus vous dit de ne pas en être surpris : "Vous aurez des tribulations dans le monde ; mais prenez courage, j'ai vaincu le monde - ne vous laissez effrayer par rien." Certains qui , avant leur conversion, n'auraient pas songé à parler de leurs épreuves, deviennent souvent, une fois nés de nouveau, des " faiseurs d'embarras ", car ils se font une fausse idée de la vie d'un racheté.

Dieu ne nous donne pas une vie triomphante, il nous donne la vie à mesure que nous triomphons. L'effort même nous communique une force. S'il n'y a pas d'effort, la force ne nous est pas donnée. Est-ce que vous demandez à Dieu de vous donner la vie, la liberté et la joie ? Il ne vous les donnera pas, tant que vous n'accepterez pas l'épreuve. Dès que vous ferez face à l'épreuve, vous recevrez la force. Surmontez votre crainte, allez de l'avant, et Dieu vous nourrira des fruits de l'arbre de vie. Quand on dépense ses forces physiques, on s'épuise. Mais, Quand on dépense ses forces spirituelles, on devient encore plus fort. Dieu ne nous donne jamais des forces pour demain, ou pour tout à l'heure, mais il nous les donne pour l'effort du moment présent. Nous sommes tentés d'affronter les difficultés en nous appuyant sur notre bon sens commun. Mais l'enfant de Dieu peut se rire des difficultés qui l'écrasent, car il sait que Dieu peut accomplir l'incroyable.

3 Août
La contrainte souveraine de Dieu

Voici, nous montons à Jérusalem.

Luc 18.31

Ce dernier voyage à Jérusalem marque, dans la vie de Jésus, le sommet de son obéissance à la volonté du Père." ... Je ne cherche pas ma volonté, mais la volonté de celui qui m'a envoyé." C'était la pensée dominante du Seigneur, pendant toute sa vie. Ni les joies, ni les revers, ne le détournaient de ce but." Jésus prit la résolution de se rendre à Jérusalem."

La chose essentielle que nous devons sans cesse nous rappeler, c'est que nous aussi nous montons "à Jérusalem ", pour accomplir la volonté de Dieu, et non la nôtre. Il est naturel que l'homme ait des ambitions personnelles ; mais le chrétien ne poursuit aucun but personnel. On parle beaucoup, de nos jours, de prendre une décision pour Christ, de se décider à être chrétien, de décisions pour ceci ou cela ; mais dans le Nouveau Testament, c'est la volonté souveraine de Dieu qui est mise au premier plan." Ce n'est pas vous qui m'avez choisi ; mais moi, je vous ai choisis... " (Jean 15.16). Nous ne sommes pas appelés à comprendre et à approuver le plan de Dieu, mais à nous y soumettre même sans comprendre. Nous n'avons aucune idée du dessein de Dieu, et plus nous avançons, moins nous y voyons clair. Il nous semble que Dieu vise à côté de la cible, parce que notre vue est trop courte pour voir ce qu'il a en vue.

Au début de notre vie chrétienne, nous avons nos idées à nous sur le but que Dieu se propose : "Je suis fait pour aller ici, ou pour aller là-bas " Dieu m'a appelé à telle œuvre précise " , et nous nous mettons en route ; nous travaillons et pendant ce temps l'appel souverain de Dieu continue à se faire entendre. Le travail que nous faisons ne sert à rien ; il n'a pas plus de valeur qu'un château de cartes. Il nous faut accepter tout à nouveau la volonté de Dieu." Il prit avec lui les Douze." Il nous prend sans cesse, nous aussi, avec lui, pour nous conduire plus loin.

4 Août
Compagnons de Dieu

Jésus prit les douze auprès de lui.

Luc 18.31

Comment Dieu ose-t-il se fier à nous ? " Il a manqué de sagesse en me choisissant, dites-vous, je n'ai aucune valeur ". C'est justement pour cela qu'il vous a choisi. Tant que vous croyez valoir quelque chose, Dieu ne peut pas vous employer, parce que vous avez des ambitions personnelles à poursuivre. Mais si vous lui avez permis de vous débarrasser de toute votre suffisance, alors il peut vous prendre avec lui pour " aller à Jérusalem ", et cela pour accomplir un dessein sur lequel il n'a pas à vous consulter.

Nous nous imaginons qu'un homme qui a des qualités naturelles fera, à cause de cela, un bon chrétien. Or, ce qui est important, ce ne sont pas nos dons, mais notre dénuement. Non ce que nous apportons, mais ce que Dieu met en nous. Nos vertus naturelles, notre force de caractère, notre savoir , notre expérience - tout cela ne compte pour rien. La seule chose qui compte, c'est que nous soyons saisis par la souveraine contrainte de Dieu, et faits par lui ses compagnons (voyez 1 Corinthiens 1.26-30). Dieu prend pour compagnons des gens qui reconnaissent leur pauvreté. Il ne peut rien faire de celui qui se croit bon à quelque chose. Nous, chrétiens, ne sommes pas là pour nous occuper de nos propres affaires, mais de celles de Dieu. Nous ne savons pas où Dieu veut en venir, mais rien ne doit porter préjudice à notre relation avec Lui. Si quelque chose vient à l'altérer, il faut prendre le temps de tout remettre en ordre. L'essentiel dans notre vie spirituelle n'est pas le travail que nous faisons, mais notre relation avec Dieu et l'atmosphère qui en résulte. C'est la seule chose sur laquelle Dieu nous demande de veiller, et c'est bien celle qui est la plus négligée.

5 Août
L'appel déconcertant

Jésus prit les Douze auprès de lui et leur dit : « Tout ce qui a été écrit par les prophètes au sujet du Fils de l'homme s'accomplira... » Mais ils ne comprirent rien à cela...

Luc 18.31-34

Dieu appela Jésus-Christ pour le faire aboutir, semble-t-il, à la faillite totale. Jésus appelle ses disciples pour le voir mis à mort- et cela leur brisera le cœur. La vie de Jésus. Christ fut, au point de vue humain, un désastre, mais un immense triomphe aux yeux de Dieu ; ses desseins ne sont pas nos desseins.

L'appel déconcertant de Dieu se fait aussi entendre dans nos vies. Cet appel ne peut être formulé explicitement ; il va de soi. Il est comme l'appel de la mer, que personne n'entend, sauf celui qui est né marin. On ne peut pas définir clairement l'appel de Dieu, car il nous appelle à être ses compagnons, pour un but connu de lui seul ; et le signe que nous sommes appelés, c'est justement croire que Dieu sait ce qu'il fait. Ce qui nous arrive n'est jamais le fruit du hasard, mais correspond entièrement au plan de Dieu. Dieu travaille à réaliser ses desseins.

Si nous sommes vraiment en communion avec Lui et savons reconnaître qu'il nous introduit dans ses plans, nous ne cherchons plus à les deviner. À mesure que nous avançons dans la vie chrétienne, elle devient plus simple, parce que nous cessons de nous demander : "Pourquoi Dieu permet-il ceci ou cela ? " Toute la scène est dominée par la souveraineté de Dieu. Nos destinées sont dans sa main. Un chrétien est un homme qui se fie à l'intelligence et à la sagesse de Dieu, et non à la sienne. Si nous avons un plan personnel, il ruine la simplicité et la sérénité qui doivent caractériser l'enfant de Dieu.

6 Août
La croix et la prière

En ce jour-là, vous demanderez en mon nom.

Jean 16.26

Nous avons beaucoup trop l'habitude de considérer la croix comme une épreuve dont nous devons triompher : mais nous ne pouvons en triompher que si nous l'acceptons. La croix ne signifie pour nous qu'une seule chose : l'identification totale et absolue avec le Seigneur Jésus-Christ. Cette union se réalise avant tout dans la prière.

" Votre père sait de quoi vous avez besoin, avant que vous le lui demandiez. Il Alors, pourquoi demander ? C'est que la prière ne doit pas avoir pour but d'obtenir de Dieu des exaucements ; la prière est la parfaite et complète communion avec lui. Si nous prions pour être exaucés, nous risquons de nous irriter contre Dieu. Il nous répond toujours, mais pas toujours comme nous l'attendons, et nos moments d'irritation " spirituelle Il prouvent que nous refusons d'être unis à Lui dans la prière. Nous ne sommes pas appelés à démontrer que Dieu exauce la prière, mais à être de vivants témoins de la grâce de Dieu
.

" Je ne vous dis pas que je prierai le Père pour vous, car le Père lui-même vous aime ". Êtes-vous parvenu à un tel degré d'intimité avec Dieu que votre vie de prière ne fait qu'un avec celle de Jésus ? En " ce jour-là ", sa vie sera devenue votre vie.

Quand il vous semble que Dieu ne répond pas à votre prière, n'essayez pas d'en accuser quelqu'un d'autre que vous. C'est là un piège de Satan. Vous découvrirez qu'il y a une raison, et ce sera une profonde leçon pour vous, et non pour qui que ce soit d'autre.

7 Août
La prière dans la maison du Père

Ne saviez-vous pas que je dois être dans la maison de mon Père ?

Luc 2.49

L'enfance du Seigneur ne fut pas un " âge mûr " prématuré ; elle est un état éternel. Suis-je un enfant de Dieu, innocent et saint, comme mon Seigneur et Sauveur ? Est-ce que je me considère comme vivant dans la maison du Père ? Est-ce que le Fils de Dieu vit en moi, comme dans la maison de son Père ?

Dieu est la réalité permanente, et chaque moment de la vie m'apporte ses ordres. Suis-je toujours en contact avec la réalité divine, ou bien est-ce que je prie seulement quand les choses vont mal ? J'ai à m'identifier au Seigneur dans une sainte communion, une communion dont plusieurs n'ont aucune idée " Je dois m'occuper des affaires de mon Père " - vivre, maintenant, dans sa maison.

Appliquez cet enseignement à vos circonstances personnelles. Votre vie est-elle un reflet de la vie du Seigneur, au point que vous soyez simplement un enfant de Dieu, parlant librement et continuellement à son Père, et convaincu que tout ce qui vous arrive vient de lui ? Le Fils éternel habite-t-il en vous comme dans la maison du Père ? Sa grâce rayonne-t-elle à travers vous, sur votre famille, sur votre travail, sur votre entourage ? Avez-vous été surpris par les circonstances que vous traversez ? Ne vous en inquiétez pas, cela fait partie de l'œuvre que le Fils de Dieu veut faire en vous, pour votre sanctification. Laissez-le faire, restez seulement en communion parfaite avec Lui.

La vie de votre Seigneur doit devenir votre vie ; il faut qu'il vive et agisse en vous comme il agissait et vivait au milieu des hommes .

8 Août
Prier pour honorer le Père

Le saint enfant qui naîtra de toi sera appelé Fils de Dieu.

Luc 1.35

Comme Jésus naquit de la vierge Marie, il doit naître en chacun de nous, pour manifester en nous sa sainte innocence, sa simplicité et sa communion avec le Père. C'est Dieu qui fait naître en moi son Fils. Étant devenu enfant de Dieu, j'ai le droit de regarder mon Père en face. Je réponds toujours aux objections de mon propre bon sens : "Pourquoi voulez-vous me détourner de ce privilège ? Ne savez-vous pas que je dois m'occuper des affaires de mon Père ? " Quelles que soient les circonstances, le saint, l'innocent, l'éternel Enfant divin doit rester en communion avec son Père.

Ai-je assez de simplicité pour m'identifier ainsi avec le Seigneur ? Poursuit-il en moi son œuvre merveilleuse ? Dieu peut-il voir son Fils formé en moi ? Tout autour de nous, dans notre monde d'aujourd'hui, une clameur s'élève : "À mort le Fils de Dieu ! " Il n'y a plus de place pour lui, plus aucune possibilité de tranquille communion avec le Père.

Le Fils de Dieu prie-t-il en moi, ou bien est-ce moi qui prétends Le diriger ? Peut-il accomplir son ministère en moi comme il le faisait aux jours de sa vie terrestre ? Les souffrances du Fils de Dieu qui est en moi, atteignent-elles le but qu'il avait en vue ? Plus on connaît la vie intime des chrétiens, plus on se rend compte de ce que Dieu attend de nous : "Compléter ce qui manque aux souffrances de Christ."

9 Août
La prière que Dieu écoute

Père, je te rends grâce de ce que tu m'as exaucé !

Jean 11.41

Quand le Fils de Dieu prie, sa pensée ne fait qu'un avec celle de son Père. Dieu entend toujours les prières de son Fils, et, si son Fils est vivant en moi, le Père exaucera aussi les miennes. Je dois veiller à ce que le Fils de Dieu puisse se manifester dans mon corps mortel." Votre corps est le temple du Saint-Esprit ", la " Bethléem " où naît le Fils de Dieu. Le Seigneur peut-il vraiment faire en moi ce qu'il désire ? L'absolue simplicité de la vie du Fils de Dieu peut-elle se manifester comme pendant sa vie terrestre ? Quand je suis confronté aux difficultés de la vie, puis-je m'appuyer sur la prière du Fils éternel parlant à son Père ? Il En ce jour-là, vous demanderez en mon nom... ", dit Jésus. De quel jour s'agit-il ? Du jour où le Saint-Esprit est venu en moi et m'a fait réellement un avec mon Seigneur .

Le Seigneur Jésus-Christ peut-il être parfaitement satisfait de votre vie, ou paradez-vous votre spiritualité ? Que dans votre vie spirituelle, ce qu'on appelle" le bon sens " ne mette jamais le Fils de Dieu à l'écart. Le bon sens est un don de Dieu qui fait partie de la nature humaine, mais ce n'est pas le don de son Fils. Jésus nous donne une intuition surnaturelle. Ne faites pas une idole de votre bon sens. Il ne vous permettra jamais de comprendre le Père. Vos facultés naturelles sont incapables de connaître et d'adorer Dieu, tant qu'elles n'ont pas été transfigurées par la présence du Fils de Dieu. Notre corps mortel doit être tenu à tout instant dans une parfaite soumission à Jésus, afin qu'il puisse agir à travers nous. Sommes-nous soumis à Jésus-Christ pour que " sa vie se manifeste dans notre chair mortelle " ?

10 Août
Le chrétien et la souffrance

Ainsi, que ceux qui souffrent selon la volonté de Dieu remettent leurs âmes au fidèle créateur, en faisant ce qui est bien.

1 Pierre 4.19

Rechercher la souffrance est répréhensible, mais choisir la volonté de Dieu, même si elle implique la souffrance, est tout autre chose. Aucun chrétien normal ne recherche la souffrance pour elle-même ; comme Jésus, il recherche la volonté de Dieu, dut-il en souffrir. Un chrétien ne doit jamais s'immiscer dans la vie d'un autre chrétien, pour interrompre la discipline de la souffrance.

Un chrétien qui fortifiera les autres chrétiens, et les affermira, réjouit le Seigneur. Ceux qui nous font du bien ne sont pas ceux qui s'apitoient sur nous ; ceux-là, au contraire, gênent notre marche, car en nous plaignant ils affaiblissent notre énergie. Un chrétien ne peut comprendre un autre chrétien que s'il se tient tout près du Sauveur. Si nous laissons un frère nous témoigner de la sympathie, aussitôt nous pensons : "Dieu me traite durement." C'est pourquoi Jésus a dit que la pitié de soi vient du diable (Matthieu 16.23). Ne calomnions pas Dieu ; il est facile de le faire car Dieu ne se défend pas, ne se venge jamais. Ne vous imaginez pas que Jésus éprouvait le besoin qu'on s'apitoie sur lui pendant sa vie terrestre. Il refusait la sympathie des hommes, car il savait trop bien, dans sa sagesse, que personne sur la terre ne pouvait comprendre son cœur. Il ne cherchait de sympathie qu'auprès de son Père et des anges du ciel (Luc 15.10).

Remarquez que Dieu semble parfois " gaspiller " ses serviteurs. Au point de vue humain, il les place à des endroits où ils semblent inutiles. Nous disons : "Dieu me veut ici parce que je suis tellement utile ! " Mais Dieu place ses serviteurs là où ils pourront le glorifier ; et nous n'avons pas à en juger nous-mêmes : il sait ce qu'il fait.

11 Août
L'expérience qui nous forme

Élisée ne vit plus Élie.

2 Rois 2v12

Vous avez le droit de vous appuyer sur Élie, celui que Dieu vous a donné pour vous guider, mais n'oubliez pas que le jour viendra où il vous sera enlevé. Vous vous dites : « Mais je ne peux pas poursuivre ma route sans Élie », pourtant Dieu veut vous apprendre à avancer sans lui .

Élisée est seul pour passer le Jourdain (verset 14), symbole de la séparation. Vous avez vous aussi à traverser tout seul votre Jourdain, sans soutien, sans personne qui peut prendre cette responsabilité à votre place. Il vous faut maintenant mettre en pratique ce que vous avez appris. Il ne sert à rien de dire : « Je n'y arriverai pas ». Vous êtes confronté à une nouvelle expérience et vous devez y faire face. Vous appuyant sur Dieu, il vous faut franchir votre Jourdain seul.

Élisée est seul à Jéricho (verset 15), où Élie avait fait de grandes choses. Vous craignez de prendre une initiative hardie et de mettre Dieu à l'épreuve. Mais si vous restez fidèle à ce que vous avez appris avec Élie, Dieu vous accordera un signe de sa présence.

Élisée est seul à Béthel (verset 23). Là, vous non plus ne saurez que faire, ce sera la fin de votre sagesse, c'est la sagesse de Dieu qui interviendra. Au moment où vous êtes sur le point de désespérer, où vous vous sentez complètement à bout, tenez ferme, demeurez fidèle à Dieu et sa vérité triomphant en vous fera de votre vie une source de bénédiction. Mettez en pratique ce que " votre Élie " vous a enseigné, mais ne cherchez plus son secours. Servez-vous de son manteau, et priez. Prenez la résolution de vous confier en Dieu seul.

12 Août
Se reposer en Dieu

Pourquoi avez-vous peur, gens de peu de foi ?

Matthieu 8.26

Quand nous avons peur, nous crions à Dieu instinctivement, mais le Seigneur a le droit d'exiger que ceux qui invoquent son nom aient en lui une confiance intelligente. Dieu s'attend à ce que ses enfants aient une telle confiance en lui, que d'autres puissent toujours compter sur eux dans les moments difficiles. Hélas ! Notre confiance en Dieu ne va que jusqu'à un certain point ; ensuite nous retombons dans la mentalité des incrédules qui, affolés, crient vers lui, lorsqu'ils sont à bout de ressources. Une telle attitude témoigne de notre manque de confiance. Il paraît dormir, et nous ne voyons rien d'autre que les vagues qui déferlent sur nous.

« Gens de peu de foi » ! Quel cinglant reproche pour les disciples ! « Une fois de plus vous n'avez pas compris » ! Et quel reproche nous frappe nous aussi, quand nous comprenons soudain que nous aurions pu remplir de joie le cœur de Jésus, en gardant en lui une confiance absolue.

À certains moments de la vie tout paraît calme et tranquille. Nous faisons de notre mieux, avec nos forces humaines ; mais c'est lorsque la tempête arrive qu'on voit tout de suite sur quel appui nous comptons. Si nous avons appris à adorer Dieu et à nous fonder sur lui, la tempête révélera que nous pouvons résister sans être brisés.

Nous avons fréquemment parlé de la sanctification comment la résumer ? Elle doit nous amener à nous reposer en Dieu, c'est-à-dire nous unir à Lui parfaitement. Par là non seulement nous serons irréprochables à ses yeux, mais nous lui donnerons aussi une joie profonde.

13 Août
N'éteignez pas l'Esprit

N'éteignez pas l'Esprit.

1 Thessaloniciens 5.19

La voix de l' Esprit est aussi douce que la brise, si légère qu'on ne peut la percevoir que si l'on vit en communion parfaite avec Dieu. Les avertissements de l' Esprit nous parviennent avec la plus extraordinaire douceur, et si nous ne sommes pas assez attentifs pour discerner sa voix, nous ne l'entendrons pas, et notre vie spirituelle se dégradera. Ces avertissements nous parviennent toujours comme un doux murmure, si doux que seul l'Enfant de Dieu peut le percevoir .

Si en rendant votre témoignage vous revenez toujours sur le passé en disant : "Tel jour, il y a bien des années, j'ai été sauvé ", alors prenez garde ! En effet, en marchant dans la lumière de Dieu vous n'avez nul besoin de revenir en arrière, vous vivez maintenant une merveilleuse communion avec Dieu. Mais si vous n'êtes plus dans la lumière de Dieu, vous devenez un chrétien romantique vivant de souvenirs et votre témoignage rend un son dur et métallique. N'essayez pas de camoufler par le souvenir d'expériences passées, un refus actuel de marcher dans la lumière. Quand l'Esprit vous avertit, arrêtez-vous et redressez ce qui est tortueux, sinon, inconsciemment vous l'attristeriez.

Si Dieu vous fait passer par une épreuve et que vous avez presque remporté la victoire, mais pas pleinement, il vous soumettra alors à une nouvelle épreuve, mais il parlera moins fort que la première fois. Vous sentirez moins vivement la présence de Dieu et l'humiliation de ne pas lui avoir obéi sera plus grande. En continuant à attrister ainsi l' Esprit, le moment viendra où l'épreuve cessera parce que vous aurez attristé et éloigné l'Esprit. Mais si vous triomphez de l'épreuve, l'heure viendra où vous pourrez chanter à Dieu un cantique de louanges ! N'ayez aucune pitié pour ce qui déplaît à Dieu. Laissez Dieu vous en débarrasser, même si vous devez en souffrir .

14 Août
Châtiment

Ne méprise pas le châtiment du Seigneur, et ne perds pas courage lorsqu'il te reprend.

Hébreux 12.5

Rien n'est plus facile que d'éteindre l'Esprit ; nous le faisons en méprisant le châtiment du Seigneur, en perdant courage quand il nous reprend. Si nous n'avons qu'une expérience superficielle de la sanctification, nous prenons l'apparence pour la réalité ; et quand l'Esprit de Dieu commence à nous avertir, nous disons : « Cela doit venir du diable » !

N'éteignez pas l'Esprit, et ne le méprisez pas quand il vous dit : « Ne continue pas à être aveugle sur ce point ; tu n'es pas aussi avancé que tu le crois. Jusqu'ici, il ne m'a pas été possible de te le révéler, mais je le fais maintenant ». Quand le Seigneur vous corrige ainsi, soumettez-vous à lui docilement. Laissez-le rétablir entre vous et lui des relations normales.

« Ne perds pas courage quand il te reprend ». Nous nous mettons à bouder Dieu, et nous disons : « Ce n'est pas ma faute. J'ai prié, et les choses ont mal tourné ; je vais tout abandonner ». Réfléchissez à ce qui arriverait si nous parlions ainsi, dans n'importe quel autre domaine de la vie !

Suis-je prêt à laisser Dieu me saisir par sa puissance, et faire en moi une œuvre digne de Lui ? La sanctification n'est pas ce que je veux que Dieu fasse pour moi ; mais bien ce que Dieu veut faire pour moi selon sa propre pensée. Il faut qu'il amène mon âme et mon esprit à une soumission telle que, coûte que coûte, je le laisserai libre de me sanctifier totalement.

15 Août
Les signes de la nouvelle naissance

Il faut que vous naissiez de nouveau.

Jean 3.7

La réponse à la question : « Comment un homme peut-il naître, quand il est vieux ? », est : « Quand il est assez vieux pour mourir », c'est-à-dire, pour renoncer à ses prétendus droits, à ses vertus, à sa religion, à tout, pour recevoir en lui une vie qu'il ne connaissait pas auparavant. La vie nouvelle se manifeste par une repentance consciente, et une inconsciente sainteté.

« À tous ceux qui l'ont reçu... » (Jean 1.12) Ma connaissance de Jésus est-elle née en moi d'une intuition spirituelle et personnelle, ou bien est-ce seulement ce que j'ai appris en écoutant les autres ? Ai-je quelque chose dans ma vie qui me rattache directement au Seigneur Jésus comme à mon Sauveur personnel ? C'est là l'assise de toute vie spirituelle. Être né de nouveau, c'est voir Jésus.

« Si un homme ne naît de nouveau, il ne peut voir le Royaume de Dieu ». (Jean 3.3) Est-ce que je recherche les signes du Royaume, ou est-ce que je perçois la volonté de Dieu ? Grâce à la nouvelle naissance une vision nouvelle me permet de discerner la volonté de Dieu. Son règne existe de tout temps, et tient à la nature même de Dieu ; mais maintenant que je participe à sa nature, je le discerne clairement

« Quiconque est né de Dieu ne pratique pas le péché ». (1 Jean 3.9) Est-ce que je m'efforce de ne plus pécher, ou est-ce que vraiment je ne pèche plus ? Être né de Dieu, c'est avoir reçu un pouvoir surnaturel de Dieu, pour ne plus pécher . La Bible ne demande pas : « Un chrétien peut-il encore pécher » ? Elle affirme catégoriquement : Un chrétien ne doit pas pécher. La nouvelle naissance a pour résultat que nous ne pratiquons pas le péché ; non seulement nous avons reçu le pouvoir de ne pas pécher, mais nous avons cessé de pécher . 1 Jean 3.9, ne signifie pas que nous ne pouvons plus pécher ; cela veut dire que si nous obéissons à la vie nouvelle que Dieu a mise en nous, le péché n'a plus de pouvoir sur nous.

16 Août
Me connaît-il ?

Il appelle par leur nom les brebis...

Jean 10.3

Jésus me connaît-il, même quand je me suis lamentablement mépris sur son compte ? (Jean 20.17) Il est possible de connaître à fond toute la doctrine chrétienne, et cependant de ne pas connaître Jésus. Notre âme est en danger lorsque la doctrine prend le pas sur notre intime contact avec Jésus. Pourquoi Marie de Magdala pleurait-elle ? Elle ne savait rien de la doctrine. N'importe quel Pharisien aurait pu aisément se moquer d'elle sur ce point, mais il n'aurait pu ébranler cette certitude : Jésus avait chassé d'elle sept démons. Cependant ce bienfait n'était rien auprès de sa personne-même. Marie vit Jésus debout, près d'elle, mais elle ne savait pas que c'était Lui... ; dès qu'elle entendit sa voix, elle sut qu'elle avait déjà rencontré celui qui parlait, et elle cria : « Maître ! »

Jésus me connaît-il, même quand je me suis entêté à douter ? (Jean 20.27) Ai-je eu des doutes sur un point particulier de l'action de Jésus ? Une expérience dont d'autres auraient rendu témoignage, mais que je n'ai pas faite moi-même ? Les autres disciples dirent à Thomas qu'ils avaient vu Jésus, mais il persista dans le doute : « Si je ne vois... je ne croirai pas » (Jean 20.25). Thomas eut besoin de voir Jésus de ses yeux, de le toucher. Jésus accorde parfois ce contact précieux, mais nous ne pouvons le savoir d'avance. Lorsque cette expérience se produit, nous nous écrions « Mon Seigneur et mon Dieu » !

Jésus me connaît-il, même quand je l'ai égoïstement renié ? (Jean 21.15 à 17) Pierre avait renié Jésus avec des serments et des imprécations ; et cependant, après la résurrection, Jésus apparut à Pierre, seul. Il lui pardonna, d'abord en particulier, puis devant les autres. « Seigneur, tu sais que je t'aime ! »
Est-ce que je connais personnellement Jésus-Christ ? Ce qui caractérise le vrai disciple est une connaissance du Christ que rien ne peut ébranler .

17 Août
Avez-vous perdu courage ?

*Il te manque encore une chose ; vends tout ce que tu as..., puis viens
et suis-moi.*

Luc18.22

« Lorsque le jeune homme riche entendit ces paroles... » Avez-vous jamais entendu le Maître prononcer une parole dure ? Si vous répondez non, je me demande si vous l'avez jamais entendu dire quoi que ce soit. Jésus-Christ nous dit beaucoup de choses que nous entendons, sans les écouter vraiment ; quand nous y prêtons attention, . ses paroles sont étonnamment dures.

Jésus ne semble pas avoir, le moins du monde, pressé cet homme de faire ce qu'il lui avait dit ; il n'a pas essayé de le garder près de lui. Il lui a simplement dit : « Vends tout ce que tu as, puis viens, et suis-moi ». Notre Seigneur ne supplie ni ne cajole, jamais il n'essaie de séduire : Il dit simplement les paroles les plus sévères que des oreilles humaines aient jamais entendues, puis s'en tient là.

Ai-je jamais entendu Jésus dire une parole dure ? M'a-t-il parlé, à moi personnellement, et l'ai-je écouté avec toute mon attention ? Non pas une parole que je puisse exposer à d'autres, mais quelque chose qui était bien pour moi, Cet homme comprit ce que Jésus disait, il l'entendit et en mesura la portée, et cela lui brisa le cœur. Il partit, non pas révolté, mais tout triste, entièrement découragé. Il était venu à Jésus plein d'ardeur, et la parole de Jésus le glaça ; sa piété enthousiaste céda au découragement. Et Jésus n'insista pas, il le laissa partir. Le Seigneur sait parfaitement que, une fois que sa parole a été entendue, elle portera du fruit, tôt ou tard. Il est dommage que plusieurs d'entre nous empêchent le fruit de mûrir. Mais si nous revenons à l'obéissance, Jésus ne nous fera aucun reproche.

18 Août
Muet de tristesse

Lorsqu'il entendit ces paroles, il devint tout triste, car il était très riche.

Luc 18.23

Le jeune homme riche s'en alla muet de tristesse ; il n'avait rien à dire. Ce que Jésus lui avait dit était clair ; aucun doute possible. Cela produisit en lui une tristesse si grande qu'il était sans paroles. Êtes-vous jamais passé par là ? Dieu vous a-t-il parlé sévèrement au sujet de ce qui fait votre richesse : vos facultés, vos dons naturels, une amitié personnelle, une affection ? Avez-vous été muet de tristesse ? Le Seigneur ne vous pressera pas, ne plaidera pas sa cause, mais à chaque occasion, il vous répétera simplement : « Si tu veux vraiment venir, tu connais les conditions ».

« Vends tout ce que tu as... » Dépouillez-vous moralement devant Dieu de tous vos biens, et cela fait, tel que vous êtes donnez-vous à Dieu. Il faut pour cela livrer combat à soi-même, pour soumettre notre volonté à celle de Dieu. Êtes-vous plus attaché à votre propre idée des exigences de Jésus, qu'à lui-même ? Une telle disposition intérieure obligera Jésus à vous adresser une parole dure, qui produira en vous une grande tristesse. Ce que Jésus dit est pénible et ne peut être facilement accepté sauf par ceux qui ont reçu sa nature. N'atténuez jamais la sévérité d'une parole de Jésus.

Je peux mettre ma richesse en bien des sentiments divers : Dans l'orgueil d'être pauvre, de n'être rien, ou bien d'être quelqu'un. Chacune de ces fausses richesses m'empêchera d'être le disciple de Jésus. Il faut que je me dépouille de tout, même de l'orgueil du dépouillement. Le découragement n'est qu'un égoïsme déçu. La fierté de me dévouer pour Jésus peut être une forme d'égoïsme.

19 Août
Êtes-vous préoccupé de vous-même ?

Venez à moi.

Dieu veut que notre vie ait pour centre Jésus-Christ ; mais nous subissons, par moments, des pressions extérieures, et nous retombons alors dans l'introspection, dont nous pensions être délivrés. Cette préoccupation de nous-mêmes est la première chose qui vient troubler la plénitude de notre vie en Dieu, et elle provoque une lutte continuelle. La préoccupation de nous-mêmes n'est pas un péché ; elle peut résulter d'un tempérament nerveux, ou du choc inopiné de circonstances nouvelles. La volonté de Dieu, c'est que nous soyons parfaits en lui. Tout ce qui trouble notre sérénité doit être corrigé, et le remède n'est pas d'ignorer le mal, mais d'aller à Jésus. Si nous allons à lui, et que nous lui demandons de remplacer en nous la préoccupation de nous-mêmes par la recherche de sa présence, il le fera, jusqu'à ce que nous ayons appris à demeurer en lui .

Ne consentez jamais à ce que votre vie en Christ ne soit diminuée, ou partagée, sans y porter remède. Ne laissez rien venir entre le Christ et vous, ni vos amis, ni vos circonstances. Ne laissez rien perdre, rien échapper de votre communion directe avec lui. Vous risqueriez de retomber dans la préoccupation de vous-même. Rien n'est plus important que de rester honnête avec soi-même dans le domaine spirituel. Le remède souverain est tout simple : « Venez à moi ». Notre vraie valeur, sur le plan intellectuel, moral et spirituel, est révélée par ces quelques mots. Si quelque chose en nous n'est pas vrai, nous sommes tentés de discuter plutôt que d'aller simplement à Jésus.

20 Août
Plénitude

Je vous donnerai du repos.

Matthieu 11.28

Chaque fois que quelque chose vient affaiblir votre communion avec Jésus-Christ, tournez-vous aussitôt vers lui, et demandez-lui de vous donner sa sérénité. Ne tolérez pas que quoi que ce soit en vous, trouble cette paix. Traitez tout élément de discorde qui s'insinue entre Jésus et vous, comme une chose à combattre et non à supporter. Demandez au Seigneur de mettre sa nature en vous, et votre propre nature disparaîtra, il sera tout en vous. La préoccupation de soi engendre insensiblement la pitié pour soi-même, qui vient de Satan. « On ne me comprend pas ! Sur ce point-là, on me doit des excuses ! Il faut que ce soit tiré au clair ! » Laissez donc les autres tranquilles, et demandez au Seigneur de mettre en vous la nature du Christ. Il vous soutiendra, jusqu'à ce que vous soyez rempli de sa plénitude.

La vie chrétienne parfaite est celle de l'enfant. Quand je me préoccupe trop de ce qui se passe en moi, cela va mal. C'est le malade qui connaît la valeur de la santé. L'enfant de Dieu ne se préoccupe pas de savoir ce qu'est la volonté de Dieu, car il est lui-même dans la volonté de Dieu. Quand nous nous écartons si peu que ce soit de la volonté de Dieu, nous nous mettons à lui dire : « Quelle est ta volonté ? » Un enfant de Dieu ne prie pas pour que Dieu lui démontre qu'il répond à la prière ; il est sans inquiétude, sachant que Dieu répond toujours.

En essayant de combattre notre égoïsme par les méthodes dictées par le bon sens, nous le développons au contraire. Jésus dit : « Venez à moi, et je vous donnerai du repos » ; c'est-à-dire : la nature de Christ prendra la place de notre propre nature. Partout où Jésus passe, il apporte le repos ; le repos d'une activité parfaite, d'où tout amour de soi-même est absent .

21 Août
Le ministère des humbles

Heureux les pauvres en esprit.

Le Nouveau Testament met en valeur des choses qui, selon nos critères humains, ne comptent pas. « Heureux les pauvres en esprit », littéralement : « heureux les indigents », - le rebut de la société. La prédication, aujourd'hui, vante la volonté, la beauté du caractère, ce que tout le monde remarque et admire. La phrase que nous entendons si souvent : « Décidez-vous pour Christ », met l'accent sur un sentiment auquel notre Seigneur ne s'est jamais fié. Il ne nous demande jamais de nous décider pour lui, mais de nous abandonner à lui, ce qui est tout différent. À la base du royaume de Jésus-Christ, il y a la beauté inconsciente des humbles. Ce qui fait que je suis du nombre des heureux, c'est ma pauvreté. Si je me rends compte que je n'ai ni force de volonté, ni noblesse de caractère, Jésus me proclame « heureux », car c'est ma pauvreté qui m'ouvre l'accès de son Royaume. Je peux y entrer non grâce à mes vertus, mais grâce à mon indigence.

La beauté spirituelle qui glorifie Dieu est une chose dont celui qui la possède ne se rend même pas compte. Celui qui a conscience d'exercer une influence est un prétentieux, étranger à l'esprit chrétien. Quand je dis : « Qui sait si je suis utile ! », ma vie spirituelle perd aussitôt sa fraîcheur. « Celui qui croit en moi, des fleuves d'eau vive couleront de son sein ». Si j'examine et analyse cette eau vive, je perds la bénédiction du Seigneur.

Qui sont ceux qui ont exercé sur nous la plus profonde influence ? Non pas ceux qui en avaient conscience, mais ceux qui ne s'en rendaient pas compte. Le chrétien qui a de la valeur n'en a pas conscience ; celui qui pense avoir de la valeur perd cette pure et simple beauté qui révèle la présence de Jésus. Jésus se révèle à nous par ceux qui sont les plus humbles.

22 Août
« Pour moi… mais Lui… »

Pour moi, je vous donne un baptême d'eau… mais Lui vous donnera un baptême d'Esprit saint et de feu.

Matthieu 3.11

Y a-t-il eu un moment dans ma vie où j'ai pu dire : « Pour moi… mais Lui… » ? Il le faut pourtant pour que je puisse comprendre ce qu'est le baptême du Saint-Esprit. « Pour moi… » je suis au bout de mes capacités, je suis devant l'impossible. « Mais Lui… » il entre en scène à ce moment, il fait ce que Lui seul peut faire. Suis-je prêt pour sa venue ? Jésus ne peut pas venir si je n'ai pas déblayé le chemin devant lui, si je n'ai pas mis de côté tout ce qui est en moi, le bien comme le mal, le mal comme le bien. Suis-je prêt à le laisser projeter la lumière sur tous mes péchés ? C'est là justement qu'il vient à moi. Là où je me reconnais coupable, il se donne à moi. Là où je me crois sans reproche, il s'éloigne.

La repentance n'amène pas tant la conviction du péché que le sentiment d'une incroyable indignité. Quand je me repens, je sens que je ne suis capable de rien de bon ; je ne suis même pas digne de Lui porter ses sandales. Me suis-je vraiment repenti de cette façon ? Ou subsiste-t-il en moi comme une vague idée que je puis être bon à quelque chose ? Tant que ma repentance n'est pas radicale, Dieu ne peut pas entrer dans ma vie.

« Mais Lui vous donnera un baptême d'Esprit Saint et de feu ». Jean ne parle pas d'une expérience, d'une impression que nous éprouverions, mais d'une action de Jésus-Christ : « Lui vous donnera… » La seule impression consciente de ceux qui reçoivent le baptême du Saint-Esprit, c'est celle de leur absolue indignité.

« Pour moi… » j'étais ce que j'étais, bon à rien. « Mais Lui… » est venu, et le miracle s'est produit. Laissez-le seulement agir en vous.

23 Août
Ce qui s'oppose en nous à la prière

Toi, quand tu pries, entre seul dans ta chambre, comme fit Élisée, ferme bien ta porte et alors prie ton Pare qui est là, avec toi, dans ta solitude cachée.

Matthieu 6.6

Jésus n'a pas dit : « Rêve au sujet de ton Père céleste, dans ta solitude cachée », mais bien : « Prie ton Père… » La prière véritable suppose un grand effort de volonté. Une fois dans notre chambre, `une fois la porte fermée, le plus difficile, c'est de prier. Notre pensée ne se laisse pas discipliner, et ce qui fait d'abord obstacle à la prière, c'est la sarabande échevelée de toutes nos idées vagabondes. C'est là qu'il faut lutter avec énergie, pour balayer toute cette rêvasserie, pour concentrer toute notre pensée, pour prier enfin de toute notre volonté.

Il nous est bon d'avoir un endroit à nous pour nous recueillir. Mais dès que nous y sommes, toutes sortes de pensées importunes nous assaillent comme des mouches : « Il faut faire ceci… il faut faire cela… » Jésus nous dit : « Ferme bien ta porte ». Cela veut dire avant tout : « Ferme ta pensée à toutes ces mouches vagabondes, et ne pense plus qu'à Dieu ». Dieu est là, présent dans notre solitude, et Il nous voit, non pas comme nous nous voyons nous-mêmes, ni comme les autres nous voient, mais tels que nous sommes. Dans ce sanctuaire intérieur, nous ne pouvons plus douter de Dieu, il devient pour nous la certitude suprême. C'est là, et là seulement, nous dit Jésus, que nous rencontrons notre Père céleste. À peine entrés, nous voyons qu'Il est là. Apprenez à lui apporter toutes vos préoccupations. En vous réveillant le matin, laissez Dieu entrer en vous : votre journée en dépend. Priez votre Père qui est là, dans votre solitude cachée, et tous vos actes, toutes vos paroles porteront aux autres la présence de Dieu.

24 Août
La boussole indicatrice

Voyons, lequel d'entre vous, si son fils venait à lui demander du pain, songerait à lui donner une pierre ?

Matthieu 7.9

Notre Seigneur compare ici l'homme qui prie à un enfant normal qui fait une demande normale. L'enfant de Dieu n'est-il pas assuré d'avoir l'oreille de son Père ? Si Dieu ne vous exauce pas tout de suite, ne croyez pas qu'il ne veut pas le faire, ne vous laissez pas aller au découragement, mais consultez votre boussole. Êtes-vous en un rapport normal avec votre mari, avec votre femme, avec vos parents, avec `dos enfants, avec vos camarades ? « Oh ! Seigneur, dites-vous, je me suis laissé aller à la mauvaise humeur, mais j'ai tant besoin de réconfort spirituel » ! Vous ne l'obtiendrez pas tant que vous n'aurez pas rétabli en vous l'état normal.

Nous mêlons quelque révolte à notre adoration. Nous discutons, nous avons l'audace de discuter avec Dieu les conditions de notre abandon. Nous ne voulons pas regarder notre boussole. M'est-il arrivé de demander à Dieu de m'envoyer de l'argent pour acheter quelque chose dont j'ai envie, alors qu'il y a une dette que je n'ai pas payée ? Ai-je demandé à Dieu de m'accorder plus de liberté, alors que je prive de sa liberté quelqu'un de ma famille ? Je n'ai pas pardonné à telle personne. J'ai oublié le commandement de Jésus : « Tout ce que vous désirez que les autres fassent à votre égard, faites-le pareillement pour eux ». Je ne suis enfant de Dieu que grâce à la nouvelle naissance. Je ne suis enfant de Dieu que tant que je marche dans la lumière. La prière chez la plupart d'entre nous devient du patois de Canaan, une sorte de vague excitation mystique. Notre vie spirituelle est une fabrique de brouillards. Si nous regardons la boussole, nous verrons ce qui n'est pas en règle : telle dette, telle amitié, telle inclination. La prière ne sert à rien, si nous ne vivons pas en enfants de Dieu.

25 Août
L'amitié féconde

Je vous ai appelé mes amis.

Jean 15.15

Pour connaître la joie du sacrifice, il faut absolument que notre abandon soit complet. Renoncer entièrement à soi-même, que c'est difficile ! « Oui, je renoncerai, pourvu que... » - « Oui, je vois bien après tout qu'il me faut consacrer ma vie à Dieu ». Il ne peut pas y avoir la moindre joie dans un renoncement incomplet.

Mais dès que l'abandon est véritable, le Saint-Esprit nous ouvre la joie de Jésus. Le sacrifice de nous-mêmes doit aboutir à donner notre vie entière pour notre grand Ami. Quand le Saint-Esprit nous remplit le cœur, notre désir ardent est de donner notre vie pour Jésus. L'idée de sacrifice ne nous vient pas à la pensée, parce que l'amour qu'allume en nous le Saint-Esprit se donne tout entier sans le moindre effort.

Notre Seigneur est le parfait modèle d'une vie qui se donne tout entière : « Je prends plaisir, ô Dieu, à faire ta volonté ». Il a marché, avec une joie radieuse, sur la route du sacrifice total. Suis-je vraiment Soumis en tout à Jésus-Christ ? Si Jésus n'est pas mon étoile polaire, mon sacrifice ne servira de rien. Mais si j'ai les yeux toujours fixés sur lui, lentement, sûrement, je suis transformé à son image.

Il ne faut pas que vos inclinations naturelles viennent paralyser votre amour. Cela se voit même dans le domaine de l'amour humain, où certaines inclinations peuvent tuer l'amour. L'enfant de Dieu ne doit avoir d'inclination véritable que pour Jésus-Christ. L'amour pour Dieu n'est pas un simple caprice du cœur. Aimer Dieu comme Dieu nous aime, c'est agir : rien de plus pratique.

« Je vous ai appelé mes amis ». Amitié merveilleuse, qui n'a rien à faire avec notre ancienne vie. Amitié sereine et humble, pure devant Dieu.

26 Août
Vous arrive-t-il d'être troublé ?

Je vous laisse la paix, je vous donne ma paix.

Jean 14.27

Nous pouvons à certains moments nous croire en paix, par pure ignorance des maux qui nous environnent. Mais quand nous avons pris contact avec la vie réelle, alors la paix intérieure est impossible pour nous, si nous ne la recevons pas directement du Seigneur Jésus. Quand notre Seigneur nous parle de paix, elle se réalise immédiatement pour nous, car ses paroles sont « esprit et vie ». Ai-je reçu de Jésus ce calme parfait que lui seul peut donner ? Je vous donne ma paix. C'est une paix qui vient en nous lorsque nous regardons Son visage et que nous sommes illuminés par Sa sérénité.

Êtes-vous en ce moment douloureusement troublé ? Êtes-vous ballotté sur les flots, dans la tourmente ? Ou bien vous sentez-vous au milieu d'un désert aride, où vous grattez le sol, où vous retournez les rochers, sans pouvoir découvrir la moindre petite source ? De toute manière, vous êtes altéré de paix, de joie, de réconfort. Regardez au Seigneur Jésus et recevez de lui sa paix sereine. La preuve que vous êtes à Dieu, c'est justement que vous pouvez librement regarder à Jésus. Quand on n'est pas à Dieu, on ne peut regarder qu'à soi-même.

En ce moment même, regardez-vous à Jésus, pour qu'il vous éclaire et vous dirige dans chaque difficulté qui se présente ? Il vous donnera sa paix, qui rayonnera de vous sur les autres. Si au contraire vous vous tracassez et vous vous laissez aller à l'inquiétude, vous annulez l'influence de Jésus, et vous faites tout ce qu'il faut pour être malheureux. Regardez à Jésus et vos perplexités s'évanouiront devant sa sereine simplicité. « Que votre cœur ne se trouble point ».

27 Août
Vivre et agir

Marchez pendant que vous avez la lumière, de peur que les ténèbres ne vous surprennent.

Jean 12.35

Chaque fois que Dieu vous accorde un moment d'inspiration, il vous faut mettre en pratique à l'instant même ce que vous venez de recevoir, sans quoi la lumière qui vous est apparue se changera en ténèbres, « Si ta lumière intérieure est elle-même ténèbres, dans quelles ténèbres n'es-tu pas » ! Dès l'instant que vous laissez tomber la nécessité de la sanctification ou tout autre point sur lequel Dieu vous a éclairé, votre vie spirituelle se décompose peu à peu. Appliquez sans cesse chaque vérité que vous saisissez, appliquez-la dans tous les domaines, sans quoi chaque lumière que vous avez reçue deviendra pour vous une malédiction.

La personne sur laquelle on peut le moins agir, c'est celle qui, étant en possession d'une expérience chrétienne dont elle est contente et dont elle se contente, y revient sans cesse avec une satisfaction bourgeoise, et ne la met jamais en pratique. Vous dites que vous êtes sanctifié, montrez-le. Une expérience qui ne se manifeste pas au dehors n'est pas une expérience authentique, Méfiez-vous de toute croyance qui tend à vous rendre indulgent pour vous-même. Elle vient de Satan, si bonne apparence qu'elle puisse avoir.

La doctrine chrétienne doit se manifester dans nos moindres actions. « Si votre moralité, dit Jésus, ne surpasse pas celle des Scribes et des Pharisiens,. ». Autrement dit, votre moralité doit être supérieure à celle des gens qui affichent la plus haute moralité. Vous avez beau connaître sur le bout du doigt la doctrine de la sanctification, l'essentiel est de l'appliquer. L'Expiation est la norme suprême, d'après laquelle nous devons régler tous les détails de notre vie, à tous les points de vue.

28 Août
À quoi bon la prière ?

Seigneur, enseigne-nous à prier.

Luc 11.1

La prière ne fait pas partie intégrante de la vie naturelle. Il y a des gens qui prétendent que tout homme qui ne prie pas a le sentiment pénible que quelque chose lui manque. Pour moi, j'en doute fort. Ce qui souffrira de l'absence de prière, c'est la vie du Christ en lui, car cette vie-là n'est pas entretenue par la nourriture matérielle, mais par la prière, Quand un homme est né d'en haut, c'est la vie du Fils de Dieu qui est née en lui, et il peut ou bien nourrir cette vie nouvelle grâce à la prière, ou bien la faire périr d'inanition. Notre conception de la prière n'est pas celle du Nouveau Testament. Pour nous la prière est un moyen de nous procurer, à nous, ce qui nous manque. Dans la Bible, c'est un moyen pour nous unir à Dieu et nous aider à Le connaître.

« Demandez et vous recevrez ». Nous nous plaignons à Dieu, nous grognons, nous nous excusons, nous sommes parfois indifférents, mais nous demandons bien rarement. Notre Seigneur nous dit de ressembler aux petits enfants. Ah ! Ils n'ont pas peur de demander, ceux-là! Demander vraiment, c'est reconnaître qu'on ne peut rien par soi-même. Il y a bien peu de gens qui ont ce courage. Il s'agit de nous effacer devant Jésus-Christ, de lui laisser le champ libre. Quand nous ne savons plus où donner de la tête, il ne nous reste plus que la prière : ce n'est pas une lâcheté, c'est la seule manière d'entrer en contact avec la Réalité véritable. Allez à Dieu, dépouillé de votre suffisance, et comptez sur Lui.

Il n'est pas tout à fait exact de dire que la prière change le cours des événements. Elle me change, moi, et moi je change le cours des événements.

29 Août
L'épreuve de notre foi

Ne t'ai-je pas dit que, si tu crois, tu verras la gloire de Dieu ?

Jean 11.40.

Chaque fois que vous vous efforcez de vivre par la foi, vous rencontrez nécessairement des objections formulées par le bon sens et qui reposent sur les circonstances même où vous vous trouvez. Le bon sens est l'apanage de l'homme naturel, la foi celui de l'homme spirituel : les deux termes s'opposent. Avez-vous le courage de vous lier à Jésus-Christ alors que votre bon sens dit juste le contraire ? Acceptez-vous héroïquement de suivre Jésus-Christ, lorsque votre vie naturelle et votre bon sens vous crient : « Mais tout cela n'est que mensonge » ! Sur la montagne de la Transfiguration, on croit en la puissance de Dieu, mais redescendu dans la plaine, on rencontre les démoniaques, et tout paraît narguer et moquer votre foi. Chaque fois que mon programme de vie spirituelle m'apparaît clairement tracé, un fait surgit qui vient le contredire. Si je déclare que je me fie à Dieu pour subvenir à tous mes besoins, et puis que je me trouve sans un sou, et sans aucun espoir d'en trouver, que deviendra ma foi ? Soutiendra-t-elle l'épreuve ? Ou devra-t-elle capituler ?

Il faut que notre foi soit éprouvée, car elle ne devient vraiment mûre que par ce combat. À quelle épreuve est soumise en ce moment même votre foi ? Il faut qu'elle la traverse victorieusement, ou qu'elle périsse. « Heureux celui pour qui je ne serai pas une occasion de chute ». L'essentiel, c'est de se confier en Jésus. Croyez en lui fermement, et tous les obstacles ne pourront que fortifier votre foi. La vie du croyant n'est qu'une suite d'épreuves pour sa foi, et la dernière grande épreuve, c'est la mort. Dieu nous aide à l'affronter avec toutes nos armes, prêts à ce dernier combat ! La foi ne doute jamais de la fidélité de Dieu.

30 Août
Êtes-vous à Jésus-Christ ?

Toutefois ne vous réjouissez pas de ce que les esprits vous sont soumis, mais réjouissez-vous de ce que vos noms sont inscrits dans les cieux.

Luc 10.20

Jésus-Christ nous dit en somme : « Ne vous réjouissez pas de ce que vous avez pu remporter quelques succès dans votre ministère, mais réjouissez-vous de ce que vous êtes unis à Moi comme il faut l'être ». Le danger où nous sommes sans cesse exposés, dans le service de Dieu, c'est de nous réjouir des heureux résultats de notre ministère chrétien. Mais si vous êtes uni à Jésus de la bonne manière, vous êtes dans l'impossibilité de savoir ce que Dieu peut accomplir par votre intermédiaire. Car dans ce cas Jésus fait à tout moment couler de votre sein des fleuves d'eau vive, qui se répandent autour de vous, et dans sa miséricorde il vous épargne toute préoccupation à ce sujet, il vous dispense de rien savoir, il vous laisse dans l'ignorance. Vous savez, une fois que vous êtes sauvé, que c'est Dieu qui vous place là où vous êtes. Par l'influence que votre vie exercera sans que vous le sachiez, dans les circonstances où Dieu vous mettra, vous réaliserez son dessein, aussi longtemps que vous resterez dans la lumière.

Aujourd'hui l'on insiste volontiers sur l'idée qu'il faut servir Dieu. Méfiez-vous de ceux qui vous exhortent avant tout à être utiles à la cause de Dieu. En jugeant la vie de Jésus-Christ d'après ce critère, il n'y a jamais eu de pire banqueroute. Le but vers lequel le croyant doit tendre, ce n'est pas le service de Dieu, c'est Dieu lui-même. Ce qui importe, ce n'est pas votre travail, c'est le travail que Dieu fait à travers nous. Notre communion avec Dieu, c'est la seule chose dont Jésus tienne compte.

31 Août
Ma joie... votre joie...

...pour que ma joie demeure en vous, et que votre joie soit parfaite.

Jean 15.11

En quoi consistait donc la joie de notre Seigneur ? Aucun bonheur humain n'en peut approcher. La joie de Jésus consistait dans l'abandon total, dans l'entier sacrifice de lui-même à son Père ; c'était la joie de faire ce que le Père lui avait ordonné. « Faire ta volonté est tout mon plaisir ». Jésus demande à Dieu que notre joie puisse devenir parfaite, c'est-à-dire pareille à la sienne. Est-ce que je laisse Jésus-Christ répandre en moi sa joie ?

L'essentiel dans ma vie, ce n'est pas ma santé, ce ne sont pas les circonstances extérieures, c'est la connaissance de Dieu, et la parfaite communion avec Lui, pareille à celle que possédait Jésus. Le plus grand obstacle à cette communion, c'est le souci constant et fallacieux de scruter attentivement tous les événements de notre vie. Les soucis de ce monde, comme dit Jésus, étouffent en nous la parole de Dieu. Avant même que nous ayons pu nous reconnaître, nous sommes entraînés dans le tourbillon des vaines apparences. L'œuvre que Dieu a entreprise pour nous ne peut être vraiment réalisée que lorsque nous sommes devenus Ses témoins, capables de dire aux hommes qui est Jésus.

Soyez en communion avec Dieu, trouvez dans cette communion votre joie, et il coulera de vous des fleuves d'eau vive. Ne pensez plus à vous-même, et soyez l'instrument docile dont Jésus pourra se servir. Quittez tout orgueil, vivez de la vie cachée avec le Christ en Dieu. La vie normale du chrétien est aussi naturelle que la respiration du jeune enfant. Ceux dont l'influence est la plus bienfaisante sont ceux qui ne le savent pas.

1er Septembre
Nous sommes destinés à la sainteté

Soyez saints, car je suis saint.

1 Pierre 1.16

N'oubliez jamais le but véritable de votre vie. La destinée de l'homme ce n'est pas la santé, ce n'est pas le bonheur, c'est la sainteté. De nos jours, chacun de nous a beaucoup trop d'inclinations diverses, et nous nous laissons entraîner par elles. Ce sont là, il faut le reconnaître, des aspirations légitimes et belles, qui atteindront un jour leur satisfaction. Mais pour le moment Dieu doit les réprimer. Car la seule chose qui compte, dans chacune de nos vies, c'est notre attitude à l'égard du Dieu saint qui peut nous rendre saints.

Ai-je compris vraiment que je devais devenir saint ? Est-ce que je crois que Dieu peut venir habiter en moi et me rendre saint ? Si votre prédication me démontre que je suis loin de la sainteté, pourrai-je ne pas vous en vouloir ? L'Évangile nous exaspère en nous révélant notre misère, mais suscite en nous quand même une ardente soif de perfection. Dieu veut amener l'homme à la sainteté. Il veut fabriquer des âmes saintes. Dieu n'est pas simplement un distributeur de bénédictions. Ce n'est pas par pitié qu'il est venu sauver les hommes. Il est venu parce qu'il les avait créés pour la sainteté. Par la mort de Jésus-Christ l'Expiation s'accomplit, et Dieu peut nous rétablir dans une communion parfaite avec Lui, sans aucune ombre, en pleine lumière.

Par indulgence pour vous-même, ou pour les autres, n'acceptez jamais rien qui soit contraire à la sainteté de Dieu. La sainteté doit régner dans toutes nos démarches, dans toutes nos paroles, dans toutes nos pensées. Chaque détail de votre vie doit être tel que Dieu puisse l'approuver. La sainteté ne doit pas être seulement intérieure, elle doit se manifester au dehors.

2 Septembre
La vie offerte en sacrifice

Celui qui croit en moi, de lui s'échapperont des fleuves d'eau vive.

Jean 7.38

Remarquez que Jésus ne dit pas : « Celui qui croit en moi recevra en lui toute la plénitude des bienfaits de Dieu », mais bien : « De lui s'écoulera, de lui s'échappera tout ce qu'il recevra ». Notre Seigneur ne veut pas que l'homme se cherche lui-même, se réalise lui-même. Son but n'est pas de faire croître et de perfectionner la nature humaine. Son but est de recréer l'homme à son image, et la nature du Fils de Dieu, c'est de se dépenser tout entier, de se donner tout entier. Si nous croyons en Lui, ce n'est pas ce que nous acquérons qui a de l'importance, c'est ce qu'il répand à travers nous. Ce n'est pas le succès apparent dont il faut tenir compte, c'est seulement ce que Dieu répand à travers nous, et cela, il nous est tout à fait impossible de le mesurer.

Quand Marie de Béthanie brisa le vase d'albâtre et répandit le précieux parfum sur la tête de Jésus, c'était là un acte insensé, sans rime ni raison. Les disciples protestaient contre ce gaspillage. Mais Jésus loua Marie et son geste d'adoration : « Partout où sera prêché l'évangile, dans le monde entier, on racontera ce qu'elle a fait ». Le Seigneur ne se connaît plus de joie lorsqu'il voit l'un de nous faire comme Marie, ne plus songer à soi, se donner tout à lui. Dieu a versé le sang de son Fils pour sauver le monde. Sommes-nous prêts à donner pour Lui notre vie ?

« Celui qui croit en moi, de lui s'échapperont des fleuves d'eau vive ». Et ces fleuves d'eau vive désaltéreront des centaines d'âmes assoiffées. Consentirons-nous à répandre ainsi notre vie pour les autres ?

3 Septembre
Tout ce que Dieu me donne, je dois le répandre en son honneur

Ils apportèrent cette eau à David ; mais il refusa d'en boire et il la répandit en l'honneur de l'Éternel.

2 Samuel 23.16

À cette eau précieuse, tirée du puits de Bethléem, vous pouvez comparer tous ces précieux dons de Dieu : l'amour, l'amitié, les bénédictions spirituelles. Est-ce que vous vous en emparez, au péril de votre âme, pour vous en assouvir égoïstement ? Alors il ne vous est plus possible de les répandre devant Dieu. Vous ne pouvez plus offrir à Dieu, comme une sainte offrande, ce que vous vous réservez pour votre propre satisfaction. Le bienfait de Dieu, ainsi réservé, vous empoisonnera. Il vous faut le sacrifier, le répandre, en faire ce qui, pour te bon sens, est un absurde gaspillage.

De quelle façon puis-je répandre devant le Seigneur l'amour humain ou la grâce divine ? Par la manière même dont je les considère. Il y a certains bienfaits qui nous viennent des autres et que nous n'oserions pas accepter si nous ne connaissions pas Dieu, parce que nul pouvoir humain n'est capable de les rendre. Mais il me suffit de dire : « C'est trop beau pour moi, c'est trop beau pour une créature humaine je veux le répandre devant te Seigneur ». Et tout cela se répand autour de moi comme des fleuves d'eau vive. Tant que je n'ai pas fait à Dieu cette offrande, je risque de faire du mal à ceux que j'aime comme à moi-même, parce que tout cela se transforme en convoitises. Il y a des convoitises même dans les plus nobles aspirations. L'amour lui-même doit être transfiguré, et répandu devant le Seigneur.

Ne gardez pas pour vous les bienfaits du Seigneur.

4 Septembre
Sommes-nous à Lui ?

Ils étaient à Toi ; Tu me les as donnés.

Jean 17.6

Le missionnaire est quelqu'un en qui, par l'action du Saint-Esprit, s'accomplit cette parole : « Vous n'êtes pas à vous-mêmes ». Pour pouvoir dire de tout son cœur : « Je ne suis plus à moi-même », il faut avoir atteint un niveau élevé dans la vie spirituelle. Dans le tourbillon où nous sommes appelés à vivre aujourd'hui, nous n'avons qu'une manière de nous en tirer, c'est de faire régner sur nous un autre que nous, qui est Jésus-Christ. Tout ce que le Saint-Esprit me révèle de Jésus, c'est pour que je sois uni à Lui d'une façon toujours plus parfaite et non pas pour qu'on puisse m'exposer dans une vitrine comme un mannequin. Notre Seigneur n'a jamais envoyé ses disciples en mission à cause de ce qu'il avait fait pour eux. Ce n'est qu'après la résurrection, quand les disciples, par l'action du Saint-Esprit, eurent enfin saisi la vraie nature de Jésus-Christ, qu'Il peut leur dire : « Allez maintenant » !

« Quiconque vient à moi et ne hait pas… père, mère, ….sa propre vie, il ne peut être mon disciple ». Jésus ne dit pas : « il ne peut être honnête et bon » ; il veut dire : « il ne peut être un homme sur lequel je puisse mettre cet écriteau : il est à Moi ». Chacune des affections que Jésus indique peut faire concurrence à mon attachement pour Lui. Je puis préférer à Jésus ma mère, ou ma femme, ou ma propre vie. « En ce cas, dit Jésus, tu ne peux pas être mon disciple. Tu peux encore être sauvé, mais tu ne peux pas être à Moi ».

Notre Seigneur fait de chacun de ses disciples son bien, sa chose, un prolongement de son être. « Vous serez mes témoins ». Il ne s'agit pas de faire quoi que ce soit pour Jésus, mais d'être tel qu'on lui donne de la joie. Le vrai missionnaire est celui qui appartient à Jésus, et à travers lequel Jésus peut agir.

Soyez à Lui totalement.

5 Septembre
Comment le missionnaire doit veiller

Veillez avec moi.

Matthieu 26.40

« Veillez avec moi », dit Jésus. « Non pas avec aucune préoccupation personnelle, mais simplement et entièrement avec moi ». Au début de notre vie chrétienne, nous ne savons pas veiller avec Jésus ; nous veillons seulement pour attendre sa venue, Nous ne savons pas veiller avec lui dans notre étude de la Bible et de ses révélations ; dans chacune de nos circonstances. Quand notre Seigneur veut nous amener à nous unir à lui dans telle ou telle angoisse, pareille à celle de Gethsémani, nous reculons. Nous lui disons : « Oh ! Non, Seigneur, pourquoi me demander cela ? C'est trop terrible ». Comment veiller en communion avec quelqu'un que nous ne comprenons pas ? Comment veiller avec Jésus à Gethsémani, quand le but de son agonie nous est incompréhensible ? Nous ne savons pas veiller avec lui. Nous voulons seulement qu'il veille avec nous.

Les disciples aimaient Jésus pour autant que le permettait leur capacité naturelle, mais son but leur échappait entièrement. Au jardin de Gethsémani, ils s'endormirent, accablés par leur propre douleur. Après trois ans d'intimité avec Jésus, « ils l'abandonnèrent tous et s'enfuirent ».

« Ils furent tous remplis du Saint-Esprit », lisons-nous dans les Actes. Ce sont les mêmes hommes, mais entre deux il s'est produit trois choses merveilleuses : la mort, la résurrection, l'ascension de Jésus. Maintenant, grâce à l'effusion de l'Esprit, ils sont revêtus de puissance, ils ont appris pour tout le reste de leur vie à communier et à veiller véritablement avec Jésus.

6 Septembre
La vie qui se répand au loin

Des fleuves d'eau vive.

Jean 7.38

Les eaux d'un fleuve parviennent en des régions si lointaines que ceux qui habitent à sa source n'en ont jamais entendu parler. Jésus nous dit que si nous croyons en lui, si petits que nous soyons, il nous donnera le pouvoir de répandre la vie de l'âme jusqu'aux extrémités de la terre. Ce n'est certes pas nous qui produisons le fleuve ou qui en dirigeons le cours. « L'œuvre de Dieu, c'est que vous croyiez... » Dieu permet bien rarement à une âme de se rendre compte à quel point elle fait du bien aux autres.

Un fleuve ne se laisse jamais arrêter, il triomphe de tous les obstacles. Tant qu'il le peut, il poursuit régulièrement son large cours. Survient une barrière : il suspend son cours un peu de temps, mais bientôt il a trouvé moyen de tourner l'obstacle. Quelquefois il disparaît aux yeux, s'engouffre sous terre, et reparaît après plusieurs kilomètres, plus large et plus majestueux que jamais. Il y a autour de vous des vies dont Dieu se sert, mais la vôtre semble arrêtée par un obstacle, et tout à fait inutile. Fixez vos regards sur Celui qui est la source de votre vie. Dieu vous fera contourner l'obstacle ou l'enlèvera de votre route. Le fleuve de l'Esprit triomphe de tous les obstacles. Ne tenez pas vos yeux fixés sur la difficulté qui vous arrête. Mais regardez à la source, et le fleuve continuera de couler, sans se préoccuper d'aucun obstacle, Mais que rien ne vous sépare de Jésus-Christ, la Source suprême. Que rien n'intervienne entre vous et lui.

Quelle chose admirable qu'il puisse sortir de nos faibles petites âmes des fleuves abondants d'eau vive ! Dieu nous révèle des vérités merveilleuses, et chacune d'elles nous indique mieux et la puissance et la fécondité de ces fleuves de vie. Croyez en Jésus, et Dieu mettra en vous, pour les répandre sur les autres, les inépuisables richesses de sa grâce.

7 Septembre
La source et le fleuve

L'eau que je lui donnerai deviendra en lui une source jaillissante...

Jean 4.14

Si nous laissons Jésus nous remplir de sa grâce, elle ira se répandre en d'autres âmes, avec autant d'abondance que nous la recevons nous-mêmes. Si ce n'est pas le cas, regardez en vous : il y a en vous quelque obstacle. Si vous vous tenez tout près de la Source, vous recevrez, non pas pour vous, mais pour les autres, de~ fleuves d'eau vive, dont rien ne pourra arrêter le cours.

Il faut que la vie que Jésus nous donne passe sans cesse, à travers nous, jusqu'aux autres. Beaucoup d'entre nous sont comme la mer Morte, qui reçoit toujours et ne donne jamais. Nous n'avons pas à l'égard de Jésus l'attitude qu'il faut. Si nous croyons en lui sans réserve, il nous l'a promis, des fleuves d'eau vive couleront de notre sein, qui se répandront sur les autres. Il ne s'agit pas d'un bienfait que l'on transmet, d'une expérience dont on fait part, non, il s'agit d'un fleuve qui coule sans cesse. Tenez-vous seulement tout près de Jésus, et vous aurez en abondance tout ce qu'il faudra pour les autres, votre vie ne connaîtra ni la sécheresse, ni la stérilité.

Mais vous vous récriez : « Comment d'un simple individu, d'un modeste croyant peut-il sortir des fleuves d'eau vive. Où sont-ils, ces fleuves ? Je ne les vois pas ». Ne cherchez pas à mesurer votre capacité, ni les puissances que Dieu peut mettre en vous. Dans l'histoire du royaume de Dieu, vous verrez que ce sont les âmes les plus obscures, les plus inconnues, les plus humbles, mais les plus fidèles à Jésus-Christ, par lesquelles il a réalisé les plus grandes choses.

8 Septembre
Ce qu'il me faut démolir en moi

Les armes dont je me sers ne sont point charnelles, mais leur divine puissance renverse les forteresses. Par elles je démolis les raisonnements hardis qui s'élèvent comme des remparts contre la connaissance de Dieu.

2 Corinthiens 10.4-5

Être délivré du péché, ce n'est pas être délivré de la nature humaine. Il y a en nous certains préjugés, que nous devons laisser tomber, en les écartant de notre pensée. Il y a des inclinations que nous devons détruire par la violence, celle du Saint-Esprit. Il y a certains penchants que nous n'avons pas à combattre, mais à laisser dormir, en comptant que Dieu nous en délivrera. Mais toute théorie, toute conception qui se dresse comme un rempart contre la connaissance de Dieu, nous devons la démolir, par la puissance divine et non pas par des compromis ou des moyens charnels.

La lutte ne commence que lorsque Dieu nous a changés, et qu'il a commencé de nous sanctifier. Le combat que nous avons à livrer n'est pas un combat contre le péché : celui-là c'est Jésus-Christ notre Rédempteur qui s'en charge. La lutte dans laquelle nous avons à nous engager a pour but de nous faire passer de la vie naturelle à la vie de l'Esprit ; cette lutte n'est point facile, et Dieu ne veut pas qu'elle le soit. Nous avons à choisir sans cesse entre deux directions opposées. Car Dieu, en nous purifiant du péché, nous donne seulement l'innocence, c'est-à-dire la possibilité du bien. Nous avons à réaliser ce bien, en forgeant nous-mêmes notre caractère. Dans cette lutte, nous trouvons devant nous les remparts de nos préjugés humains et de nos convictions humaines, que nous devons démolir les uns après les autres. C'est ainsi seulement que nous pouvons entrer dans le royaume de Dieu.

9 Septembre
Ce qu'il me faut discipliner en moi

Par elles, je soumets toutes mes pensées au Christ, pour qu'elles lui obéissent comme des esclaves.

2 Corinthiens 10.5

Et voici maintenant un autre aspect de cette lutte courageuse qui caractérise la sainteté. Chacune de mes pensées, chacun de mes projets, je dois les soumettre au joug du Christ. Combien de chrétiens aujourd'hui prétendent travailler pour Dieu, qui ne sont guidés que par leurs inclinations naturelles, sans se soumettre à la discipline du Christ ! Dans la vie de notre Seigneur, tout était soumis à la volonté de son Père. Il n'y avait en lui pas un seul élan, pas une seule inclination provenant d'une volonté personnelle qui aurait été distincte de celle de Dieu.

« Le Fils ne peut rien faire par lui-même ». Quelle différence, si nous nous comparons à lui ! Sous l'influence d'une impression vive, nous nous mettons à l'œuvre, immédiatement, poussés par un élan instinctif, au lieu de soumettre chacun de nos projets à la discipline du Christ.

À l'heure actuelle, on attache trop d'importance à l'activité pratique pour elle-même, et l'on juge sévèrement les croyants qui attendent pour agir d'avoir fait de chacun de leurs projets un esclave du Christ : on refuse de les prendre au sérieux. Mais ce qui importe par-dessus tout, c'est d'obéir à Dieu, et non pas de s'imaginer qu'on travaille pour lui, alors qu'on ne fait que suivre les impulsions de sa nature indisciplinée. C'est une chose incroyable que des chrétiens puissent agir ainsi, sans soumettre à la discipline de Dieu leurs actes et leurs projets.

Nous oublions trop facilement que si chacun de nous tient son salut de Jésus-Christ, Jésus-Christ doit aussi transformer toute sa pensée ; qu'il doit arriver à concevoir Dieu, Satan, le péché, le monde, tout enfin, du point de vue de Jésus-Christ.

10 Septembre
Les munitions du missionnaire

Alors que tu étais sous le figuier, je t'ai vu.

Jean 1.48

Nous devons adorer Dieu partout où nous sommes, à chaque occasion, sous le figuier ou ailleurs. Nous nous imaginons que si nous étions tout à coup soumis à une grande épreuve, nous serions tout de suite à la hauteur. Mais l'épreuve ne créera rien de nouveau en moi, elle ne fera que révéler ce qui s'y trouve déjà. Vous ne serez à la hauteur, à ce moment-là, que si vous avez été fidèle dans la période de préparation, dans l'humble laboratoire de la vie quotidienne. Il vous faut, à chaque instant, vous acquitter fidèlement de votre humble tâche, et quand l'épreuve viendra, elle fera voir ce qu'il y a en vous.

L'adoration, la prière, la communion avec Dieu, ce sont là nos munitions essentielles. Le moment viendra pour vous où vous ne pourrez plus vous recueillir sous votre figuier, où vous serez pris tout entier dans le fracas et dans le tumulte de la bataille, et où vous ne serez bon à quelque chose que si vous vous êtes entraîné dans votre solitude tranquille, sous votre figuier. Préparez-vous en ne négligeant aucune occasion pour entrer en communion avec Dieu, et quand la bataille viendra, Dieu pourra compter sur vous.

« Je ne puis pas, dites-vous, dans mes circonstances actuelles, m'acquitter de tous mes devoirs religieux ; je n'ai pas assez de temps pour prier, ni pour lire la Bible. Quand j'en aurai la liberté, tout ira bien ». Eh bien, non, vous vous trompez. Si vous n'avez pas su profiter toujours de toutes les occasions pour adorer et pour prier, une fois sur le champ de bataille, non seulement vous ne serez bon à rien, mais vous serez, pour vos collaborateurs, un obstacle, un terrible embarras.

C'est dans l'intimité de ses entretiens avec Dieu que le missionnaire fabrique ses munitions.

11 Septembre
Les munitions du missionnaire

Si donc je vous ai lavé les pieds, moi qui suis votre Seigneur et votre Maître, vous devez aussi vous laver les pieds les sais aux autres

Jean 13.14

Nous avons à nous mettre au service de Dieu, et par conséquent au service de ceux qui nous entourent, à n'importe quel moment, et dans n'importe quelles circonstances. C'est là où nous sommes que nous devons servir, et montrer .à quoi nous pourrons être bons si Dieu nous place ailleurs.

Quoi de plus terre à terre que ce que nous voyons Jésus faire ici ? Pour le faire comme lui, il faut que Dieu nous accorde toute sa puissance. Puis-je comme lui verser de l'eau dans un bassin, enlever des sandales, essuyer des pieds avec un torchon ? Ce sont ces occupations serviles où se révèle le mieux de quoi nous sommes faits. Il faut la présence en nous du Dieu tout-puissant pour s'acquitter comme il faut de la plus humble tâche.

« Je vous ai donné un exemple, afin que vous fassiez aussi comme je vous ai fait ». Regardez les gens que Dieu amène autour de vous. Vous serez humilié en vous apercevant que tout ce qui vous choque en eux est le reflet de ce que vous avez été vous-même tout le temps à l'égard de Dieu. C'est Dieu lui-même qui use de ce moyen pour vous le révéler. Et ce qu'Il vous demande, c'est d'être pour votre. prochain ce qu'Il a été à votre égard.

« Oh ! Dites-vous, quand je serai dans mon champ missionnaire, je ferai comme ça » ! Vous parlez comme un soldat qui voudrait fabriquer des cartouches dans la tranchée : il aurait le temps d'être tué vingt fois avant d'en fabriquer une.

Sachons faire, à tout moment, tout ce que Dieu nous demande. Sans cela, nous ne serons jamais prêts au moment décisif.

12 Septembre
Le brouillard spirituel

Vous ne savez ce que vous demandez.

Matthieu 20.22

Il y a des moments dans la vie spirituelle où nous sommes comme dans un brouillard, et nous devons l'accepter. Nous n'avons pas à nous accuser nous-mêmes. Il plaît à Dieu de nous conduire par un chemin que nous ne comprenons pas. Ce n'est qu'en marchant sans crainte à travers le brouillard que nous parviendrons au but.

Jésus, dans une parabole (Luc 11; 5 à 8), nous dit que Dieu nous apparaît parfois comme cet homme qui est au lit, et ne veut pas se lever pour prêter trois pains à son ami. Il vous semble alors que l'amitié de Dieu pour vous est tout à fait voilée. Rappelez-vous que l'amour le plus grand sur la terre peut être forcé dans certains cas de rester muet. Même quand Dieu paraît se dérober à vos yeux, ayez confiance.

Jésus semble encore indiquer (Luc 11; 11 à 13) qu'à d'autres moments Dieu peut nous apparaître comme un père dénaturé, dur et insensible. Mais vous savez bien qu'il ne l'est pas. « Quiconque demande reçoit ». Si, à certains moments, vous ne reconnaissez plus le visage du Père céleste, accrochez-vous à cette idée qu'un jour viendra où il vous révélera clairement pourquoi il a permis que vous ayez à traverser ce brouillard.

« Quand le Fils de l'homme viendra, trouvera-t-il de la foi sur la terre ? » (Luc 18.8) Jésus trouvera-t-il la foi qui compte sur lui, malgré l'obscurité, malgré le brouillard ? Tenez-vous ferme, confiant malgré tout dans les promesses de Jésus, même si vous ne comprenez pas du tout ce que Dieu est en train de faire. Dieu a de vastes desseins à réaliser, bien plus vastes que les petites choses que vous lui demandez.

13 Septembre
Après l'abandon

J'ai achevé l'œuvre que Tu m'as donnée à faire.

Jean 17.4

L'abandon véritable n'est pas le fait d'abandonner à Dieu sa vie extérieure. C'est l'abandon de la volonté, qui comprend tous les autres, et qui est, pour chacun de nous, la crise décisive et suprême. Dieu ne contraint jamais un homme à l'abandon de sa volonté. Il ne l'implore jamais, Il attend que l'homme le fasse de lui-même. C'est une bataille qu'on ne livre jamais deux fois.

L'abandon nous donne la délivrance. « Venez à moi, et je vous donnerai du repos ». Quand nous avons commencé l'expérience du salut, alors nous abandonnons notre volonté à Jésus pour trouver du repos. Chaque difficulté qui trouble notre esprit ou notre cœur se transforme en un appel : « Venez à moi ». Et nous allons à lui, volontairement.

L'abandon nous délivre de nous-mêmes. « Si quelqu'un veut me suivre, qu'il renonce à lui-même ». J'abandonne à Jésus ma personne elle-même, toute pénétrée du repos qu'Il m'a donné. « Pour être mon disciple, me dit-il, donne-moi tous les droits que tu avais sur toi-même ». Ma vie n'est plus désormais que' la manifestation de cet abandon de moi-même à Jésus. Nous n'avons plus à nous préoccuper d'aucune éventualité. Jésus veille sur nous, et cela nous suffit.

L'abandon nous permet d'affronter la mort. « ... tu tendras les mains, un autre te ceindra... » (Jean 21.18) Seriez-vous prêt à être ainsi lié par le bourreau, pour aller à la mort ? Votre abandon ne doit pas être le résultat d'une émotion passagère : vous seriez capable de vous reprendre. Êtes-vous uni à Jésus-Christ jusque dans sa mort, de manière à le suivre en tout et partout ?

Après l'abandon, nous n'avons plus qu'un seul désir : vivre en communion parfaite et ininterrompue avec Dieu.

14 Septembre
Comment nous corrompons notre foi !

J'ai bien peur que... vos pensées ne se corrompent, et qu'elles ne perdent leur simplicité à l'égard du Christ.

2 Corinthiens 11.3

La simplicité de notre pensée, c'est le don de voir les choses clairement. L'enfant de Dieu ne peut pas au début comprendre tout clairement, mais, s'il sait obéir à Dieu, il voit distinctement quelle est Sa volonté. Quand vous êtes en présence de quelque difficulté d'ordre spirituel, ne cherchez pas à raisonner, cherchez seulement à obéir. Dans les questions d'ordre intellectuel, un effort de réflexion peut vous éclairer. Mais dans les questions d'ordre spirituel, plus vous raisonnez, et plus le brouillard devient épais. Sur le point où Dieu vous dit d'obéir, obéissez sans hésitation, soumettez vos pensées à l'esclavage du Christ, et tout s'éclairera pour vous. Une fois que vous en serez là, vous pourrez user de votre raison. Mais dans le domaine spirituel, nous voyons la vérité comme des enfants, en toute simplicité, sans aucun raisonnement. Et quand nous voulons raisonner à tout prix, nous ne voyons plus rien du tout. « Je te bénis, ô Père, toi qui as caché ces choses aux sages et aux intelligents et qui les as révélées aux enfants ».

La plus petite désobéissance au Saint-Esprit nous obscurcit l'âme, et plus nous y réfléchirons, moins nous y verrons clair. Cette obscurité-là ne se dissipe que par l'obéissance. Dès que nous obéissons, la lumière surgit. C'est bien humiliant pour nous, puisque cela prouve que la cause de l'obscurité est en nous. Quand le Saint-Esprit domine entièrement notre âme, nous apercevons clairement la volonté de Dieu et notre foi retrouve toute sa simplicité.

15 Septembre
Ce que nous devons repousser

Je repousse toute manœuvre secrète et honteuse, je n'agis pas avec astuce...

2 Corinthiens 4.2

Avez-vous repoussé, vous aussi, « toute manœuvre secrète et honteuse », ces mouvements secrets de votre âme que vous auriez honte d'exposer au dehors ? Oh ! Il vous est facile de les cacher à tous les yeux. À l'égard de telle ou telle personne avez-vous un sentiment que vous n'aimeriez pas que l'on mît au grand jour ? Repoussez-le de toutes vos forces, et qu'il disparaisse entièrement. « De même que vous auriez mis toutes vos facultés au service de l'impureté, dit Paul aux Romains (6.19). mettez-les maintenant au service de la pureté ». Il ne vous faut plus désormais « vivre pour les passions humaines, mais pour la volonté divine » (1 Pierre 4.2). Veillez attentivement à ne rien laisser subsister dans votre vie ni dans votre pensée dont vous puissiez avoir honte.

"Je n'agis pas avec astuce..." Ne vous laissez pas aller à présenter les choses de manière que vous ayez l'air d'avoir raison. C'est souvent pour vous une terrible tentation. Si Dieu vous a prescrit de présenter l'Évangile d'une certaine manière, n'essayez pas de convertir les gens d'une autre façon : vous attirerez sur vous la malédiction de Dieu. Il peut se faire que d'autres agissent d'une manière qui, chez vous, serait de l'astuce. Laissez-les faire. Dieu ne présente pas à tous les mêmes devoirs sous le même point de vue. Faites toujours et partout tout votre effort, pour qu'Il règne dans toute sa gloire. Ne vous permettez pas d'user d'aucun procédé qui n'aurait pas pour but unique la gloire de Dieu.

16 Septembre
La véritable prière

Mais toi, quand tu pries, entre seul dans ta chambre, comme fit Élisée, ferme bien ta porte et alors prie ton Père qui est là, avec toi, dans ta solitude cachée.

Matthieu 6.6

Le point capital dans la vie religieuse peut s'exprimer ainsi : Regardez à Dieu, ne regardez pas les hommes. Ne priez pas afin qu'on sache que vous êtes un homme de prière. Trouvez moyen d'être tout seul, là où personne ne saura que vous priez, fermez votre porte, et là parlez avec Dieu seul à seul. Ne priez pas pour un autre motif que pour être en contact avec votre Père céleste. Vous ne pouvez pas être un disciple du Christ si vous n'avez pas des moments réguliers pour la prière secrète.

« Quand vous priez, ne bredouillez pas de vaines litanies... » Les païens, dit Jésus, s'imaginent naïvement que plus ils insistent, plus Dieu les exaucera. Dieu n'a pas du tout besoin que nous insistions pour nous exaucer, puisque nous sommes au bénéfice de la Rédemption. La prière n'est pas simplement un moyen d'obtenir de Dieu ce que nous lui demandons. La prière a pour but d'entrer avec Dieu en une communion parfaite. Grâce à la nouvelle naissance, le Fils de Dieu vient demeurer en moi, il me transforme à son image et m'apprend à prier comme il faut.

« Quiconque demande reçoit ». Nos prières ne sont pas du patois de Canaan, notre volonté n'y joue aucun rôle, et puis nous nous étonnons que Dieu ne nous exauce pas ! Mais c'est que nous n'avons jamais demandé vraiment. « Vous demanderez ce que vous voudrez », dit Jésus. Il faut que notre volonté intervienne. Il faut demander comme un enfant demande, Jésus ne se lasse pas de nous le répéter. Bien entendu, nos demandes doivent être en harmonie avec le Dieu que Jésus nous a révélé.

17 Septembre
La raison d'être de la tentation

Vous n'avez jamais été assaillis par aucune tentation qui ne fût proportionnée aux forces humaines.

1 Corinthiens 10.13

Le mot « tentation » est un peu déconsidéré. Nous l'employons souvent avec un sens trop défavorable. La tentation n'est pas le péché, c'est une épreuve que nous ne saurions éviter, si nous sommes des hommes. Pour y échapper, il faudrait que nous fussions au-dessous de l'humanité. Mais beaucoup d'entre nous sont exposés à des tentations qui ne devraient pas les atteindre, tout simplement parce qu'ils n'ont pas permis à Dieu de les élever à un niveau supérieur, où ils seraient exposés à des tentations d'un autre ordre.

Nos inclinations, toute notre vie intérieure, voilà ce qui détermine les tentations qui nous assaillent de l'extérieur. La tentations s'adapte pour ainsi dire à la nature propre de celui qui est tenté, et révèle ce dont il est capable.

La tentation se présente comme un ingénieux moyen d'atteindre plus vite et plus aisément ce qui nous apparaît comme un bien. La tentation nous aveugle sur le moment, et nous ne pouvons pas savoir si ce qu'elle nous propose est un bien ou un mal. Quand nous cédons à la tentation, nous mettons sur le pavois notre convoitise, et nous prouvons par là que ce qui nous avait retenus jusqu'alors n'était que la crainte du qu'en dira-t-on.

Nous ne pouvons pas échapper à la tentation, elle fait partie de la vie normale de l'homme. N'allez pas vous imaginer que vous affrontez des tentations comme personne n'en a lamais eues. Vous subissez le sort commun de toute la race humaine. Dieu ne vous épargne pas la tentation, mais il secourt ceux qui sont tentés (Hébreux 2.18).

18 Septembre
Les tentations de Jésus et les nôtres

Nous n'avons pas soi grand prêtre incapable de compatir à nos faiblesses, puisqu'il a eu part à toutes nos épreuves... mais non pas au péché.

Hébreux 4.55

Jusqu'à la nouvelle naissance, la seule espèce de tentation que nous puissions connaître est celle que définit saint Jacques : « Chacun est tenté par sa propre convoitise, qui l'entraîne et le séduit ». Mais par la régénération nous sommes transportés sur un tout autre plan, où nous trouvons des tentations toutes nouvelles, celles même que Jésus affronta. Tant que nous ne sommes pas nés de nouveau, tant que nous ne sommes pas devenus les frères de Jésus, ses tentations et les nôtres n'ont rien de commun. Car les tentations de Jésus ne sont pas celles d'un homme ordinaire, mais celles du Fils de Dieu dans son humanité. Une fois régénérés, Satan ne peut plus user envers nous de tentations grossières. Il nous tente pour nous faire perdre ce que Dieu a mis en nous dans la nouvelle naissance, pour nous rendre inutilisables au service de Dieu. Il ne nous tenta pas pour nous faire tomber dans le péché, mais pour nous faire changer d'attitude à l'égard de Dieu, et c'est là une tentation si subtile que l'Esprit de Dieu peut seul la discerner.

La tentation ainsi comprise, c'est en somme la mise à l'épreuve, par une puissance adverse, d'une âme riche en trésors spirituels. C'est ce qui nous permet de comprendre la tentation de notre Seigneur. Jésus, à son baptême, ayant accepté la mission de se charger des péchés du monde, l'Esprit de Dieu le mit à l'épreuve, en le laissant tenter par l'Adversaire. Mais il en triompha, sans défaillir. Il traversa la tentation « sans aucun péché », et garda intacts tous ses trésors spirituels.

19 Septembre
Persévérer avec Jésus

Vous m'avez été fidèles, vous avez persévéré avec moi dans mes tentations.

Luc 22.28

Jésus-Christ se tient auprès de nous dans nos tentations, savons-nous nous tenir auprès de lui dans ses tentations ? Beaucoup d'entre nous abandonnent Jésus quand ils voient où il les entraîne. Chaque fois que vous êtes dans un moment critique, prenez-vous le parti de Jésus ou le parti du prince de ce monde ? Nous portons les couleurs de notre Maître, mais lui sommes-nous fidèles ? « Dès lors, plusieurs de ses disciples se retirèrent et n'allèrent plus avec lui ». Les tentations de Jésus ont continué durant toute sa vie terrestre, et elles continueront en nous tant que le Fils de Dieu habitera en nous. Est-ce que, actuellement, nous persévérons avec Jésus ?

Nous nous imaginons que nous devons nous mettre à l'abri de bien des épreuves que Dieu nous envoie. Grave erreur ! C'est Dieu qui prépare pour nous les circonstances où nous nous trouvons, et nous avons à les affronter telles qu'elles sont, en persévérant avec Jésus dans ses tentations. Ce sont bien ses tentations, car elles ne s'adressent pas en nous à l'homme naturel, mais à l'homme nouveau, qui ne fait qu'un avec Jésus lui-même. Vous êtes responsable de l'honneur de Jésus-Christ, puisque c'est Sa vie en nous qui est en danger. Lui êtes-vous fidèle ? Persévérez-vous avec lui ?

Êtes-vous prêt à marcher jusqu'au bout avec Jésus, jusqu'au bout, à travers le jardin de Gethsémani, sur le chemin de Golgotha ? Sur ce chemin les ténèbres descendent. À la fin vous ne voyez plus rien. Vous entendez seulement Sa voix : « Suis-moi ».

20 Septembre
La règle divine

Soyez parfaits, comme votre Pire qui est aux cieux.

Matthieu 5.48

Dans ce passage, Jésus nous exhorte à traiter tous les hommes avec la même générosité. Comme enfant de Dieu, vous ne devez pas vous laisser guider par vos sympathies naturelles. Il y a des gens pour qui nous éprouvons de la sympathie, pour d'autres de l'antipathie. Cela ne doit pas entrer en ligne de compte dans notre vie chrétienne. « Si nous marchons dans la lumière, comme Dieu est dans la lumière », alors Dieu nous mettra en contact étroit même avec ceux qui ne nous inspirent aucune sympathie.

L'exemple que Jésus nous propose n'est pas l'exemple d'un homme, ni même d'un bon chrétien, c'est l'exemple de Dieu lui-même : « Soyez parfaits, comme votre Père céleste est parfait ». Soyez à l'égard de votre prochain ce que Dieu lui-même est à l'égard de vous. Dieu nous fournira dans notre vie de tous les jours mille occasions de faire voir si nous sommes parfaits comme notre Père céleste est parfait. Être disciple de Jésus, c'est s'intéresser aux autres autant que Dieu s'y intéresse lui-même. « Que vous vous aimiez les uns les autres, comme je vous ai aimés ».

Ce qui caractérise le vrai chrétien, ce n'est pas tant de bien agir que de ressembler à Dieu. Si l'Esprit de Dieu a transformé notre être intérieur, vous aurez en vous des traits qui viendront de Dieu, qui ne seront pas seulement des qualités humaines, La vie de Dieu en nous, c'est la vie de Dieu lui-même, et non pas la vie humaine s'efforçant d'arriver à Dieu. Le secret de l'âme chrétienne, c'est que sa vie naturelle devient surnaturelle par la grâce de Dieu. Et cela non seulement dans sa communion avec Dieu, mais dans tous les détails de sa vie quotidienne. Quand s'élève autour de nous un tumulte discordant, nous sommes surpris de découvrir que nous sommes rendus capables de conserver tout notre sang-froid et toute notre sérénité.

21 Septembre
À quoi Dieu nous destine

Maintenant l'Éternel parle - lui qui m'a formé des ma naissance pour être son serviteur.

Isaïe 49.5

Dès que nous avons compris que Dieu nous appelait à son service, en Jésus-Christ, nous voyons disparaître en nous tous les préjugés et toutes les tendances particularistes. Car c'est la race humaine tout entière que Dieu a créée pour Sa gloire et à laquelle Il veut se donner, Le péché a aiguillé l'humanité sur une autre voie, mais cela n'a rien changé du tout au dessein éternel de. Dieu. Dieu a créé toute l'humanité pour qu'elle le glorifie, et chacun de nous, dès qu'il est né de nouveau, en a la vision très claire. Dieu m'a élu, Dieu m'a formé pour son service ; rien n'est plus beau que cette pensée. Le prodigieux dessein de Dieu en créant le monde me remplit de joie et d'espérance. Dieu m'apprend à contempler dans les limites étroites de mon cœur l'amour de toute l'humanité. « Dieu a tant aimé le monde, qu'Il a donné son Fils unique... » (Jean 3.16) C'est l'amour de Dieu lui-même, c'est la nature de Dieu lui-même qui se forme ainsi dans notre propre cœur.

Nous devons avoir toujours présent à la pensée le dessein magnifique du Dieu créateur, et ne pas y mêler nos propres vues. Si cela nous arrivait, Dieu serait forcé de chasser de notre âme ces préoccupations égoïstes, fût-ce au prix de la plus vive souffrance. Le missionnaire sait qu'il a été créé pour être au service de Dieu, et pour Le glorifier. La Rédemption accomplie par Jésus-Christ nous rend parfaitement aptes à ce service.

Aussi comprenons-nous pourquoi les exigences de Jésus sont si absolues. Il demande à ses disciples la perfection de Dieu, parce qu'il a mis en eux la nature de Dieu.

22 Septembre
Le Maître du missionnaire

Vous m'appelez Maître et Seigneur, et vous dite., bien, car je le suis.

Jean 13.13

Être dominé par un maître et sentir que l'on possède un Maître sont deux choses très différentes. Le Maître que l'on possède, comme on possède un trésor, c'est Celui qui me connaît mieux que je ne me connais, qui me tient de plus près qu'aucun ami sur terre ; qui sonde mon cœur jusqu'en ses profondeurs, et satisfait mes plus secrets désirs ; qui résout toutes mes difficultés, et calme toutes mes inquiétudes. Il n'y a qu'un seul maître au monde qui réponde à cette définition. « Un seul est votre Maître... le Christ ».

Notre Seigneur ne s'impose jamais à nous. Il n'use jamais ni de force ni d'artifice pour obtenir de nous ce qu'il veut. Il y a des moments où je voudrais que Dieu me dominât et me forçât de faire sa volonté, mais Il ne le fera pas. À d'autres moments je voudrais qu'Il me laissât tranquille, mais Il ne le fera pas.

« Vous m'appelez Maître et Seigneur... » Est-ce vrai ? Nous préférons l'appeler Sauveur. Nous ne savons pas ce que c'est que d'avoir un véritable Maître, parce que nous ne savons pas ce que c'est que le véritable amour, tel que Dieu seul peut nous le révéler. C'est cet amour-là qui permet la véritable obéissance, celle d'un égal à un égal, d'un fils à son père. Notre Seigneur n'était pas le serviteur de Dieu, il était son Fils. « Quoique Fils de Dieu, il a appris l'obéissance par la douleur ». Si notre idée, c'est que nous sommes dominés, cela prouve que nous ne possédons pas véritablement un Maître. Jésus veut que nous le considérions comme un Maître, auquel nous obéirons tout naturellement, par amour, presque sans nous en apercevoir.

23 Septembre
Le but du missionnaire

Voici, nous montons à Jérusalem.

Luc 18.31

Dans la vie ordinaire, à mesure que nous avançons, nos ambitions se transforment, Dans la vie chrétienne, le but est fixé dès le début, car si Jésus-Christ est le commencement, il est pareillement la fin. Nous partons de Jésus et nous tendons vers Lui, jusqu'à ce que nous parvenions à « la plénitude de l'humanité parfaite du Christ ». Il ne s'agit pas de notre idéal chrétien, quel qu'il soit. Le but véritable du missionnaire, ce n'est pas d'être utile ou de convertir les païens, c'est tout simplement d'obéir à son Dieu Le reste suivra comme une conséquence.

Jésus, en montant à Jérusalem cette dernière fois, marchait vers l'accomplissement suprême de la volonté de son Père, vers la croix. Nous ne pouvons pas être ses compagnons et ses disciples, si nous ne l'accompagnons pas jusque-là. Rien n'a pu faire dévier Jésus de son ferme propos, durant cette marche suprême. Dans les villages où on le recevait mal, il poursuivait sa route sans se hâter. Dans ceux où on le bénissait, il ne consentait point à s'attarder. Ni la méchanceté ni la reconnaissance ne pouvaient le détourner du but qu'il s'était fixé, de Jérusalem.

« Le disciple n'est pas au-dessus de son Maître ». Nous rencontrerons les mêmes circonstances, en montant à notre Jérusalem. Nous verrons la puissance de Dieu se manifester par notre intermédiaire, quelques-uns en seront reconnaissants, beaucoup d'autres seront indifférents ou affreusement ingrats, mais rien ne devra nous détourner de notre chemin.

« Là, ils le crucifièrent ». Ce fut là l'aboutissement de la marche de Jésus vers Jérusalem, et l'accomplissement de notre salut. Nous ne sommes plus appelés à la crucifixion, mais à la gloire. Soyons fidèles, en montant à Jérusalem.

24 Septembre
Comment nous devons nous préparer

Supposons que tu viennes déposer ton offrande à l'autel et que là tu te souviennes que ton frère a quelque chose contre toi, laisse là ton offrande devant l'autel ; va premièrement te réconcilier avec ton frère et alors seulement reviens présenter ton offrande.

Matthieu 5.23-24

Nous aimons à nous représenter par l'imagination que nous sommes tout prêts, tout équipés pour le travail de Dieu ; en réalité la préparation est elle-même un travail assidu et prolongé, mais indispensable. Il faut se préparer, et se préparer encore.

Un jeune chrétien est ardent à venir présenter à Dieu l'offrande de son héroïsme, de son sacrifice. Cet enthousiasme naturel est ce qui attire le plus les jeunes à Jésus-Christ. Jésus veut mesurer la valeur de cet enthousiasme. « Laisse là ton offrande ; va premièrement te réconcilier avec ton frère ». Pour nous préparer comme il faut, il est nécessaire que nous laissions l'Esprit de Dieu scruter nos sentiments les plus secrets. L'héroïsme ne suffit pas ; il faut purifier nos cœurs de tout ce que nous cachions à Dieu. Il ne suffit pas de reconnaître vos péchés, il faut les confesser et les réparer. Êtes-vous prêt à obéir à votre Maître, .quelle que soit l'humiliation de votre amour-propre ?

Dès que vous apercevez en vous le moindre péché, n'hésitez pas à le mettre au jour. Puisque l'Esprit de Dieu vous l'a signalé, il vaut la peine d'y porter remède. Vous vous attendiez à quelque grand sacrifice. Dieu vous indique une toute petite chose que vous devez abandonner ; mais cela suppose quand même que vous devez jeter par terre la citadelle de votre égoïsme, de votre prétendu droit sur vous-même. Il le faut. Dieu l'exige.

25 Septembre
Nos rapports avec les autres et avec Jésus

Pour celui qui veut te contraindre de faire à sa suite une corvée d'un mille, eh ! Bien, fais-en deux avec lui.

Matthieu 5.45

L'enseignement de Jésus aboutit en somme à ceci, que l'attitude qu'il réclame de nous à l'égard de notre prochain est une chose tout à fait irréalisable s'il n'a pas opéré en nous une transformation surnaturelle.

Jésus exige qu'il n'y ait pas en nous la moindre trace de déplaisir ou de ressentiment, même refoulée, lorsque nous nous trouvons en présence de la tyrannie et de l'injustice. Aucun héroïsme, aucun enthousiasme d'origine humaine ne sera capable d'un tel effort. Il y faut la force surhumaine que Jésus seul peut nous donner après nous avoir purifié au feu de sa forge, jusqu'à ce qu'il ne reste en nous que ce seul désir : « Je suis là pour que Dieu m'envoie où Il voudra ». Même si tout le reste s'obscurcit en nous, ce lien qui nous unit à Jésus-Christ doit rester en pleine lumière.

Le Sermon sur la Montagne n'est pas un code de perfection, c'est l'énoncé de ce qui se produira en moi quand Jésus-Christ m'aura transformé en mettant en moi son Esprit. Au fond, Jésus Christ est le seul qui puisse réaliser ce que dit le Sermon sur la Montagne.

Si nous voulons devenir des disciples de Jésus, cela ne pourra se faire que d'une manière surnaturelle. Tint que nous nous acharnons à le devenir par nous-mêmes, nous échouerons toujours. « Je vous ai choisis ». C'est ici le miracle de la grâce de Dieu. Nous pouvons lui tourner le dos, mais nous ne pouvons pas le susciter nous-mêmes. Dieu ne nous demande pas de faire ce pour quoi nous avons des aptitudes naturelles. Il nous demande seulement de faire ce pourquoi sa grâce nous a préparés parfaitement, et en particulier de porter notre croix.

26 Septembre
L'attitude irréprochable

Supposons... que là tu te souviennes que ton frère a quelque chose contre toi...

Matthieu 5.23

Jésus ne dit pas : « Si tu te tourmentes par quelque scrupule maladif », mais bien : « S'il te souvient », c'est-à-dire : si l'Esprit de Dieu te met à la pensée, que ton frère t'en veut, alors « va premièrement te réconcilier avec ton frère, puis reviens présenter ton offrande ». Ne vous rebiffez jamais quand le Saint-Esprit fait ainsi votre éducation, scrupuleusement, sans rien laisser passer.

« Va premièrement te réconcilier avec ton frère ». Jésus~ nous indique clairement ce qu'il faut faire. Il faut revenir sur nos pas, obéir exactement à l'indication que nous avons reçue ; aborder celui qui nous en veut avec une bienveillance et une générosité qui rendra la réconciliation aussi naturelle et aussi facile que de sourire à un enfant. Jésus ne dit rien au sujet de la personne qui a quelque chose contre nous. Il nous dit simplement : « Allez à elle ». Il ne s'agit en aucune façon de nos droits. Le vrai disciple est toujours prêt à renoncer à tous ses droits pour obéir à son Maître.

« Alors... reviens présenter ton offrande ». La succession est clairement marquée. D'abord l'enthousiasme héroïque qui veut se donner. Puis le Saint-Esprit qui nous oblige à faire une pause, pour nous révéler ce qui ne va pas : nous nous arrêtons. Ensuite l'obéissance à Dieu, et l'attitude généreuse et irréprochable qu'Il nous inspire à l'égard de celui que nous avions offensé. Enfin le retour à l'autel, pour présenter notre offrande à Dieu, l'esprit libéré, simplement, joyeusement.

27 Septembre
Le renoncement sans réserve

Comme ils étaient en chemin, quelqu'un dit à Jésus : « Je te suivrai où que tu ailles ».

Luc 9.57

La réponse de Jésus à cet homme est bien faite pour le décourager. Il nous semble qu'à la place de Jésus nous nous serions gardés de lui parler ainsi, de refroidir son enthousiasme avec cette bise glacée. Mais Jésus savait bien ce qu'il faisait. N'essayons jamais d'atténuer ou d'excuser ses paroles. Ce qu'il dit est perçant et tranchant, comme un scalpel qui débride une plaie, sans ménagement. Jésus-Christ n'a pas la moindre indulgence pour tout ce qui peut corrompre et tuer une âme qui voudrait être au service de Dieu. Ce n'est pas au hasard que notre Seigneur parle avec tant de sévérité, c'est parce qu'il connaît à fond la nature humaine. Quand l'Esprit de Dieu met dans votre pensée une parole de Jésus qui vous fait souffrir, c'est qu'il y a en vous un mal qu'il veut extirper et faire mourir.

« Jésus lui répondit : Les renards ont des tanières, et les oiseaux du ciel ont leurs nids ; mais le Fils de l'homme n'a pas où reposer sa tête ». Il faut donc renoncer à suivre Jésus en pensant y trouver le moindre confort, la moindre satisfaction pour soi-même. Il faut renoncer à tout, et rester tout seul en présence de Jésus tout seul. Sans s'inquiéter de ce que font les autres, il faut marcher avec Celui qui n'a pas où reposer sa tête.

Jésus dit à un autre : « Suis-moi ». Celui-ci lui dit : « Permets-moi d'aller auparavant ensevelir mon père ». Cet homme voulait concilier ses devoirs envers sa famille et ses devoirs envers Jésus. Nous devons, comme chrétiens, mettre toujours Jésus en première ligne, coûte que coûte.

Un autre encore lui dit : « Je te suivrai, Seigneur, mais... » Il est plein d'ardeur, mais... il ne se décidera jamais. Quand l'appel de Dieu se fait entendre à vous, n'hésitez pas, obéissez tout de suite.

28 Septembre
L'union inconditionnelle avec Jésus

Il te manque une chose : va ! Vends ce que tu as pour le donner aux pauvres... reviens ensuite et suis-moi.

Marc 10.25

Le jeune homme riche avait faim et soif de perfection. En voyant devant lui Jésus-Christ, il voulait lui ressembler. Notre Seigneur, quand il appelle à lui un disciple, ne lui propose pas en première ligne la sainteté à réaliser en lui-même. Il lui demande de renoncer à tout droit sur lui-même et de s'unir à son Maître sans aucune réserve, d'une manière tout à fait exclusive. Quand Jésus dit : « Celui qui vient à moi et ne hait pas son père et sa mère... et même sa propre vie, il ne peut être mon disciple », cela n'a rien à voir avec notre salut ou notre sanctification, mais cela se rapporte uniquement à notre union inconditionnelle avec Jésus. Bien peu d'entre nous savent s'abandonner entièrement à Jésus.

« Jésus fixa son regard sur lui et l'aima ». Le regard de Jésus détache notre cœur de tout autre attachement. Jésus vous a-t-il jamais regardé ? Le regard de Jésus transperce et transforme. Sur tous les points où vous êtes « sensible à Dieu », c'est que Jésus vous a regardé. Sur tous les points où vous êtes rancunier, égoïste, persuadé que c'est toujours vous qui avez raison, c'est que Jésus ne vous a pas regardé.

« Il te manque une chose... » La chose essentielle, l'unique chose nécessaire, aux yeux de Jésus, c'est l'union avec lui.

« Vends tout ce que tu as... » il me faut renoncer à tout ce que j'ai, me dépouiller de tout, non pas certes pour faire mon salut (car c'est la foi absolue en Jésus-Christ qui peut seule me sauver), mais pour être à même de suivre Jésus. « Viens alors, et suis-moi ». Jésus marchait vers la croix.

29 Septembre
Comment nous parvient l'appel de Dieu

J'annonce l'évangile, mais ce n'est pas pour moi un honneur, c'est une nécessité qui m'est imposée : malheur à moi, si je n'annonce pas l'évangile !

1 Corinthiens 9.16

Nous oublions souvent le caractère mystérieux et surnaturel de l'appel de Dieu. Lorsqu'un chrétien est en mesure de vous raconter en détail et avec précision comment il fut appelé, on peut à bon droit se demander s'il a jamais reçu vraiment un appel. Sans doute, l'appel peut se présenter de façon très diverse : ce peut être un coup de foudre, ce peut être une faible aurore qui monte peu à peu. Mais c'est toujours quelque chose d'ineffable, qui surgit on ne sait d'où; c'est toujours comme une illumination surnaturelle. À tout moment peut surgir en nous le sentiment de cet appel qui s'empare de nous : « Je t'ai choisi ».

L'appel de Dieu est tout autre chose que la conversion et la sanctification, Ce n'est pas parce que vous êtes sanctifié que vous êtes appelé à prêcher l'évangile. L'appel de Dieu c'est, comme l'indique Paul, une nécessité qui vous est imposée.

Si vous avez jusqu'à présent négligé l'appel de Dieu, regardez bien : n'est-ce pas parce que vous avez laissé Dieu au second plan, tandis qu'au premier plan vous avez placé votre ministère, ou l'utilisation de vos dons naturels ? Paul dit : « Malheur à moi, si je n'annonce pas l'évangile » ! Il avait entendu l'appel de Dieu, et rien ne pouvait l'en détourner.

Si un homme ou une femme reçoit l'appel de Dieu, les circonstances ont beau être défavorables, tout finira par concourir au but que Dieu lui propose. Si vous obéisses à ce que Dieu vous demande, tout votre être, toute votre pensée, dans ses profondeurs les plus cachées, Dieu mettra tout cela en harmonie avec Son appel.

30 Septembre
Quand la main de Dieu est sur nous

Maintenant je suis heureux des souffrances que j'endure pour vous ;
je complète en ma chair ce qui manque aux souffrances du Christ,
pour son corps, qui est l'Église.

Colossiens 1.24

Nous croyons sentir des appels dans notre vie de consécration, mais quand Dieu nous saisit véritablement, il envoie promener tous ces faux appels, il nous empoigne en nous faisant atrocement souffrir, et nous met tout à coup en présence d'une tâche dont nous n'avions aucune idée. Dans un éclair éblouissant nous voyons ce qu'Il veut de nous, et nous disons, comme Isaïe : « Me voici, envoie-moi » !

Un tel appel n'est pas fondé le moins du monde sur notre s sanctification personnelle : Dieu met Sa main sur nous, et fait de nous le pain rompu, le vin répandu. Pour écraser la grappe, il faut bien peser dessus. Nous protestons vivement contre les personnes ou les événements que Dieu charge de nous écraser. Si Dieu voulait seulement m'écraser Lui-même, de Sa propre main ! Mais nous devons accepter les conditions où il plaît à Dieu de nous mettre au pressoir. Car la grappe ne donnera du vin qu'une fois écrasée.

Qui sait quelle est la main que Dieu avait chargée de vous saisir pour vous écraser ? Vous ne vous êtes pas laissé faire, vous avez glissé entre les doigts, comme une bille. Le raisin n'est pas mûr : si Dieu vous avait écrasé, le vin aurait été âpre, terriblement. Pour servir d'instrument à la grâce de Dieu, il faut que Dieu vous ait transformé. Laissez Dieu agir, et il fera de vous le pain rompu et le vin répandu dont vos frères, les autres enfants de Dieu, pourront se nourrir.

1er Octobre
Moments d'extase

Jésus les conduisit seuls à l'écart sur une haute montagne.

Marc 9.2

Nous avons tous vécu des moments exaltants « sur la montagne » où nous pouvions voir toutes choses du point de vue de Dieu. Nous aurions voulu qu'ils durent toujours. Mais Dieu ne le permet pas. La preuve de la valeur de notre vie spirituelle, c'est notre aptitude à descendre de la montagne de la Transfiguration. Si nous savons seulement monter, c'est que nous ne sommes pas ce que nous devrions être. Il est merveilleux d'être au sommet de la montagne avec Dieu, mais ce séjour n'est utile que s'il nous rend capables de descendre ensuite au milieu des hommes pour les délivrer du pouvoir du diable. Nous ne sommes pas faits pour vivre continuellement sur les sommets, environnés de la beauté surnaturelle des rayons de l'aurore. Nous pouvons y séjourner seulement de courts moments, qui renouvellent notre inspiration. Nous sommes faits pour vivre dans la plaine, aux prises avec le terre à terre de l'existence, c'est là que nous devons faire nos preuves. L'égoïsme spirituel nous fait désirer d'être souvent sur la montagne. Il semble que, si nous pouvions y demeurer, nous saurions parler et vivre comme des anges. Les moments d'exaltation exceptionnels ont cependant leur place dans notre vie avec Dieu, mais veillons à ce que notre égoïsme spirituel ne nous pousse pas à les rechercher exclusivement.

Nous nous imaginons volontiers que tout ce qui nous arrive doit être exploité en vue d'un enseignement utile. Non, avant tout, cela doit servir à produire un caractère fort. Le séjour « sur la montagne » n'a pas pour but de nous instruire, mais de nous façonner. Il est dangereux de se demander : « À quoi cela sert-il » ? Dans le domaine spirituel, on ne peut faire de calculs de rentabilité. Dieu a un but lorsqu'il nous accorde, en de rares occasions, des moments passés « au sommet de la montagne ».

2 Octobre
Heure d'humiliation

Si tu peux quelque chose, viens à notre secours, aie compassion de nous.

Marc 9.22

Après les moments d'exaltation, nous sommes précipités dans la triste réalité, qui n'a ni beauté, ni poésie, ni rien de palpitant. La montagne semble d'autant plus haute et majestueuse que la vallée est morne et sombre. Mais c'est là pourtant qu'il nous faut vivre pour la gloire de Dieu. Sur la montagne nous contemplons Sa gloire, mais ce n'est jamais là que nous vivons pour elle. C'est dans les heures d'humiliation que sont révélées notre vraie valeur et notre fidélité.

À cause de notre égoïsme naturel, nous sommes capables de faire, dans l'enthousiasme, des choses héroïques. Mais Dieu veut nous laisser dans la grisaille de la vie quotidienne, dans la vallée, vivant notre communion personnelle avec lui. Pierre pensait que ce serait bien pour lui et ses compagnons de rester sur la montagne, mais Jésus fit redescendre ses disciples dans la vallée. C'est là qu'il leur expliqua le sens de la vision .

« Si tu peux quelque chose... » Il faut que nous passions par la vallée de l'humiliation pour que Dieu puisse déraciner notre incrédulité. Interrogez votre propre expérience, et vous reconnaîtrez que, tant que vous n'aviez pas compris qui est réellement Jésus, vous doutiez de sa puissance. Tant que vous étiez sur la montagne, vous n'éprouviez aucune difficulté à croire, mais revenu dans la vallée, vous avez été confronté avec les faits. Vous pouvez peut-être témoigner de progrès que vous avez faits dans la sanctification, mais n'y a-t-il pas en ce moment-même quelque chose qui vous humilie ? Lorsque vous avez été sur la montagne avec Dieu, vous avez compris que tout pouvoir, dans les cieux et sur la terre, appartient à Jésus. Allez-vous en douter maintenant que vous êtes dans la vallée ?

3 Octobre
Le service de Dieu

Cette espèce-là ne peut sortir que par la prière.

Marc 9.29

« Pourquoi n'avons-nous pas pu chasser ce démon » ? Demandent les disciples. La réponse est à chercher dans la relation personnelle avec Jésus-Christ qui seul permet de chasser cette espèce-là. Nous resterons toujours impuissants, comme l'ont été les disciples ce jour-là, si nous essayons de faire l'œuvre de Dieu en comptant sur nos forces naturelles et non sur sa puissance. Nous déshonorons Dieu par notre zèle, si nous ne le connaissons pas vraiment lui-même.

Vous êtes devant un cas difficile, et, en apparence, rien ne se produit ; pourtant vous savez que la délivrance sera accordée, parce que vous êtes en communion avec Jésus-Christ. Voici donc le principe de votre service : Veiller à ce qu'il n'y ait aucun interdit qui vous sépare de Jésus. S'il y a le moindre obstacle il faut qu'il soit - non pas ignoré, ni dissimulé, mais regardé bien en face, et ôté en présence de Jésus-Christ. Alors cet obstacle-même, et toutes les circonstances par lesquelles vous êtes passés à cause de lui, contribueront à glorifier Jésus-Christ, dans une mesure qu'il vous sera impossible de comprendre avant de le voir face à face.

Nous devons pouvoir nous élever sur des ailes d'aigle, mais aussi savoir comment redescendre. Les saints ont la capacité de redescendre et de vivre dans la plaine. « Je puis tout par Christ qui me fortifie » ; en disant cela, Paul parlait surtout de ce qui l'abaissait. Nous avons la possibilité de repousser l'humiliation, et d'affirmer : « Non, merci, je préfère, de beaucoup, rester sur le sommet de la montagne, avec Dieu ». À la lumière de Jésus-Christ, suis-je prêt à affronter les choses comme elles sont dans la réalité ; ou bien cette réalité ébranle-t-elle ma foi en lui, et me jette-t-elle dans le désespoir ?

4 Octobre
La vision et la vérité

Appelés à être saints...

1 Corinthiens 1.2

Remerciez Dieu de vous donner la vision de ce que vous serez. La vision est là, mais elle est loin d'être devenue réalité. Une fois descendus dans la vallée, où nous devons faire nos preuves, beaucoup d'entre nous lâchent pied. Nous avons réalisé ce que nous ne sommes pas, et ce que Dieu voudrait que nous soyons, mais acceptons-nous d'être « frappés et martelés » jusqu'à ce que la vision prenne forme en nous ? Dieu se sert toujours, pour nous former ainsi, des circonstances et des gens les plus ordinaires.

Il est des moments où nous discernons clairement quel est le but que Dieu poursuit ; il dépend alors de nous, et non de Dieu, que la vision se transforme en réalité. Si nous préférons paresser sur la montagne, en vivant du souvenir de la vision, nous ne servirons à rien dans les circonstances banales et médiocres dont l'existence humaine est faite. Dieu nous a accordé cette vision non pas pour que nous demeurions dans un état d'extase et de contemplation, mais afin que la vision reçue, se réalise pleinement en nous. Chaque détail de notre formation est en vue de ce but. Apprenez à remercier Dieu de ce qu'il nous fait connaître ce qu'il attend de nous.

Notre petit « moi » se rebiffe toujours quand Dieu lui ordonne d'agir. Cet infime « je suis » doit être réduit à néant par celui qui, avec indignation, a dit à Moïse : « Celui qui s'appelle » Je suis « t'envoie » C'est lui seul qui doit dominer sur nous. N'est-il pas stimulant de se rendre compte que Dieu sait tout de nous et connaît les recoins où nous croyons pouvoir nous cacher ? Il projette sur nous, comme un éclair, sa divine pénétration. Aucun homme ne connaît les hommes comme Dieu les connaît.

5 Octobre
La tendance au péché

C'est pourquoi, comme par un seul homme le péché est entré dans le monde, et par le péché la mort, et qu'ainsi la mort est étendue à tous les hommes, parce que tous ont péché...

Romains 5.12

La Bible ne dit pas que Dieu a puni la race humaine à cause du péché d'un seul homme, mais que la disposition au péché, c'est-à-dire ma prétention à disposer de moi-même, est entrée dans le monde par un seul homme. Elle dit aussi qu'un autre homme a pris sur lui le péché de toute l'humanité et l'a aboli par son sacrifice (Hébreux 9.26), révélation infiniment plus profonde.

La disposition au péché ne consiste pas à être immoral, à commettre de mauvaises actions. C'est la tendance à se chercher soi-même, à faire de son moi, son dieu. Cette disposition peut se manifester soit par une profonde immoralité, soit s'accompagner d'une moralité très stricte. L'une et l'autre ont la même racine : la prétention à être son propre maître. Lorsque le Seigneur se trouvait en face d'hommes habités par toutes les forces du mal, ou d'hommes dont la vie était pure, morale, rangée, il ne s'arrêtait ni à la dégradation des uns, ni à la valeur morale des autres. Il regardait à ce que nous ne voyons pas : l'attitude intérieure.

Le péché est en moi dès ma naissance, je ne peux rien y changer ; mais Dieu s'en charge, par la Rédemption. Par la croix de Jésus-Christ, Dieu a racheté toute la race humaine de la menace de condamnation qui pesait sur elle à cause de l'hérédité du péché. Jamais Dieu ne tient l'homme pour responsable d'avoir hérité du péché. La condamnation ne vient pas de là. Mais je suis marqué du sceau de la condamnation, si, comprenant que Jésus est venu pour m'en délivrer, je refuse d'accepter son salut. C'est ici le jugement, (le moment critique): « la lumière étant venue dans le monde, les hommes ont préféré les ténèbres à la lumière ».

6 Octobre
La régénération

Lorsqu'il plut à Dieu...de révéler en moi son Fils...

Galates 1.15-16

Si Jésus-Christ entreprend de me régénérer, quels problèmes a-t-il à affronter ? Une hérédité dont je ne suis pas responsable m'accable. Je ne suis pas saint, ni près de l'être. Si tout ce que Jésus-Christ peut faire est de me dire que je dois être saint, son enseignement me jette dans le désespoir. Mais si Jésus-Christ est un Régénérateur, s'il peut substituer à mon hérédité sa sainteté, alors je comprends mieux à quoi il veut aboutir, lorsqu'il me dit que je dois être saint. Grâce à la Rédemption, Jésus-Christ peut mettre en chacun de nous ses propres dispositions, et ses exigences supposent toujours qu'il donne ce qu'il ordonne. Ce que je dois faire de mon côté, c'est d'accepter la condamnation du péché prononcée par Dieu sur la croix de Jésus-Christ.

Le Nouveau Testament nous enseigne qu'à un homme saisi par le sentiment de son indigence profonde, Dieu donne le Saint-Esprit. Alors son propre esprit est transformé par l'Esprit du Fils de Dieu, « jusqu'à ce que le Christ soit formé en vous ». le grand miracle de la Rédemption, c'est que Dieu peut mettre en moi une tendance nouvelle, qui me rend capable de vivre une vie totalement nouvelle. Quand je sens enfin pleinement mon indigence, Jésus proclame : « Tu es heureux ». Mais il faut d'abord que j'en vienne là. Dieu ne peut pas mettre en moi, qui suis un être moralement responsable, les dispositions qui étaient en Jésus-Christ, si je n'en éprouve pas le besoin.

De même que la tendance au péché est entrée par un homme dans la race humaine, de même le Saint-Esprit est entré en nous par un autre Homme. la Rédemption signifie qu'à l'hérédité du péché, Jésus-Christ substitue une hérédité nouvelle, sans tache : le Saint-Esprit.

7 Octobre
La réconciliation

Celui qui n'a pas connu le péché, il l'a fait devenir péché pour nous, afin que nous devenions par lui justice de Dieu.

2 Corinthiens 5.21

Le péché est un mal profond, qui concerne l'être tout entier ; il ne consiste pas essentiellement en actes condamnables mais provient d'une nature mauvaise, ouvertement révoltée contre Dieu. La religion chrétienne fait reposer toute sa doctrine sur le fait capital, radical « du péché ». Les autres religions parlent « des péchés ». La Bible seule parle du péché. Le point essentiel que Jésus a tout de suite mis en lumière dans la nature humaine, c'est l'hérédité du péché. Et c'est parce que nous n'en avons pas tenu compte dans notre annonce de l'évangile, que son message a perdu son aiguillon et sa force explosive.

La Bible ne nous dit pas que Jésus-Christ a pris sur lui nos péchés personnels, mais qu'il s'est chargé de l'hérédité du péché, sur laquelle aucun homme n'a de prise. Dieu a fait « péché » son propre Fils afin que le pécheur soit rendu saint. Toute la Bible révèle que le Seigneur a porté les péchés du monde en s'identifiant aux pécheurs, et non seulement par sympathie pour eux. Il a volontairement pris sur ses épaules et porté dans sa propre personne, tout le fardeau immense du péché. Dieu l'a fait « péché pour nous », lui qui « n'avait pas connu le péché », et, en faisant cela, la Rédemption est devenue le fondement nouveau de toute l'humanité. Jésus Christ a réhabilité la race humaine. Il l'a restaurée dans sa destinée première, et chaque être humain peut retrouver la communion avec Dieu grâce à l'œuvre du Seigneur sur la Croix.

Aucun homme ne peut se racheter lui-même. La Rédemption, parfaite et complète, est l'affaire de Dieu ; à chacun de nous il appartient de se l'approprier. Il est nécessaire de bien distinguer entre la révélation de la Rédemption et l'expérience personnelle du salut dans la vie d'un homme.

8 Octobre
Christ nous veut tout à Lui

Venez à moi.

Matthieu 11.28

La pierre de touche de votre vie spirituelle est cet ordre de Jésus de venir à lui. Sans doute, lorsque vous considérez tout ce que vous refusez de lui apporter, en êtes-vous humilié. Car vous discuterez, vous ergoterez, vous préférerez souffrir, plutôt que de venir à Jésus. Vous ferez n'importe quoi, plutôt que d'accepter cette attitude déraisonnable : « Tel que je suis, je viens ». Tant qu'il subsistera en vous la plus petite trace d'orgueil spirituel, vous vous attendrez à ce que Dieu vous demande de grandes choses, alors qu'il vous dira simplement « Viens ».

« Venez à moi ». Lorsque vous entendez cet appel, vous comprenez qu'avant de venir, quelque chose doit se passer en vous. Le Saint-Esprit vous montrera ce que vous devez faire pour ôter de votre vie ce qui vous empêche d'aller à Jésus.

Il vous sera impossible de faire d'autres progrès tant que vous n'aurez pas obéi. Le Saint-Esprit vous fera voir ce qui empêche son action, mais c'est à vous de consentir que Dieu vous en débarrasse.

Que de fois vous êtes-vous approché de Dieu pour présenter vos requêtes, et êtes-vous reparti en pensant : « Eh bien, cette fois-ci, j'ai fait tout mon devoir ». Et cependant vous êtes reparti les mains vides. Pourtant Dieu était là, les mains tendues pas seulement pour vous recevoir, mais pour que vous le receviez, lui. Quelle n'est pas la patience inlassable de Jésus, quand il dit : « Venez à moi ».

9 Octobre
Prenez courage

Offrez à Dieu vos membres comme des instruments de justice... pour arriver à la sainteté.

Romains 6.13-19

Je ne peux ni me sauver, ni me sanctifier moi-même ; je ne peux expier le péché ; je ne peux racheter le monde. Je ne peux pas faire que le mal soit bien, rendre pur ce qui est impur, saint ce qui est souillé. Tout cela, c'est l'œuvre souveraine de Dieu. Ai-je vraiment confiance en l'œuvre accomplie par Jésus-Christ ? Son œuvre expiatoire est parfaite ; cette pensée est-elle toujours présente à mon esprit ? Ce qui nous manque le plus, ce n'est pas d'agir, mais de croire.

La Rédemption n'est pas une expérience que je fais ; c'est l'acte souverain de Dieu accompli par le moyen du Christ, et c'est sur cet acte que je dois fonder ma foi. Si ma foi s'appuie sur mon expérience, j'aboutis à un type de vie que la Bible ne connaît pas, une vie isolée, où je contemple ma propre pureté. Une piété qui n'est pas fondée sur l'Expiation faite par le Seigneur, est inutile et ne sert qu'à entretenir une vie recluse. Elle est inutile pour Dieu et nuisible aux hommes. Que Jésus-Christ lui-même soit la pierre de touche de toutes nos expériences ! Tant que la pensée de l'Expiation n'inspirera pas toute notre manière de vivre, nous ne pourrons rien faire qui soit agréable à Dieu.

L'Expiation accomplie par Jésus doit pénétrer, très simplement, toute mon activité, toute ma vie pratique. Chaque fois que j'obéis à Dieu j'ai le secours de sa toute-puissance, en sorte que la grâce de Dieu et l'obéissance coïncident. L'obéissance implique que je crois sans réserve à l'expiation, et la grâce surnaturelle de Dieu vient inonder mon cœur .

Gardez-vous d'une contrefaçon de la piété qui s'isole de la vie humaine. Revenez sans cesse à la pierre de touche de l'Expiation. Dans quelle mesure guide-t-elle vos actions et votre comportement ?

10 Octobre
L'obéissance nous éclaire

Je te loue, Père... de ce que tu as caché ces choses aux sages et aux intelligents, et de ce que tu les as révélées aux enfants.

Matthieu 11.25

Quand il s'agit de la communion spirituelle avec Dieu, il n'y a pas de degrés successifs, elle existe ou n'existe pas. Dieu ne nous purifie pas peu à peu du péché, mais, lorsque nous sommes dans la lumière, lorsque nous marchons dans la lumière, nous sommes purifiés du péché. L'obéissance rend la communion parfaite. Si pour un instant vous cessez d'obéir, les ténèbres et la mort se mettent aussitôt à l'œuvre.

Toutes les révélations de Dieu sont lettre morte tant qu'elles ne sont pas éclairées par l'obéissance. Ce n'est pas la philosophie, ou la réflexion, qui les rendront plus compréhensibles. Mais, dès que vous obéissez, elles s'illuminent instantanément. Il faut, pour que la vérité de Dieu agisse en nous, que nous nous en laissions imprégner ; il ne s'agit pas de la poursuivre avec de pénibles efforts. Le seul moyen pour arriver à la connaître, c'est de cesser vos recherches, et de naître de nouveau.

Obéissez à Dieu sur le point qu'il vous montre, et aussitôt votre chemin s'ouvrira. Nous lisons des volumes sur l'œuvre du Saint-Esprit, alors que cinq minutes d'obéissance radicale peuvent tout rendre clair comme le jour. « Je pense qu'un jour je comprendrai tout cela », dites-vous ? - Vous le pouvez dès maintenant. Ce n'est pas l'étude qui vous éclairera, mais l'obéissance. La plus petite parcelle d'obéissance suffit à vous ouvrir le ciel, et les plus profondes vérités divines vous sont aussitôt révélées. Dieu ne vous accordera pas de lumières nouvelles sur sa Personne tant que vous n'aurez pas obéi aux lumières déjà reçues.

11 Octobre
Le silence de Dieu

Lorsqu'il eut appris que Lazare était malade, Jésus resta deux jours encore dans le lieu où il était.

Jean 11.6

Dieu vous a-t-il témoigné sa confiance en gardant le silence - ce silence qui a un sens si profond ? Les silences de Dieu sont ses réponses. Représentez-vous ces jours de silence absolu, dans la maison de Béthanie. Connaissez-vous actuellement, dans votre vie, quelque chose de semblable ? Dieu peut-il vous témoigner de cette manière-là sa confiance, ou réclamez-vous encore une réponse manifeste ?

Dieu vous accordera sans doute les bienfaits que vous réclamez, s'il vous semble impossible de vous en passer ; mais son silence est la preuve qu'il veut vous faire parvenir à une plus merveilleuse connaissance de lui-même. Vous plaignez-vous à Dieu de ce que vous n'avez pas reçu de réponse ? Vous verrez Que Dieu vous a, par son silence, manifesté une plus grande confiance, parce qu'il a vu que vous étiez capable de supporter une révélation plus sublime.

Il ne voulait pas vous plonger dans le désespoir, mais vous rendre plus heureux. Si Dieu vous a répondu par le silence, louez-le, car il veut vous entraîner vers de plus hautes destinées. Le moment où il vous manifestera qu'il a entendu vos prières viendra ; c'est lui qui, dans sa souveraine sagesse le détermine. Pour lui, le temps ne compte pas. Vous vous dites peut-être : « J'ai demandé à Dieu du pain, et il m'a donné une pierre ». Mais vous vous trompez, et aujourd'hui vous vous apercevez qu'il vous a donné le pain de vie.

Ce qui est merveilleux, lorsque Dieu se tait, c'est que ce silence est contagieux. Vous devenez vous-même pleinement calme et confiant : « Je sais que Dieu m'a entendu ». Son silence même le prouve. Aussi longtemps que vous pensez que Dieu doit vous bénir par une réponse à votre prière, il le fera ; mais il ne vous accordera pas la grâce du silence. Si Jésus-Christ travaille à vous révéler le but véritable de la prière, qui est de glorifier son Père, il vous donnera le premier signe de son intimité : le silence.

12 Octobre
Marcher du même pas que Dieu

Hénoc marcha avec Dieu.

Genèse 5.24

La seule façon de juger la vie religieuse d'un homme et son caractère, ce n'est pas tant la manière dont il se comporte dans les circonstances exceptionnelles, mais ce qu'il fait dans la vie de tous les jours. C'est dans l'existence quotidienne, quand il n'est pas « sous les feux de la rampe » que l'homme se montre sous son vrai jour (voir Jean 1.36).

Ce n'est pas une petite affaire d'arriver à marcher du même pas que Dieu ; cela demande, spirituellement, un « second souffle ». On apprend aussi à accorder notre pas au sien, et lorsqu'on y parvient, la vie de Dieu se manifeste en nous. Notre personnalité propre s'estompe, disparaît dans la communion avec Dieu, et on ne voit plus que la démarche vigoureuse et la puissance de Dieu.

Il est difficile de marcher au même pas que Dieu, car, à peine avons-nous fait trois pas que nous nous apercevons qu'il nous a déjà distancés. Il a ses façons d'agir, qui ne sont pas les nôtres, et il nous faut les apprendre. Il est écrit de Jésus, « il ne se découragera pas, il ne se relâchera pas » ; parce qu'il n'a jamais agi d'après son propre point de vue, mais d'après celui de son Père ; et il nous faut apprendre à faire comme lui. La vérité dans le domaine spirituel s'apprend par l'atmosphère qu'on respire, et non par le raisonnement intellectuel. L'Esprit de Dieu change notre manière de voir les choses, et l'impossible devient Possible. Il ne faut rien de moins qu'une étroite communion avec Dieu pour marcher du même pas que lui. Certes, il faut longtemps pour y parvenir ; mais persévérez, et vous verrez que, bientôt, vous aurez une vision nouvelle et un nouvel idéal.

13 Octobre
Un découragement constructif

Moïse se rendit vers ses frères et fut témoin de leurs pénibles travaux.

Exode 2.11

Moïse voyant son peuple opprimé, eut la certitude qu'il était appelé à le délivrer ; l'esprit animé d'une légitime indignation, il se mit à combattre les injustices. Après sa première tentative pour défendre la cause de Dieu et du bon droit d'Israël, Dieu permit que Moïse sombre dans le découragement, et il l'envoya pendant quarante ans garder les troupeaux au désert. À la fin de ce temps-là, Dieu apparut à Moïse, et lui donna l'ordre de faire sortir son peuple d'Égypte. Mais Moïse répondit : « Oui suis-je pour une telle entreprise » ! Dès le commencement, Moïse avait compris qu'il était appelé à libérer son peuple, mais il fallait d'abord qu'il soit préparé et formé par Dieu. Sur le plan personnel, Moïse avait vu juste, mais il ne pouvait accomplir son œuvre tant qu'il n'avait pas appris la communion avec Dieu.

Il se peut que nous ayons une révélation très claire de ce que Dieu attend de nous, et nous nous mettons aussitôt à l'œuvre. Puis nous faisons une expérience semblable aux quarante ans dans le désert, comme si Dieu ignorait la révélation que nous avons eue. Enfin, Dieu nous parle à nouveau, il renouvelle son appel, et nous disons en tremblant : « Mais qui suis-je pour cela » ? Il nous faut apprendre à obéir à Dieu, à lui « emboîter le pas » « Celui qui s'appelle JE SUIS m'a envoyé vers vous ».

Nous devons apprendre que toute initiative personnelle pour la cause de Dieu est déplacée ; il faut que notre personnalité soit embrasée par un contact avec Dieu (voir Math. 3.11 : « Il vous baptisera du Saint-Esprit et de feu »). Nous sommes hypnotisés par le côté individuel des choses. Nous avons une vision : « Je sais ce que Dieu attend de moi », mais nous ne marchons pas du même pas que lui. Si vous passez en ce moment par une période de découragement, sachez qu'elle est nécessaire pour que Dieu puisse développer votre personnalité.

14 Octobre
Pour être un vrai missionnaire

Tout pouvoir m'a été donné dans le ciel et sur la terre. Allez et enseignez toutes les nations.

Matthieu 28.18 à 20

L'appel du missionnaire se fonde sur l'ordre souverain de Jésus-Christ, et non sur les besoins du monde païen. Nous regardons volontiers au Seigneur comme à celui qui peut nous assister dans l'œuvre que nous accomplissons pour Dieu. Mais il se présente comme celui qui exerce un pouvoir absolu sur ses disciples. Il ne dit pas que les païens seront perdus si nous n'allons pas vers eux ; il dit simplement : « Allez, et enseignez toutes les nations ». Allez, parce que vous êtes convaincus de ma souveraineté ; enseignez et prêchez en étant animés par l'Esprit de vie que vous recevez de MOI.

« Alors les onze disciples allèrent sur la montagne que Jésus leur avait désignée ». (verset 16). Si je veux connaître la souveraineté universelle de Christ, il faut que je prenne le temps d'adorer Celui dont je porte le nom. « Venez à moi » c'est alors que nous rencontrons Jésus. Êtes-vous fatigués et chargés ? Il y a tant de missionnaires qui le sont ! « Venez à moi ». Nous réservons ces paroles merveilleuses du Souverain du monde pour la fin d'une réunion d'appel, alors qu'elles sont adressées par Jésus à ses disciples !

« Allez... », dit Jésus. Cela veut dire simplement : « Vivez » ! Actes 1 .8, nous dit comment obéir à cet ordre. Jésus n'a pas dit : « Allez à Jérusalem, et en Judée, et en Samarie », mais : « Vous serez mes témoins » dans ces divers lieux. Il se charge lui-même de nous montrer où il faut aller.

« Si vous demeurez en moi et que mes paroles demeurent en vous... », voilà comment nous vivons Pour aller de l'avant. Où que Dieu nous place, c'est lui qui nous dirige.

« Je ne craindrai rien... » : voilà comment tenir ferme, et marcher jusqu'au bout.

15 Octobre
Le message du missionnaire

Il est lui-même une victime expiatoire pour nos péchés ; et non seulement pour les nôtres, mais aussi pour ceux du monde entier.

1 Jean 2.2

Le centre du message du missionnaire, c'est : « Jésus est l'Agneau de Dieu, qui ôte le péché du monde ». Considérez n'importe quel autre aspect de l'œuvre du Christ : la guérison des corps, le salut, la sanctification, il faut des conditions particulières pour les saisir.

Mais la proclamation « Voici l'Agneau de Dieu qui ôte le péché du monde » n'implique aucune condition. Le témoin de Jésus est tout pénétré de cette révélation et annonce la valeur immense de l'œuvre expiatoire de Jésus-Christ pour nos péchés.

Le centre du message du salut n'est pas la douceur de Jésus-Christ, ni sa bonté, ni le fait qu'il révèle Dieu comme Père ; c'est son œuvre accomplie pour la rémission des péchés. Cette œuvre-là a une portée infinie. Un tel message ne connaît aucune frontière politique et ne tient pas compte des particularités nationales ou individuelles ; il s'adresse à tous les hommes. Lorsque le Saint-Esprit agit en moi, il ne prend pas en considération mes préférences, il m'unit au Seigneur Jésus-Christ.

Un missionnaire est un homme lié et attaché à son Seigneur et Maître ; il n'a pas à proclamer son propre point de vue, mais à annoncer l'Agneau de Dieu. Il est certes plus facile d'appartenir à un groupe où l'on raconte « ce que Jésus-Christ a fait pour moi », ou bien d'être un partisan fervent de la guérison par la foi, d'un aspect particulier de la sanctification ou du baptême du Saint-Esprit. Paul n'a pas dit : « Malheur à moi, si je ne dis pas ce que Christ a fait pour moi » !, mais, « Malheur à moi si je n'annonce pas la Bonne Nouvelle » ! Et la Bonne Nouvelle, c'est : « l'Agneau de Dieu qui ôte le péché du monde ».

16 Octobre
Comprendre les ordres du Maître

Priez donc le Maître de la moisson d'envoyer des ouvriers dans sa moisson.

Matthieu 9.38

La clé du problème missionnaire est entre les mains de Dieu, et cette clé c'est la prière et non l'action ; du moins, pas l'action au sens où on entend communément ce mot de nos jours, car il implique une sorte d'évasion , par laquelle on néglige la communion avec Dieu. La réponse, au problème missionnaire, n'est pas la solution du bon sens, ni le secours médical, ni la civilisation ou l'éducation, ni même l'évangélisation. La réponse, c'est la prière. « Priez donc le Maître de la Moisson ». Pour l'homme naturel, la prière n'est pas rentable, c'est une absurdité. Il faut bien reconnaître en effet que du point de vue du sens commun, prier est stupide.

Dans l'optique de Jésus-Christ, il n'y a pas « diverses nations », il y a le monde. Savons-nous, nous aussi, nous élever au-dessus de toutes les distinctions qui séparent les hommes les uns des autres, et nous attacher à une seule personne : Jésus-Christ lui-même ? Il est le Maître de cette moisson, produite par les détresses et la conviction de péché, et c'est dans cette moisson-là que nous devons demander que des ouvriers soient envoyés. Nous sommes absorbés par diverses activités, alors que les gens autour de nous sont prêts à être moissonnés.

Nous n'en récoltons pas un seul et nous gaspillons en activités fébriles le temps que Dieu nous donne. Supposez qu'il se produise chez votre père, ou chez votre frère, une crise spirituelle salutaire, êtes-vous prêt à servir d'ouvrier dans cette moisson de Jésus-Christ ? « Oh ! Direz-vous, j'ai un travail particulier à faire ». Aucun chrétien n'a le droit d'avoir un travail particulier. Un chrétien est appelé à appartenir à Jésus, à le servir et à ne pas lui dicter ce qu'il doit faire. Le Seigneur ne nous appelle pas à une « tâche spéciale », il nous appelle à Lui. « Priez donc le Maître de la Moisson » ; il dirigera lui-même les circonstances de votre vie, et vous enverra dans sa Moisson.

17 Octobre
Des œuvres plus grandes

Celui qui croit en moi fera les œuvres que je fais. Il en fera même de plus grandes, parce que je m'en vais au Père.

Jean 14.12

Ce n'est pas la prière qui nous rend aptes à des œuvres plus grandes ; elle est l'œuvre plus grande. Nous considérons la prière comme un exercice rationnel de nos facultés spirituelles, pour nous préparer au travail de Dieu. Mais selon l'enseignement de Jésus-Christ, la prière est la mise en œuvre en moi, du miracle de la Rédemption, qui, grâce à l'action permanente de Dieu, produit chez les autres le même miracle. C'est en réponse à la prière que les fruits sont donnés ; mais n'oublions pas que cette prière se fonde sur l'agonie du Rédempteur, et non sur la mienne. C'est la prière de l'enfant que Dieu exauce, plutôt que celle de l'homme sage et intelligent.

La prière, c'est la bataille ; quelles que soient les circonstances dans lesquelles Dieu nous place, notre devoir est de prier. Ne vous laissez jamais aller à penser : « Je ne sers à rien, là où je suis, en ce moment », car il est évident que vous ne pouvez servir à quelque chose là où vous n'êtes pas. Quel que soit le lieu où le hasard des circonstances par lesquelles Dieu vous a conduit, priez, criez à lui sans cesse. « Quoi que ce soit que vous demandiez en mon nom, je le ferai ».

Nous attendons pour prier d'être stimulé par des émotions, c'est là la forme la plus grave de l'égoïsme spirituel. Nous avons à agir selon les directives de Dieu, et il nous ordonne de prier. « Priez le Maître de la Moisson, d'envoyer des ouvriers dans sa Moisson ». Le travail d'un ouvrier n'a rien de palpitant, mais c'est grâce à ce travail que ce qui a été conçu par le génie humain peut se réaliser. C'est l'ouvrier de Dieu qui réalise les conceptions de son Maître. Vous luttez dans la prière, et les résultats se produisent au moment choisi par Dieu.

Combien vous serez étonnés en découvrant, lorsque le voile se lèvera, les âmes que vous aurez moissonnées, simplement parce que vous aurez pris l'habitude de demander à Jésus-Christ ce que vous deviez faire !

18 Octobre
La clé du service missionnaire

C'est pour le nom de Jésus qu'ils sont partis.

3 Jean 1.7

Le Seigneur nous a dit comment notre amour pour lui doit se manifester. « M'aimes-tu ? - Alors pais mes brebis ». Nous devons nous occuper des autres comme... Jésus-Christ l'entend, et non lui demander de s'en occuper comme nous l'entendons. Dans la première lettre aux Corinthiens ch. 13.4 à 8, le caractère de cet amour est décrit. Il est l'expression de l'amour de Dieu. C'est dans ma vie quotidienne que je dois prouver mon amour pour Jésus, tout le reste n'est que du verbiage sentimental.

La fidélité à Jésus-Christ est l'œuvre surnaturelle de fa Rédemption, accomplie en moi par le Saint-Esprit. Il répand dans mon cœur l'amour de Dieu, et cet amour agit efficacement à travers moi à l'égard de tous ceux que je côtoie. Je reste fidèle à Jésus-Christ, même lorsque le bon sens et les événements de la vie courante me poussent à douter de sa puissance.

Le secret du vrai service, c'est de n'être attaché à rien ni à personne, sauf au Seigneur lui-même. Mais c'est un détachement intérieur, non extérieur. Le Seigneur savait admirablement s'intéresser à toutes les choses de la vie ordinaire. C'est intérieurement qu'il était détaché de tout, et attaché à Dieu. Le détachement des choses extérieures peut souvent, au contraire, s'accompagner d'un attachement intérieur secret aux choses que nous prétendons mépriser .

La fidélité du missionnaire consiste à garder son âme ouverte à l'influence de la nature du Seigneur Jésus-Christ. Ceux qu'il envoie accomplir son œuvre ne diffèrent en rien des autres hommes, mais ils lui sont fidèles grâce à l'œuvre du Saint-Esprit.

19 Octobre
Le royaume de Dieu est au-dedans de vous

Mon Royaume n'est pas de ce monde.

Jean 18.36

Ce qui fait le plus de tort aujourd'hui à la cause de Jésus-Christ, c'est une conception de l'œuvre chrétienne qui n'est pas inspirée par le Nouveau Testament. On insiste sur les notions modernes d'effort soutenu, d'énergie, d'action, de rendement, au détriment de la vie intérieure. On insiste sur ce qui n'est pas important. Jésus a dit : « Le Royaume de Dieu ne vient pas de manière à frapper les regards... car voici, le Royaume de Dieu est au-dedans de vous », ce qui signifie qu'il est obscur et caché. Un chrétien « actif » vit trop souvent « en vitrine ». Pourtant c'est quand nous sommes seuls, dans le secret de la communion invisible avec Dieu que nous pouvons recevoir la puissance de vie.

Il faut que nous échappions à l'influence néfaste qu'exerce sur nous l'esprit du monde religieux dans lequel nous vivons. Dans la vie de notre Seigneur, il n'y a jamais eu de hâte, de précipitation, d'activité fébrile, dont nous faisons tant de cas, et le disciple doit être comme son Maître. Le principe essentiel, du Royaume de Jésus-Christ, est la communion personnelle avec lui, et non l'efficacité aux yeux des hommes.

Ce n'est pas l'organisation d'activités pratiques qui prépare au service de Dieu, mais le fait de se laisser pénétrer par Dieu. Vous ne savez pas où Dieu vous placera, ni quel effort il vous demandera. Si vous gaspillez votre temps dans une activité débordante, au lieu de vous retremper dans les vérités éternelles de la Rédemption, vous craquerez lorsque le moment de l'effort sera venu. Mais si vous mettez à profit le temps qui vous est donné pour être enraciné et fondé en Dieu, vous aurez la force de rester fidèle, quoiqu'il arrive.

20 Octobre
Est-ce que je veux ce que Dieu veut ?

Ce que Dieu veut, c'est votre sanctification.

1 Thessaloniciens 4.3

Il n'y a aucun doute que la volonté de Dieu est que je sois sanctifié. Mais est-ce bien ma volonté ? Suis-je décidé à laisser Dieu accomplir en moi tout ce qui a été rendu Possible par la Rédemption ? Vais-je accepter que Jésus soit fait pour moi sanctification, et que la vie de Jésus se manifeste dans ma chair mortelle ? Ne vous contentez pas de dire : « Comme je désire être sanctifié » ! Ce n'est pas vrai, vous ne le désirez pas. Cessez de soupirer, et prenez l'affaire au sérieux : « Tel que je suis, sans rien à moi, je viens ». Acceptez, avec une foi sincère, que Jésus-Christ devienne votre sanctification, et le miracle de la Rédemption s'accomplira en vous. Tout ce que Jésus a rendu Possible m'est accordé comme un don gratuit du Dieu d'amour, à cause de l'œuvre qu'il a lui-même accomplie.

Jésus m'ayant sauvé et sanctifié, l'attitude que je dois avoir est celle d'une humble et profonde sainteté, (une sainteté orgueilleuse n'est pas la sainteté). Cette sainteté a sa source dans une sincère repentance, et dans un sentiment de honte et de déchéance inexprimable ; mais en même temps je fais la merveilleuse découverte que l'amour de Dieu a fait irruption dans mes ténèbres. Alors que je ne me Souciais pas de lui, il a tout accompli pour mon salut et ma sanctification (voir Romains 5.8). Il n'est pas étonnant que Paul dise : « Rien ne pourra nous séparer de l'amour de Dieu manifesté en Jésus-Christ ».

La sanctification m'unit à Christ, et par lui à Dieu, et c'est l'Expiation qui produit toutes ces merveilles. Ne prenez jamais l'effet pour la cause. L'effet en moi, c'est l'obéissance, le service, la prière, qui résultent de ma reconnaissance pour la sanctification opérée en moi grâce à l'Expiation.

21 Octobre
Nous laissons-nous diriger par nos impulsions ?

Vous édifiant vous-mêmes sur votre très sainte foi.

Jude.20

Le Seigneur n'était ni un impulsif, ni un insensible ; il était habité par une force tranquille qui ne s'effrayait de rien. La plupart d'entre nous vivent leur vie chrétienne selon les tendances de leur tempérament, et non selon la volonté de Dieu. Nos impulsions font partie de notre nature humaine, mais le Seigneur n'en tient jamais compte., parce qu'elles entravent la croissance spirituelle. Remarquez comment s'y prend l'Esprit de Dieu pour mettre un frein à nos impulsions. Ses entraves touchent notre orgueil , nous font perdre la tête et nous poussent aussitôt à prétendre que nous avons raison. Il est compréhensible qu'un enfant soit impulsif, mais c'est désastreux chez l'adulte, homme ou femme ; l'homme impulsif est toujours un enfant gâté. L'impulsion peut se transformer en intuition, si on se soumet à la discipline.

La vie du disciple doit s'édifier uniquement sur la grâce surnaturelle de Dieu. Marcher sur les eaux est facile pour celui qui a du cran, mais c'est autre chose de marcher sur la terre ferme, en disciple de Jésus-Christ. Pierre marcha sur les eaux pour aller vers Jésus, mais dans une autre occasion il ne le suivit que de loin. Nous n'avons pas besoin de la grâce de Dieu pour rester fermes dans les moments de crise ; nos ressources humaines et notre fierté nous suffisent et nous permettent de faire face.

Mais il faut le secours de la grâce surnaturelle de Dieu pour vivre en chrétien vingt-quatre heures sur vingt-quatre, accomplir une tâche monotone, vivre l'existence ordinaire et cachée du serviteur de Jésus-Christ. Par nature nous avons tendance à vouloir faire des choses sensationnelles pour Dieu. C'est u ne erreur, il nous faut être sensationnels dans les choses ordinaires, saints dans les rues misérables, parmi les gens médiocres, et cette vie-là ne s'apprend pas en un jour !

22 Octobre
Le témoignage du Saint-Esprit

L'Esprit lui-même rend témoignage à notre esprit…

Romains 8.16

Lorsque nous nous approchons de Dieu, nous sommes parfois tentés de marchander. Nous désirons le témoignage de l'Esprit avant d'obéir à Dieu. « Pourquoi Dieu ne se révèle-t-il pas à moi » ? , nous demandons-nous. Il ne le peut pas. Ce n'est pas qu'il ne le veuille pas, mais il ne le peut pas, parce que notre refus de nous abandonner à lui, lui barre la route. Dès que nous nous rendons à Dieu sans réserve, il se rend témoignage à Lui-même.

Il ne peut pas vous rendre témoignage à vous, mais il rend immédiatement témoignage à sa propre nature qu'il a mise en vous. Si vous aviez le témoignage avant la réalité, tout se dissiperait en une émotion sentimentale. Dès que vous vous appuyez sur la Rédemption et que vous faites taire vos vains raisonnements, Dieu se manifeste à vous et vous découvrez avec effarement que jusque là, c'est vous qui l'empêchiez de le faire. Si vous doutez que Dieu puisse vous délivrer du péché, alors laissez-le agir, ou bien dites-le lui. Ne vous appuyez pas sur l'avis des uns ou des autres, mais selon Matthieu 11.28 : « Venez à moi » ! Venez, si vous êtes fatigué et chargé ; demandez-lui si vous êtes mauvais, de vous changer (Luc 11.13) .

Nous confondons parfois l'évidence toute simple du bon sens avec le témoignage du Saint-Esprit. Mais l'Esprit ne rend témoignage qu'à notre esprit et à l'œuvre de la Rédemption, il ne rend jamais témoignage à notre raison. Si nous voulons l'y contraindre, il n'est pas étonnant que nous soyons dans les ténèbres et dans l'incertitude. Jetez tout cela par-dessus bord, fiez-vous à Dieu, et il vous accordera le témoignage du Saint-Esprit.

23 Octobre
Rien ne doit subsister

Si quelqu'un est en Christ, il est une nouvelle créature ; les choses anciennes sont passées.

2 Corinthiens 5.17

Le Seigneur n'a aucun égard pour nos préjugés, il les écrase, il veut les démolir. Nous nous imaginons que Dieu porte un intérêt particulier aux préjugés qui nous sont chers. Nous sommes certains qu'il ne nous traitera pas avec la même sévérité qu'il appliquera aux autres. « Il faut que Dieu soit très ferme avec eux, mais il sait bien que, moi, j'ai raison ».

Il faut que nous apprenions que les choses anciennes sont passées ; il ne doit rien en subsister. Dieu n'a aucune indulgence pour nos préjugés, il veut les abolir. Cette action de la Providence de Dieu qui démolit nos préjugés, fait partie de notre éducation morale. Observons comment Dieu s'y prend. Il ne tient aucun compte de ce que nous lui apportons ; il n'attend de nous qu'une chose : l'abandon total à sa volonté.

Lorsque nés de nouveau, le Saint-Esprit commence en nous la création nouvelle, le moment vient où il ne subsiste plus rien de ce que nous étions auparavant. L'ancienne routine, l'ancienne raideur, l'ancienne mentalité disparaissent, et « tout vient de Dieu ».

Comment pouvons-nous réaliser une vie sans convoitise, sans égoïsme, sans susceptibilité ; comment pouvons-nous avoir l'amour qui n'est point envieux, qui ne soupçonne pas le mal, qui est toujours aimable ? En ne laissant rien subsister en nous de notre vie ancienne, et en mettant en Dieu, simplement, toute notre confiance une confiance telle que nous ne réclamons plus les bienfaits de Dieu, mais Dieu lui-même. En sommes-nous là ? Lorsque nous aurons vu Dieu à œuvres, nous ne serons plus préoccupés de ce qui peut nous arriver, car nous nous confierons dans notre Père Céleste et verrons « celui qui est invisible ».

24 Octobre
Triompher en Christ

Grâces soient rendues à Dieu, qui nous fait toujours triompher en Christ !

2 Corinthiens 2.14

Dans notre travail Pour Dieu, nous ne devons pas nous contenter de faire le mieux Possible, mais nous devons viser toujours plus haut. Veillez à garder fermement l'idéal divin. Jour après jour, heure après heure, notre effort doit être continu, incessant. Aucun Pouvoir humain ne doit nous en détourner .

Ce qu'il ne nous faut jamais perdre de vue, c'est que nous n'existons que pour être les captifs du Christ, enchaînés à son char de triomphe. Nous ne sommes pas destinés à figurer dans une exposition de chefs-d'œuvre ; nous devons seulement montrer aux hommes que nous sommes à tous les points de vue des captifs de Jésus-Christ. Ne disons pas : « Me voilà seul à combattre pour Jésus-Christ », ou : « Je dois soutenir la cause de Jésus et défendre cette forteresse pour lui ». Paul dit : « Je fais partie du cortège du vainqueur, et quelles que soient les difficultés, je triomphe toujours en lui ». Est-ce que cette pensée se traduit dans notre vie quotidienne ?

La joie profonde de Paul venait de ce que Dieu l'avait saisi, lui, le persécuteur sanguinaire, l'ennemi de Jésus-Christ, et fait de lui son prisonnier pour toute la vie. En dehors de cela rien, ni dans le ciel, ni sur la terre, ne lui semblait digne d'intérêt. Un chrétien devrait avoir honte de parler des victoires qu'il a remportées. Il n'y a qu'un Vainqueur et nous lui appartenons si complètement que nous participons continuellement à sa victoire, c'est par Lui que nous sommes plus Que vainqueurs.

Nous sommes, pour Dieu, « la bonne odeur de Christ ». Étant enveloppés de ce parfum, nous pourrons être partout où nous irons, agréables à notre Dieu .

25 Octobre
Supporter tout !

Je me suis fait tout à tous, afin d'en gagner de toutes manières quelques-uns.

1 Corinthiens 9.22

Un chrétien au service de Dieu doit apprendre à être son digne représentant dans un monde indigne. Ne dites jamais : « Oh ! Si seulement j'étais ailleurs » ! Les hommes dont Dieu se sert ne sont que des hommes ordinaires, mais qui deviennent extraordinaires par les capacités que Dieu leur donne.

Si Dieu ne communique pas à nos esprits les capacités intellectuelles, ni à nos cœurs les sentiments qui le glorifient, nous serons dépourvus d'utilité. Ce n'est pas nous qui avons choisi d'être au service de Dieu. Bien des gens décident de servir Dieu, sans que sa grâce toute-puissante et sa parole puissante leur aient communiqué les capacités nécessaires. Paul était transporté d'enthousiasme à la pensée de l'œuvre accomplie par Jésus dans le monde, et il ne perdait jamais de vue cette pensée capitale. Nous aussi, nous ne devons savoir qu'une chose : « Jésus-Christ, et Jésus-Christ crucifié ».

« Je vous ai choisis ». Ayez toujours à l'esprit la grandeur de votre vocation. Ce n'est pas vous qui ayez choisi Dieu, mais lui vous a choisis. Pendant que vous vous préparez à le servir, Il est à l'œuvre, courbant, brisant, façonnant. Pourquoi agit-il ainsi ? Nous ne le savons pas. Mais nous savons qu'il désire nous amener à une soumission telle qu'il pourra dire : « Cet homme, cette femme, m'appartient véritablement ». Il faut que nous soyons des instruments dociles dans la main de Dieu, de telle sorte qu'il puisse par notre moyen établir des hommes sur le Roc, comme il nous y a nous-mêmes établis.

Ne décidez jamais par vous-même d'être serviteur de Dieu. Mais si Dieu vous choisit, malheur à vous si vous vous détournez à droite ou à gauche. Laissez-le faire, car après son appel, il agira à votre égard, différemment d'avec les autres.

26 Octobre
Qu'est-ce qu'un missionnaire ?

Comme mon Père m'a envoyé, moi aussi je vous envoie.

Jean 20.21

Un missionnaire, c'est un envoyé de Jésus-Christ, comme Jésus fut envoyé de Dieu. Ce qui importe avant tout, ce ne sont pas les besoins des hommes, mais l'ordre de Jésus. Si nous travaillons pour Dieu, la source de notre inspiration est derrière nous, et non devant nous. De nos jours, on a tendance à chercher l'inspiration dans l'avenir, à faire des plans de conquête et à tout faire cadrer avec notre conception du succès. Selon le Nouveau Testament, le Seigneur Jésus inspire ses disciples ; leur rôle est de lui être fidèles, de réaliser ses desseins.

Nous attacher à Jésus-Christ, voir les choses de son point de vue à lui, voilà ce qui est capital. Le grand danger, dans le travail missionnaire, c'est de négliger l'appel de Dieu pour ne plus voir que les besoins des gens, jusqu'à ce qu'une sympathie tout humaine nous fasse oublier entièrement que nous sommes les envoyés de Jésus-Christ. Les besoins sont si vastes, les situations si compliquées, que nous ne savons où donner de la tête. Nous oublions que le but essentiel de toute entreprise missionnaire, ce n'est ni d'élever le niveau de vie des gens, ni de les éduquer, ni de pourvoir à leurs besoins matériels, mais tout simplement d'obéir au commandement de Jésus : « Allez, et enseignez toutes les nations ».

Quand nous étudions la vie des hommes et des femmes qui ont servi Dieu, nous sommes tentés de dire : « Ils étaient merveilleusement perspicaces ! Ils ont parfaitement compris la volonté de Dieu » ! Mais cette perspicacité, cette habileté viennent de Dieu et non de la sagesse humaine. Dieu pouvait agir librement parce que ces gens étaient assez naïfs, assez fous pour se fier à Sa sagesse et se laisser revêtir de Ses armes.

27 Octobre
La méthode du missionnaire

Allez, faites de toutes les nations des disciples.

Matthieu 28.19

Jésus n'a pas dit : « Allez sauver des âmes » ! Car le salut n'est accompli que par Dieu. - Il a dit : « Allez, faites de toutes les nations des disciples », et pour cela il faut être disciple soi-même. Lorsque les disciples revinrent de leur première tournée missionnaire, ils étaient remplis de joie parce que les démons leur étaient soumis, mais Jésus leur dit : « Ne vous réjouissez pas d'avoir eu du succès dans votre service ; le grand secret de la joie, c'est la communion avec Moi ». Le missionnaire doit avant tout rester fidèle à l'appel qu'il a reçu de Dieu, et n'avoir d'autre but que d'amener des hommes et des femmes à devenir disciples de Jésus. Il y a une passion des âmes qui ne vient pas de Dieu, mais du désir de convertir les gens à nos idées.

Ce qui peut compromettre le ministère du missionnaire, ce n'est pas que les gens refusent le salut, que les rétrogrades soient difficiles à ramener, ce n'est pas qu'il se heurte à l'indifférence générale, mais bien que sa propre communion avec Jésus-Christ se relâche. « Croyez-vous que je puisse faire cela » ? Jésus nous pose cette question pénétrante. Nous la retrouvons devant chacune de nos difficultés.

Le seul grand défi est celui-ci : « Est-ce que je connais véritablement mon Seigneur ressuscité ? Est-ce que je connais la puissance de son Esprit en moi ? Suis-je assez sage aux yeux de Dieu, assez fou aux yeux des hommes, pour m'appuyer sur ce que Jésus a dit ? Ou bien est-ce que j'abandonne le terrain surnaturel d'une confiance absolue en Jésus-Christ ? Si j'adopte quelqu'autre méthode, j'abandonne par là-même celle établie par le Seigneur : Tout pouvoir m'a été donné... c'est pourquoi, allez... » !

28 Octobre
La justification par la foi

Si lorsque nous étions ennemis, nous avons été réconciliés avec Dieu par la mort de son Fils, à combien plus forte raison, étant réconciliés, serons-nous sauvés par sa vie.

Romains 5.10

Je ne suis pas sauvé par ma propre foi ; mais c'est par la foi que je me rends compte que je suis sauvé. Ce n'est pas la repentance qui me sauve, mais elle est un signe : je me rends compte de ce que Dieu a fait pour moi en Jésus-Christ. Nous risquons de prendre l'effet pour la cause, et de dire : « C'est mon obéissance, ma consécration, qui me rendent agréable à Dieu ». Non ! Jamais !

Ce qui me réconcilie avec Dieu c'est avant tout. la mort de Jésus. Lorsque je me tourne vers Dieu et que, par la foi, j'accepte ce que Dieu me révèle, le miracle prodigieux de l'Expiation de Jésus-Christ rétablit aussitôt l'harmonie avec Dieu. Je suis justifié, non parce que je regrette mon péché, ni parce que je me repens, mais à cause de l'œuvre accomplie par Jésus, En un éclair l'Esprit de Dieu m'en donne la conviction lumineuse et sans comprendre comment, je sais que je suis sauvé.

Le salut de Dieu ne repose pas sur les raisonnements de la logique humaine, mais sur la mort de Jésus qui s'est offert en sacrifice. Grâce à l'Expiation de notre Seigneur, nous naissons de nouveau. Les pécheurs peuvent être transformés en nouvelles créatures non par leur repentance ou leur foi, mais par l'œuvre merveilleuse accomplie par Dieu en Jésus-Christ. Dieu lui-même garantit ma justification et ma sanctification. Nous n'avons pas à y travailler nous-mêmes, elles ont été accomplies par l'Expiation. Le surnaturel devient naturel par l'intervention miraculeuse de Dieu ; alors ce que Jésus-Christ a déjà accompli devient réalité pour nous « Tout est accompli ».

29 Octobre
La substitution

Il l'a fait devenir péché pour nous, afin que nous devenions en lui, justice de Dieu.

2 Corinthiens 5.21

La conception moderne de la mort de Jésus-Christ, c'est qu'il est mort pour nos péchés par pitié pour nous. La pensée du Nouveau Testament, c'est qu'il s'est chargé de nos péchés, non par pitié, mais pour s'identifier à nous. Il a été fait péché. Nos péchés sont ôtés à cause de la mort de Jésus.

Il est mort par obéissance à son Père, et non par pitié pour nous. Si Dieu nous accueille, ce n'est pas à cause de notre obéissance ou parce que nous renonçons à certaines choses, mais uniquement à cause de la mort du Christ. Nous disons que Jésus est venu pour nous révéler le Dieu d'amour, le Père.

Le Nouveau Testament nous dit qu'il est venu pour ôter le péché du monde. Il révèle Dieu comme Père à ceux qui l'ont d'abord reçu comme Sauveur. Jésus-Christ ne s'est jamais présenté comme celui qui révélait au monde la paternité divine, mais comme la pierre d'achoppement (voir Jean 15.22 à 24). Quand Jésus dit : « Celui qui m'a vu a vu le Père » (Jean 14.9), il parle exclusivement à ses disciples.

Le Nouveau Testament n'enseigne nulle part que Christ est mort pour que je puisse m'en tirer indemne. Ce qu'il enseigne, c'est que Jésus est mort pour tous mais il n'a pas vécu ma mort. Je dois m'identifier avec sa mort pour être libéré du péché et hériter de sa justice même. La substitution dont parle le Nouveau Testament a deux aspects : « Lui qui n'a pas connu le péché, il l'a fait devenir péché pour nous, afin que nous devenions en lui justice de Dieu ». Le Christ n'est pas pour moi si je n'accepte pas que Christ soit formé en moi.

30 Octobre
La foi

Sans la foi, il est impossible d'être agréable à Dieu.

Hébreux 11.6

La foi qui s'oppose au bon sens, c'est du fanatisme. Le bon sens qui s'oppose à la foi, c'est du rationalisme. La vie par la foi réconcilie l'un avec l'autre. Le bon sens n'est pas la foi, et la foi n'est pas le bon sens.

Il y a entre eux les mêmes rapports qu'entre le naturel et le spirituel, entre l'impulsion et l'inspiration. Ce que Jésus a dit n'est pas inspiré par le bon sens, mais par un sens plus haut, une révélation qui atteint les hauteurs où le bon sens nous abandonne. Il faut que notre foi soit mise à l'épreuve avant qu'elle puisse devenir pour nous une réalité. Nous savons que « toutes choses concourent au bien de ceux qui aiment Dieu », alors, quels que soient les événements, l'alchimie de la divine providence transforme la foi théorique en réalité pratique. La foi a toujours quelque chose de personnel. Dieu veut que la foi théorique de son enfant se traduise dans la pratique.

Pour chaque détail de la vie ordinaire, notre foi en Dieu est la pierre de touche qui nous permet de mettre à l'épreuve ce qui nous est révélé. La foi est un principe extraordinairement actif, qui met toujours Jésus-Christ en avant : « Seigneur, tu as dit de ne nous inquiéter de rien » (voir Matthieu 6.33), « cela paraît insensé, mais je vais m'aventurer à agir selon tes paroles ». Transformer la foi intellectuelle en réalité personnelle est toujours un combat. Dieu, pour former notre foi, nous place dans des circonstances qui transformeront en réalité ce qu'elle espère.

Tant qu'on ne connaît pas Jésus, Dieu n'est qu'une abstraction, en laquelle nous ne pouvions avoir foi. Mais dès que nous entendons Jésus-Christ nous dire : « Celui qui m'a vu a vu le Père », nous avons quelque chose de réel, et notre foi s'épanouit. La foi, c'est tout notre être uni à Dieu par la puissance de l'Esprit de Jésus-Christ.

31 Octobre
La foi véritable

...la foi comme un grain de sénevé...

Matthieu 17.20

Nous avons l'idée que Dieu nous récompense pour notre foi ; cela est possible au début de la vie chrétienne. Mais la foi en elle-même ne nous fait rien acquérir. Elle établit entre Dieu et nous des rapports normaux, et permet à Dieu d'agir en nous. Si vous êtes chrétien, il est souvent nécessaire que Dieu anéantisse ce que vous croyiez posséder d'expérience religieuse, pour vous ramener à lui. Dieu veut vous faire comprendre que vous devez vivre une vie de foi et non une vie où l'on jouit de ses bénédictions.

Votre vie spirituelle était concentrée, au début, sur un tout petit point lumineux, sur une expérience que vous aviez faite, et qui vous était particulièrement douce et précieuse ; mais elle était faite de sentiment autant que de foi. Puis Dieu retira ses bénédictions conscientes pour vous apprendre à marcher par la foi . À ses yeux, vous avez beaucoup plus de valeur maintenant, que lorsque vous aviez conscience d'émotions bouleversantes et où votre témoignage était vibrant.

La foi n'existe réellement que lorsqu'elle est mise à l'épreuve. Et l'épreuve la plus effective ne résulte pas tant de ce que nous avons de la peine à nous confier en Dieu, que du fait que nous n'arrivons pas à saisir clairement la nature et la puissance de Dieu .

Pour que notre foi devienne forte, il faut qu'elle soit éprouvée par les souffrances que produit un sentiment de complet abandon. Ne confondez jamais l'épreuve de la foi avec les ennuis habituels de l'existence. Bien des contrariétés, que nous considérons comme des épreuves de la foi, sont simplement les difficultés inévitables qui viennent de ce que nous vivons sur la terre. La foi biblique, c'est une foi en Dieu qui tient ferme contre tout ce qui peut démentir son existence. « Je resterai fidèle à Dieu quoi qu'il fasse ».

1er Novembre
Nous ne sommes pas à nous-mêmes

Ne savez-vous pas... que vous ne vous appartenez point à vous-mêmes ?

1 Corinthiens 6.19

Un homme ou une femme en communion vivante avec les souffrances de Jésus-Christ ne peut plus avoir de vie privée, de « petit monde dans le vaste monde ». Dieu détruit la vie privée de ses enfants, et en fait une grande voie publique où tout le monde passe, mais où il passe, lui aussi. Personne ne peut supporter un tel dépouillement, s'il n'est d'abord uni à Jésus-Christ. Nous ne sommes pas sanctifiés pour nous-même, nous sommes appelés à la communion de l'Évangile, et s'il nous arrive des choses qui ne semblent pas nous concerner, c'est parce que Dieu veut nous introduire dans sa communion. Laissez-le agir, sans quoi, non seulement vous n'aurez pas la moindre utilité dans Son œuvre de Rédemption pour le monde, mais vous serez un obstacle, une entrave.

La première chose que Dieu fait en nous est de nous dépouiller de ce qui nous est le plus cher, jusqu'au moment où, ne nous souciant plus de nous-mêmes, nous désirons que l'œuvre de la Rédemption s'accomplisse à travers nous. Pourquoi refuserions-nous d'avoir le cœur brisé ? Dieu, par ce moyen, prépare pour nous une communion plus profonde avec son Fils. À la première souffrance, la plupart d'entre nous s'effondrent ; nous restons là, anéantis, au seuil des desseins de Dieu pour nous. Nous nous apitoyons sur nous-même, et toute la prétendue sympathie chrétienne ne pourra qu'accélérer notre déroute. Mais Dieu ne veut pas cela. Il vient à nous, il nous saisit par la main percée de son Fils, et nous dit : « Entre dans ma présence, lève-toi et resplendis ».. Si, par un cœur brisé les desseins de Dieu, pour le monde, peuvent mieux s'accomplir, remerciez-le de vous avoir brisé le cœur .

2 Novembre
Autorité et indépendance

Si vous m'aimez, gardez mes commandements.

Jean 14.15

Notre Seigneur ne nous contraint jamais à l'obéissance. Il nous dit très catégoriquement ce que nous avons à faire, mais ensuite il nous laisse libres. Notre obéissance doit résulter de notre communion avec lui. C'est pourquoi, lorsque le Seigneur nous invite à être ses disciples, il y met toujours un « Si ». - « Si quelqu'un veut être mon disciple, qu'il renonce à lui-même ». Le Seigneur ne nous propose pas de nous assurer une « bonne situation » dans l'éternité, mais de nous utiliser en nous gardant sous sa dépendance, c'est pourquoi ses paroles nous semblent si sévères (voir Luc 14.26) : « Si quelqu'un vient à moi, et s'il ne hait pas son père... » Mais attention, n'interprétez jamais ces paroles en les séparant de Celui qui les a prononcées.

Le Seigneur ne me donne pas de règles, mais il me propose très clairement un idéal de vie. Si j'ai pour lui un véritable amour, je ferai ce qu'il me dit sans aucune hésitation. Si j'hésite, c'est parce qu'il y a quelqu'un que j'aime plus que lui, et ce quelqu'un, c'est moi-même. Jésus-Christ ne m'obligera pas à lui obéir, il faut que je le fasse de moi-même, et en le faisant, j'accomplirai ma véritable destinée spirituelle. Mes journées peuvent être remplies d'une quantité de petits incidents négligeables et médiocres. Mais si j'obéis à Jésus-christ dans ces circonstances qui paraissent survenir par hasard, elles deviendront comme des trous d'épingles par lesquels Dieu m'apparaîtra. Et un jour, je découvrirai que, par mon obéissance, beaucoup d'âmes ont été bénies. La Rédemption qui amène à l'obéissance est toujours créatrice de salut. À travers mon obéissance le Dieu Tout-Puissant lui-même, agit.

3 Novembre
Esclave de Jésus

J'ai été crucifié avec Christ, et si je vis, ce n'est plus moi qui vis, c'est Christ qui vit en moi.

Galates 2.20

Ces mots impliquent un renoncement délibéré à mon indépendance, et ma soumission à la seigneurie de Jésus-Christ. Dieu peut me mettre trois cent soixante-cinq fois par an devant cette nécessité, mais il ne peut faire à ma place ce que j'ai à faire. Il faut que je brise la dure coque de mon égoïsme qui me sépare de Dieu, pour que ma personnalité s'en échappe et vienne s'unir dans une communion parfaite avec Dieu lui-même. Cela non pour réaliser mes propres idées, mais pour être fidèle à Jésus. Quand j'en suis là, tout devient clair. Bien peu d'entre nous connaissent vraiment la fidélité absolue à Christ : « À cause de moi » c'est cette attitude-là qui fait le saint authentique.

Cet abandon est-il accompli ? Tout le reste n'est que pieuse fraude. Le seul point décisif est celui-ci : Est-ce que j'accepte de m'abandonner , d'être soumis sans réserve à Jésus-Christ, sans poser de conditions sur la manière dont mon esprit d'indépendance sera brisé ? Dès lors se produit l'union surnaturelle avec Christ, et le Saint-Esprit m'en donne une claire confirmation : « J'ai été crucifié avec Christ ». Pour être un véritable disciple, je dois en venir là: renoncer à tous mes droits, et devenir l'esclave de Jésus-Christ. Sans cet abandon, ma sanctification ne peut pas commencer .

Il faut que Dieu puisse nous utiliser à son gré. Ce n'est pas à nous de décider ce que nous devons faire, c'est à Dieu seul.

4 Novembre
L'autorité de la révélation

Approchez-vous de Dieu, et il s'approchera de vous.

Jacques 4.8

Il est très important de donner à tous l'occasion de mettre en pratique chaque vérité divine. Nous ne pouvons le faire pour eux, la responsabilité leur en est laissée. Ils doivent agir délibérément car le message de l'évangile doit toujours pousser à l'action. Le refus d'agir est une paralysie qui laisse l'homme inchangé ; mais celui qui agit n'est plus jamais le même. Cela semble être une folie, et c'est ce qui retient tant de personnes qui pourtant ont été convaincues par le Saint-Esprit. À l'instant même où je me lance dans l'action, je vis enfin, alors qu'auparavant je végétais. Lorsque toute ma volonté s'élance vers l'action, je vis véritablement.

Chaque fois qu'une vérité divine vous est révélée, mettez-la en pratique, pas nécessairement en agissant aussitôt, mais en prenant une ferme résolution d'agir, un engagement écrit. Alors, l'enfant de Dieu le plus faible, est affranchi de sa faiblesse ; toute la merveilleuse puissance de Dieu vient en lui. Quand la vérité divine nous apparaît d'abord, nous reconnaissons nos fautes, mais nous y retombons souvent ; nous connaissons ainsi des hauts et des bas, jusqu'à ce que nous comprenions que nous ne devons plus reculer. Il nous faut saisir une parole de notre Seigneur et Sauveur, et nous en servir pour passer un contrat avec lui. C'est la pensée du Seigneur, quand il nous dit : Il Venez à moi « , il veut dire, Il liez-vous à moi par un contrat ». Nous avons du mal à nous y décider. Mais celui qui se décide enfin voit à l'instant même la vie divine envahir son cœur. La puissance de domination du monde, de notre « moi », de Satan, est paralysée, non par l'acte lui-même, mais par la puissance divine que cet acte a déclenchée.

5 Novembre
Participants de ses souffrances

Réjouissez-vous...de la part que vous avez aux souffrance de Christ...

1 Pierre 4.13

Si Dieu veut vous employer à son service, il vous ferai passer par une multitude d'expériences qui ne vous paraîtront pas nécessaires. Elles ont pour but de vous rendre utile et : capable de comprendre mieux le cœur des autres, ainsi, vous ne serez jamais surpris par les circonstances. « Je né sais pas comment m'y prendre avec cette personne », dites-vous. Et pourquoi ? Dieu vous avait donné amplement l'occasion de vous instruire auprès de lui, au sujet de ce qui vous préoccupe maintenant, et aujourd'hui vous vous cognez contre un mur, parce que vous avez méprisé ces enseignements.

Les souffrances de Christ ne sont pas comme celles de l'homme ordinaire. Il a souffert « selon la volonté de Dieu », et non en voyant les choses comme nous les voyons. C'est seulement quand nous sommes unis à Jésus-Christ que nous pouvons comprendre le but que Dieu poursuit, en agissant ainsi avec nous. Un chrétien doit arriver à comprendre le dessein de Dieu. L'histoire de l'Église Chrétienne nous apprend que la tendance générale a toujours été d'éviter d'avoir part aux souffrances de Christ. Les hommes ont cherché à réaliser le plan de Dieu en suivant un autre chemin, qu'ils ont tracé eux-mêmes. Mais le chemin de Dieu, c'est le chemin monotone et long de la souffrance.

Est-ce que nous avons part aux souffrances de Christ ? Est-ce que nous sommes prêts à ce que Dieu anéantisse nos ambitions personnelles, à ce que Dieu détruise, pour les transfigurer, nos résolutions personnelles ? Cela ne veut pas dire que nous sachions exactement où Dieu nous mène ; car nous en éprouverions de l'orgueil. Sur le moment, nous ne voyons pas bien le but que Dieu poursuit, nous marchons plus ou moins en aveugles, sans comprendre, puis, un beau jour, la lumière se fait, et nous pouvons dire : « Vraiment, à mon insu, Dieu m'avait préparé pour ma tâche présente » !

6 Novembre
Un programme de foi

Crois-tu cela ?

Marthe croyait que Jésus avait une grande puissance ; elle croyait que, s'il avait été là, il aurait guéri son frère. Elle croyait aussi que Jésus avait un rapport assez intime avec Dieu, pour que, quoi qu'il demande, Dieu l'exauce. Mais cependant il lui fallait arriver à connaître Jésus d'une manière plus personnelle. La foi de Marthe ne trouvait son accomplissement que dans un avenir lointain ; Jésus l'amène graduellement à une foi vraiment personnelle qui se concrétise et s'exprime : « Oui, Seigneur, je crois que tu es le Christ... »

Retrouvez-vous ce même cheminement dans votre vie ? Le Seigneur vous apprend-il à vivre dans son intimité ? Laissez-le vous poser la même question : « Crois-tu cela » ?. Quels sont les doutes qui vous tourmentent ? Les circonstances où vous vous trouvez, mettent-elles votre foi à l'épreuve ? Pour que votre foi devienne vraiment personnelle, il faut que votre personne soit en jeu, que vous reconnaissiez votre détresse personnelle.

Croire, c'est s'abandonner. La foi abstraite est déjà une sorte de confiance, mais pas un véritable abandon. La foi personnelle précise cette confiance, et la restreint à un seul objet. La foi concrète consiste à s'abandonner à Jésus-Christ, et à ne vouloir que lui pour Seigneur.

En présence de Jésus-Christ qui me dit : « Crois-tu cela » ? , je découvre que la foi en Jésus est aussi naturelle que la respiration, et je suis stupéfait de ne pas m'en être aperçu plus tôt.

7 Novembre
Dieu nous dirige

Toutes choses concourent au bien de ceux qui aiment Dieu.

Romains 8.28

Les circonstances de la vie d'un chrétien sont réglées :' par Dieu lui-même. Rien n'y arrive par hasard. Dans sa sagesse, Dieu vous met dans des situations dont vous ne saisissez pas le sens. Il vous conduit dans des lieux choisis à l'avance, vous fait rencontrer certaines personnes, et vous place dans des conditions telles que l'intercession, suscitée en vous par le Saint-Esprit, soit orientée dans tel ou tel sens.

Ne cherchez jamais à guider les événements, à vous dire : « Je vais diriger et prévoir ; éviter ceci et me méfier de cela ». Votre vie étant dans la main de Dieu, ne pensez donc pas que les circonstances que vous traversez sont étranges. Votre rôle dans la prière d'intercession, ce n'est pas de souffrir l'agonie de l'intercession, mais de profiter des circonstances ordinaires où Dieu vous place, des gens simples parmi lesquels vous vous trouvez, pour les apporter devant le trône de Dieu, et donner au Saint-Esprit l'occasion de prier pour eux par votre entremise. C'est de cette manière que Dieu, par le moyen de ses enfants, atteint le monde entier .

Suis-je un obstacle à l'œuvre du Saint-Esprit en restant dans le vague, ou peut-être en me substituant à lui ? Dans l'intercession, il faut que l'homme fasse sa part ; et sa part, ce sont les circonstances dans lesquelles il se trouve, et les gens avec lesquels il est en contact. Ma pensée doit être comme le sanctuaire du Saint-Esprit, afin qu'à mesure que je nomme ceux pour qui je prie, le Saint-Esprit intercède pour eux.

Vos prières d'intercession ne peuvent être les miennes, et les miennes ne peuvent être les vôtres. Mais en chacun de nous, le Saint-Esprit prie pour telle ou telle personne qui a besoin de cette intercession.

8 Novembre
La puissance incomparable

L'Esprit nous aide dans notre faiblesse, car nous ne savons pas ce qu'il nous convient de demander dans nos prières. Mais l'Esprit lui-même intercède par des soupirs inexprimables.

Romains 8.26

Nous sommes conscients que c'est le Saint-Esprit qui nous incite à prier, mais nous ne nous rendons pas toujours compte que le Saint-Esprit lui-même prie en nous, exprimant ce que nous ne savons exprimer. Lorsque nous sommes nés de nouveau, nés de Dieu, et habités par l'Esprit, il formule à notre place l'inexprimable.

Le Saint-Esprit intercède en nous en faveur des enfants de Dieu, en accord avec sa volonté. Dieu sonde notre cœur, non pour y lire nos prières conscientes, mais pour y trouver la prière de l'Esprit Saint.

L'Esprit de Dieu se sert de l'esprit du croyant comme d'un sanctuaire dans lequel il offre à Dieu son intercession « Votre corps est le Temple du Saint-Esprit ». Quand Jésus purifia le Temple, « il ne laissa personne transporter un objet quelconque à travers le parvis », (Marc 1 O.16). L'Esprit de Dieu ne vous permet pas de vous servir de votre corps à votre convenance. Jésus a chassé sans pitié tous ceux qui vendaient et achetaient dans le Temple, en disant : « Il est écrit : Ma maison sera appelée une maison de prière. Mais vous, vous en faites une caverne de voleurs ».

Nous sommes-nous rendus compte que notre corps est le Temple du Saint-Esprit ? Si oui, nous devons veiller à le garder pur et sans tache, pour lui. Nous devons nous souvenir que notre pensée consciente, bien qu'elle ne soit qu'une toute petite partie de nous-mêmes, doit être un sanctuaire pour le Saint-Esprit. Il veillera lui-même sur notre subconscient, mais c'est à nous de veiller sur tout ce qui est conscient en nous, nous en sommes responsables.

9 Novembre
Instruments de la grâce divine

Je me réjouis maintenant dans mes souffrances pour vous, et ce qui manque aux souffrances de Christ, je l'achève en ma chair...

Colossiens 1.24

Le serviteur de Dieu est appelé au rôle de sacrificateur, intermédiaire entre Dieu et les hommes. Il doit être en communion intime avec Christ et si pénétré de la réalité de la Rédemption, que Dieu peut continuellement, par son intermédiaire, apporter aux autres sa vie créatrice. Ce n'est pas la puissance d'un homme se superposant à la puissance d'un autre homme, mais la présence réelle de Christ se manifestant à travers la vie de son serviteur. Quand nous exposons, d'après le Nouveau Testament, la vie et la mort de notre Seigneur, nos paroles-mêmes deviennent un moyen de grâce. Dieu s'en sert pour créer en ceux qui écoutent une vie nouvelle grâce à la Rédemption qu'il a accomplie.

Si nous exposons seulement les effets de la Rédemption dans la vie humaine, au lieu de parler de ce qui nous est révélé dans la Bible sur Jésus, ceux qui écoutent ne seront pas amenés à la nouvelle naissance, mais seulement à un raffinement de leur culture spirituelle. L'Esprit de Dieu ne pourra pas confirmer notre parole - car une telle prédication est d'un autre domaine que le sien. Notre communion avec Dieu doit être assez profonde afin que, lorsque nous proclamons ses vérités, il fasse dans les cœurs ce que lui seul peut accomplir .

Quand nous disons de quelqu'un : « Quelle personnalité extraordinaire ! Quel homme fascinant ! Comme il est profond » !, l'Évangile de Dieu ne peut se manifester au travers de ces éloges. C'est impossible. Car si un homme attire les cœurs par ses qualités personnelles, on est conquis par lui, et non par Dieu ; mais si au contraire il est identifié à son Seigneur, alors on est conquis par le Seigneur lui-même. L'homme ne doit jamais être glorifié. C'est Jésus seul que nous avons à glorifier devant les hommes.

10 Novembre
Ouvrier avec Dieu

... ministre de Dieu dans l'Évangile de Christ...

1 Thessaloniciens 3.2

Après que Dieu vous a sanctifié, ne croyez pas que vous connaîtrez nécessairement le but de votre vie, car Dieu, par le Saint-Esprit, vous a saisi et donné une place dans ses desseins. Il veut se servir de vous dans le monde pour réaliser ses plans, comme il s'est servi de son Fils pour réaliser notre salut. Si vous vous efforcez de faire de grandes choses par vous-même, en pensant : « Dieu m'a appelé à faire ceci ou cela », vous faites obstacle à la volonté de Dieu.

Tant que vous êtes préoccupé avant tout de votre développement spirituel, ou de quelque autre ambition bien arrêtée, vous ne pouvez pas servir utilement les desseins de Dieu. Il faut renoncer pour toujours à toute ambition personnelle, et laisser Dieu vous diriger lui-même. Toutes vos actions sont alors celles du Seigneur ; ne soyez pas étonné si vous ne pouvez jamais en comprendre toute la portée.

Il faut que j'apprenne à ne point avoir de but personnel, à n'avoir d'autre but que celui de Dieu. Dieu fait de moi son instrument, et tout ce qu'il me demande, c'est que je me confie en lui, et que je ne dise jamais : « Seigneur, cela me fait trop mal, je ne peux pas » ! En parlant ainsi, je deviens pour Dieu un embarras. Quand je cesse de vouloir lui imposer ma volonté, il peut se servir de moi pour accomplir la sienne, sans obstacle ni entrave. Il peut me froisser, m'élever ou m'abaisser, il peut faire de moi ce qu'il veut. Il me demande seulement d'avoir une foi entière en lui et en sa bonté. La pitié de soi-même vient du diable ; si je m'y laisse aller, je ne peux pas être utilisé par Dieu. Enfermé dans un « petit monde à part », bien au chaud, Dieu ne pourra jamais m'en faire sortir , car j'aurais trop peur d'attraper froid !

11 Novembre
Jusqu'en haut !

Prends ton fils...

Genèse 22.2

L'ordre de Dieu doit être exécuté sur-le-champ : prends maintenant, et non pas tout à l'heure. Comme nous sommes enclins à discuter ! Nous sommes conscients que nous devons obéir, mais nous cherchons des prétextes pour différer le sacrifice que Dieu nous demande. Quand Dieu nous dit de monter sur les hauteurs qu'il nous désigne, il ne faut pas remettre à plus tard, mais le faire maintenant. Le sacrifice est accompli en intention avant d'être exécuté en fait.

« Abraham se leva de bon matin... et partit pour aller au lieu que Dieu lui avait indiqué » (verset 3) Quelle merveilleuse simplicité dans la foi d'Abraham ! Quand Dieu parle, il ne consulte personne. Veillez à ne pas consulter « la chair et le sang », c'est-à-dire vos propres sympathies, vos idées, tout ce qui vient de vous et qui n'est pas fondé sur votre communion avec Dieu. Ce sont toutes ces choses qui font obstacle à votre obéissance.

Abraham n'avait pas choisi ce sacrifice. Méfiez-vous toujours d'un service que vous voulez vous imposer vous-même. Un sacrifice que nous nous imposons peut être malsain. Si Dieu vous donne une coupe agréable à boire, buvez-la en le remerciant ; s'il vous tend une coupe amère, buvez-la en communion avec lui. Si l'ordre de Dieu pour vous entraîne des épreuves douloureuses, supportez-les vaillamment, mais ne choisissez jamais vous-même le décor de votre martyre. Dieu choisit le creuset où il éprouva Abraham, et Abraham n'hésita pas ; il resta ferme. Quand on ne vit pas dans la communion de Dieu, il est facile de le taxer d'injustice. Mais lorsqu'on passe par le creuset, on apprend à mieux le connaître. Dieu vise à fondre ensemble ses desseins et ceux des hommes.

12 Novembre
La vie transformée

Si quelqu'un est en Christ, il est une nouvelle créature. Les choses anciennes sont passées, voici toutes choses sont devenues nouvelles.

2 Corinthiens 5.17

Quelle conception vous faites-vous du salut de votre âme ? Faire l'expérience du salut, c'est voir tout se transformer dans notre vie. Nous ne regardons plus les choses de la même façon ; car nous avons de nouveaux désirs ; ce qui nous attirait a perdu son attrait. Une des pierres de touche d'une telle expérience, c'est le changement d'attitude envers ce qui, pour nous, avait de la valeur. Si vous avez toujours la nostalgie de vos anciennes inclinations, il est absurde de prétendre que vous êtes né de nouveau ; vous vous trompez vous-même. Si vous êtes vraiment né de nouveau ; l'Esprit de Dieu rend cette transformation manifeste dans votre vie, dans votre pensée, et quand l'épreuve vient, vous êtes le premier stupéfait de voir l'extraordinaire différence que cela fait en vous. Il vous est absolument impossible d'imaginer que c'est vous-même qui avez fait cela. C'est ce changement merveilleux et complet qui prouve que vous êtes régénéré.

Mon salut et ma sanctification m'ont-ils réellement transformé ? Est-ce que je vis selon l'amour décrit dans 1 Corinthiens 13, ou est-ce que je tergiverse ? Le salut véritable opéré en moi par le Saint-Esprit, m'affranchit entièrement. Tant que je marche dans la lumière, comme Dieu est dans la lumière, Dieu ne voit rien à reprendre en moi, car par son Esprit sa vie agit en moi sans cesse, sans que j'en sois conscient, et jusque dans les profondeurs de mon être.

13 Novembre
Foi et expérience

... le Fils de Dieu, qui m'a aimé et qui s'est livré lui-même pour moi.

Galates 2.20

Nous devons livrer bataille à tous nos penchants, renoncer à toutes nos tricheries pour nous consacrer sans réserve au Seigneur Jésus. Pensez à la grandeur de Jésus-Christ, tel que le Nouveau Testament nous le révèle, et à la misérable petitesse de notre foi ! Pensez à ce qu'implique la foi absolue en Jésus-Christ : Il peut nous présenter sans tache devant le trône de Dieu, lavés de tout péché, absolument purs et justifiés ! Demeurons dans une foi absolue, dans l'adoration. Jésus a été fait pour nous « sagesse et justice, et sanctification et rédemption ». Comment osons-nous parler des sacrifices que nous ferions pour le Fils de Dieu ! Alors qu'il nous a sauvés de l'enfer et de la perdition . Comment pourrions-nous prétendre faire des sacrifices ?

Nous devons vivre et fortifier continuellement notre foi en Jésus-Christ - non pas un Jésus-Christ de certaines réunions de prières, ou de certains livres, mais le Jésus-Christ du Nouveau Testament, qui est Dieu incarné, et devant qui nous nous prosternons. Nous devons nous confier en lui, car il est la source unique de notre expérience. Jésus-Christ réclame tout notre amour et toute notre consécration.

Jésus-Christ ne peut être emprisonné, mais notre foi doit être fondée sur une inébranlable confiance en lui.

Le Saint-Esprit condamne sévèrement tout manque de foi. Toutes nos craintes sont coupables, et le fruit de notre incrédulité. Comment celui qui est uni à Jésus-Christ, pourrait-il douter ou avoir peur ? Notre foi triomphante devrait chanter sans cesse un hymne de victoire.

14 Novembre
La direction divine

Moi-même, pendant mon voyage, l'Éternel m'a conduit...

Genèse 24.27

Nous devons arriver à une communion si étroite avec Dieu que nous n'ayons plus à lui demander continuellement sa direction. Notre sanctification est la preuve que nous sommes enfants de Dieu, et la vie normale d'un enfant, c'est l'obéissance. Quand l'envie le prend de désobéir, aussitôt sa conscience l'avertit. Dans le domaine spirituel, l'avertisseur, c'est le Saint-Esprit. Quand il nous dit : « Stop » ! Nous devons nous arrêter aussitôt, et rechercher ce qui doit être corrigé, de façon à discerner clairement la volonté de Dieu. Si nous sommes nés de l'Esprit, nous ne devrions pas demander sans cesse à Dieu sa direction. « Le Seigneur m'a conduit », dirons-nous, et en regardant en arrière, nous verrons le plan admirable que Dieu a lui-même tracé.

Nous n'avons pas de peine à voir la main de Dieu dans les événements exceptionnels, mais nous devons apprendre à reconnaître Dieu dans les petits détails de notre vie. Ne pensez jamais que le hasard soit autre chose que la manifestation de la volonté de Dieu, et soyez prêt à découvrir en tout ce qui vous arrive la main divine.

Prenez garde de ne pas vous faire une idole de la fermeté de vos convictions pour l'opposer à votre fidélité à Dieu. « Je ne ferai jamais cela », dites-vous ; mais vous le ferez certainement si Dieu l'ordonne. Personne n'a paru plus inconséquent que le Seigneur, mais il n'a jamais été inconséquent avec son Père. La logique chrétienne ne vient pas d'un principe, mais de la vie divine. C'est cette vie en nous qui, à tout moment, nous révèle la volonté de Dieu. Il est plus facile d'être un fanatique qu'un vrai fidèle, car être fidèle à Dieu peut être extrêmement humiliant.

15 Novembre
Que t'importe ?

Et celui-ci, Seigneur, que lui arrivera-t-il ?... Jésus dit : ... « Que t'importe ? Toi, suis-moi ».

Jean 21.21-22

Une des plus sévères leçons que nous ayons à recevoir vient de notre obstination à nous immiscer dans la vie spirituelle des autres. Il nous faut beaucoup de temps pour comprendre le danger qu'il y a à jouer le rôle de providence pour les autres, c'est-à-dire à nous interposer entre l'ordre de Dieu et eux. Vous voyez quelqu'un qui souffre, et vous dites : « Il ne faut pas que cette souffrance continue ». Vous vous opposez ainsi à la volonté de Dieu, qui doit vous dire : « Que t'importe » ?.

Si votre vie spirituelle paraît stagner, cherchez-en la cause en présence de Dieu. Peut-être découvrirez-vous que vous êtes intervenu à tort dans la vie de quelqu'un d'autre - vous imposant comme guide - donnant des conseils que vous n'aviez pas le droit de donner. Quand vous êtes vraiment appelé à donner un conseil, Dieu lui-même le donne par vous avec la sagesse compréhensive du Saint-Esprit. Votre rôle, c'est de maintenir une communion intime avec Dieu, pour que sa sagesse puisse, par votre moyen, atteindre et bénir une autre âme.

La plupart d'entre nous sont conscients de leur vie religieuse, servant et adorant Dieu. Mais ils ne sont pas encore mûrs pour la vraie vie. Cette vie supérieure est celle du petit enfant qui n'est pas conscient, qui vit sans s'en rendre compte. On s'abandonne entièrement à Dieu et on ne s'aperçoit pas que Dieu vous emploie à son service. Il vous faut aspirer à cet état, dans lequel vous ne saurez plus ni ce que vous faites, ni ce que Dieu fait par vous. Un saint ne sait pas qu'il est saint ; il sait seulement qu'il dépend de Dieu.

16 Novembre
Glorifier Dieu dans la vie de tous les jours

Quoi que vous fassiez... faites tout pour la gloire de Dieu.

1 Corinthiens 10.31

La merveille de l'Incarnation commence par la vie d'un petit enfant comme les autres. Le miracle de la Transfiguration aboutit au retour dans la vallée où vivent les démoniaques. La gloire de la Résurrection s'abaisse jusqu'à un déjeuner sur le rivage de la mer de Tibériade. Ce n'est pas une déchéance, c'est une grande vérité que Dieu nous révèle.

Nous voudrions éprouver la sensation du merveilleux ; nous confondons les sentiments héroïques avec la véritable grandeur. Il est beau sans doute de traverser une épreuve avec courage, mais le véritable héroïsme consiste à glorifier Dieu chaque jour, sans témoins, sans que- personne puisse s'en douter. Nous ne demandons pas « l'auréole des saints », mais nous désirons cependant que l'on dise de nous : « Quel homme de prière ! Quelle femme pieuse et dévouée » ! Si vous êtes réellement consacrés à Jésus-Christ, vous êtes parvenus à un sommet où personne ne songe à vous remarquer ; tout ce que l'on verra, c'est que la puissance de Dieu se manifeste sans cesse à travers votre vie.

« Oui, quel merveilleux appel j'ai reçu de Dieu », dites-vous avec fierté. Et vous ne réalisez pas que, pour glorifier Dieu dans les plus humbles tâches, il faut toute la puissance de l'Esprit de Dieu en vous. La pierre de touche pour un enfant de Dieu n'est pas le succès, mais une constante fidélité dans l'existence quotidienne. Il s'agit de manifester dans les conditions ordinaires, où Dieu nous place, la vie cachée avec Christ en Dieu .

17 Novembre
L'obéissance qui conduit à Dieu

Je le jure par moi-même, parole de l'Éternel, parce que tu as fait cela... je te bénirai...

Genèse 22.15-17

Abraham en est venu au point où il est en relation directe avec Dieu, il comprend maintenant qui est Dieu.

« Le but de ma vie, c'est Dieu lui-même... À tout prix, Seigneur, par le chemin que tu voudras, À tout prix, je veux y tendre... » Nous n'avons pas à choisir notre but, ni le chemin pour l'atteindre. Quand Dieu parle à mon âme régénérée, à sa propre nature qu'il a mise en moi, comment pourrais-je poser des questions ? Je n'ai qu'à obéir promptement. Quand Jésus me dit : « Viens » ! , je viens. Quand il dit : « Renonce » ! , je renonce. Quand il dit : « Fais confiance à Dieu », je le fais. Tout cela prouve que c'est Dieu lui-même qui est en moi. Dieu se révèle à moi, non parce qu'il S'ouvre à moi, mais parce que je m'ouvre à Lui.

C'est par la pratique de l'obéissance que j'arrive au point où était Abraham, et que je comprends qui est Dieu. Dieu n'est rien pour moi tant que je ne l'ai pas rencontré face à face en Jésus-Christ, alors seulement Dieu est tout pour moi.

Les promesses de Dieu ne nous disent rien tant que nous n'avons pas compris la nature de Dieu. Nous lisons certaines paroles de la Bible trois cent soixante-cinq fois, et elles ne nous disent rien ; et puis, tout à coup, nous les saisissons parce que nous avons obéi à Dieu sur un point particulier.

« Toutes les promesses de Dieu sont en Lui, oui et amen ». Le « oui » doit naître de l'obéissance ; quand par l'Obéissance, nous disons « amen » à une promesse, aussitôt elle devient réelle pour nous.

18 Novembre
La véritable liberté

Si donc le Fils vous affranchit, vous serez réellement libres.

Jean 8.36

Tant qu'il subsiste en nous quelque chose de notre individualisme orgueilleux nous affirmons : « Je ne peux pas ». L'âme libérée ne dit jamais cela, mais s'ouvre simplement à Dieu, et est avide de plus. C'est ainsi que Dieu nous forme. Nous sommes faits pour contenir la plénitude de Dieu ; mais le péché d'une part, et notre moi d'autre part, nous empêchent de nous approcher de lui. Dieu nous délivre du péché ; à nous de nous délivrer de notre moi, c'est-à-dire d'offrir à Dieu en sacrifice notre « vieille nature », pour lui substituer une nature spirituelle transformée par l'obéissance.

Dieu développe notre vie spirituelle sans tenir compte de notre ancienne nature. Il ouvre un chemin nouveau, qui va à l'encontre de la vieille nature ; notre rôle est d'y marcher sans jamais nous opposer à sa volonté, ou rester immobile et figé, disant : « Je ne peux pas » ! Dieu ne veut pas nous obliger à obéir, c'est à nous-mêmes de nous discipliner . Ce n'est pas Dieu qui doit réduire en captivité toutes nos pensées, c'est à nous à le faire. Ne dites pas : « Oh ! Seigneur , combien je souffre de mes pensées vagabondes… » Ne vous y laissez plus aller tout simplement. N'écoutez plus votre « vieil homme » qui vous tyrannise, et soyez un homme libre, une vraie personnalité.

« Si le Fils vous affranchit… » Le « Fils », et non pas le « Sauveur ». Le Sauveur nous affranchit du péché, mais c'est le Fils qui nous rend libres. C'est ce que nous dit Paul dans l'Épître aux Galates 2.20 : « J'ai été crucifié avec Christ », il entend par là que sa vieille nature a été brisée, et sa personnalité non pas confondue, mais intimement unie à son Seigneur. « Vous serez réellement libres », profondément libres, entièrement libérés. Il ne s'agit pas de chercher à être forts, mais d'être unis à Jésus, qui nous rend forts.

19 Novembre
Quand Il sera venu !

Et quand il sera venu, il convaincra le monde en ce qui concerne le péché...

Jean 16.8

Bien peu d'entre nous connaissent une profonde conviction de péché. Nous savons ce que c'est, que d'être troublés, parce que nous avons mal agis mais la conviction de péché opérée en nous par le Saint-Esprit, efface toute autre pensée et n'en laisse qu'une seule : « J'ai péché contre toi, contre toi seul ». Quand un homme est ainsi convaincu de péché, il comprend parfaitement que Dieu ne peut pas le pardonner ; car s'il le faisait, il abaisserait sa justice au-dessous de celle des hommes. Dieu pourtant nous a pardonnés, mais il a fallu que son cœur soit brisé par la mort de son Fils. Le grand miracle de la grâce de Dieu, c'est le pardon de nos péchés, et c'est seulement par la mort de Jésus-Christ que Dieu peut pardonner sans cesser d'être un Dieu juste. C'est une erreur de dire que Dieu nous pardonne parce : qu'il est amour. Quand nous aurons été vraiment convaincus de péché, nous ne le redirons plus jamais.

L'amour de Dieu exige le Calvaire, et rien de moins ; l'amour de Dieu est inscrit sur la Croix, et nulle part ailleurs. Dieu ne peut me pardonner qu'à travers la croix de mon Seigneur ; là, sa justice est satisfaite.

Le pardon n'implique pas seulement que je suis sauvé de l'enfer et accepté pour le ciel (personne ne voudrait accepter un tel pardon). Mais, par le pardon, ma communion avec Dieu est recréée, je suis uni à Dieu par Jésus-Christ. Le miracle de la Rédemption, c'est que Dieu fait de moi, pécheur, le reflet de son Fils, en substituant à ma nature celle même de Jésus-Christ .

20 Novembre
Le pardon de Dieu

... son Bien-Aimé, en qui nous avons... la rémission des péchés.

Éphésiens 1.7

Nous devons nous garder d'une certaine manière de présenter Dieu qui ne se trouve pas dans le Nouveau Testament. Dieu, dit-on parfois, est un père si tendre et plein d'amour que certainement il pardonnera à tous ! Il ne peut nous pardonner que grâce à la terrible tragédie de la croix de Christ. Supposer que le pardon puisse être accordé d'une autre façon est, même sans que l'on s'en rende compte, un blasphème.
Le pardon, qui est si facile à recevoir, a coûté à Jésus l'agonie du Calvaire. Nous pouvons accepter le pardon de nos péchés, le don du Saint-Esprit, et notre sanctification, avec la simplicité de la foi, et oublier quel prix immense Dieu a dû payer pour que tout cela puisse nous être donné.

Le pardon est le divin miracle de la grâce. Pour que Dieu puisse pardonner le péché sans cesser d'être un Dieu juste, il a fallu la croix de Jésus-Christ. Il faut repousser une conception de la Paternité divine qui exclut l'Expiation. Le Dieu Saint ne peut pas nous pardonner ; s'il le faisait, ce serait une iniquité. Pour que nous puissions l'être, il faut que l'Expiation nous ramène à lui. Le pardon de Dieu ne devient possible que par la Rédemption.

Comparée au miracle que constitue le pardon des péchés, l'expérience de la sanctification paraît plus facile. Ce n'est que la réalisation merveilleuse du pardon des péchés dans la vie humaine. Mais ce qui nous remplit de la plus profonde reconnaissance envers Dieu, c'est le pardon de nos péchés. Paul a toujours senti cela profondément. Quand vous vous serez rendu compte de la grandeur immense d'un tel pardon, l'amour de Dieu vous étreindra le cœur.

21 Novembre
Tout est accompli

J'ai achevé l'œuvre que tu m'as donnée à faire.

Jean 17.4

La mort de Jésus-Christ est l'accomplissement historique du plan conçu par Dieu. Il ne faut pas considérer Jésus comme un martyr. Sa mort n'est pas un événement qu'on aurait pu éviter, mais la raison même de sa venue.

Ne fondez jamais votre prédication du pardon des péchés sur le fait que Dieu est notre Père, et qu'il nous pardonnera parce qu'il nous aime. Cette pensée n'est pas en accord avec la révélation que Jésus nous a donnée de Dieu. Cela rend la Croix inutile, et la Rédemption devient « beaucoup de bruit pour rien ». Si Dieu pardonne les péchés, c'est à cause de la mort du Christ. Car il ne peut pardonner les hommes d'aucune autre manière, et Jésus n'est proclamé Sauveur que par sa mort. « Nous voyons Jésus... couronné de gloire et d'honneur à cause de la mort qu'il a soufferte... » Le plus grand cri de triomphe qui ait jamais retenti dans l'univers, c'est le cri qui jaillit de la Croix de Christ : « Tout est accompli » ! C'était le point final mis à la Rédemption de l'homme.

Tout ce qui restreint ou rapetisse la sainteté de Dieu, en donnant une fausse conception de son amour, est contraire à ce que Jésus-Christ nous a révélé de Dieu. Rejetez l'idée que Jésus veut nous défendre contre la colère de Dieu par pitié, ou par compassion, qu'il est devenu malédiction pour nous par commisération, car Jésus a été fait malédiction pour nous par un décret divin. Dans sa grande miséricorde, Dieu nous donne de réaliser en nous la conviction de péché et d'éprouver la honte de la repentance ; Jésus-Christ hait le mal qui est dans l'homme, et le Calvaire nous donne la mesure de cette haine.

22 Novembre
Les choses terre à terre et les choses profondes

Soit que vous mangiez, soit que vous buviez, soit que vous fassiez quelque autre chose, faites tout pour la gloire de Dieu.

1 Corinthiens 10.31

N'allez pas vous imaginer que les choses ordinaires de la vie ne sont pas voulues et ordonnées par Dieu ; elles le sont autant que les choses profondes. Ce n'est pas votre consécration à Dieu qui vous éloigne des choses « terre à terre », mais votre désir d'impressionner les autres en leur montrant combien vous êtes au-dessus de ces choses-là. Cela prouve que vous vous targuez d'être spirituel. Prenez bien garde à ne pas vous laisser envahir par ce sentiment, qui vous ferait mépriser ceux qui semblent être plus terre à terre que vous. Ne vous posez pas en héros sublime car Dieu lui-même s'est fait petit enfant.

S'occuper des choses ordinaires ne veut pas dire vivre mal, ni qu'il n'y a aucune profondeur dans l'être intérieur. L'océan même a un rivage. Les nécessités agréables de l'existence, manger et boire, se promener et causer sont toutes voulues de Dieu. C'est cette vie-là que le Seigneur a vécue, lui le Fils de Dieu, et il nous rappelle que « le disciple n'est pas plus grand que son Maître ».

Notre sauvegarde, ce sont les choses terre à terre, nous devons vivre de la vie commune à tous les hommes avec bon sens. Et quand vient le moment des choses profondes, Dieu nous les fait saisir distinctement, sans aucune confusion. Nous sommes si imbus de nous-mêmes, que nous refusons d'agir en chrétiens dans les détails de la vie quotidienne.

Décidez-vous à n'accorder d'importance qu'à Dieu, et vous vous apercevrez que c'est de vous-même dont il vous faut vous méfier.

23 Novembre
Ce qui nous éloigne de Dieu

Aie pitié de nous, Éternel, aie pitié de nous ! Car nous sommes rassasiés de mépris.

Psaume 123.3

Ce dont nous avons le plus à nous garder, ce n'est pas tant de l'affaiblissement de notre foi en Dieu, que du changement de nos sentiments chrétiens. « Prenez donc garde en votre esprit, et ne soyez pas infidèles ». L'altération des sentiments a de terribles effets. L'ennemi trouve là une brèche par laquelle il pénètre dans notre âme et la détourne de Dieu. Il y a des sentiments que nous ne devons jamais tolérer, car ils nous détourneraient de la foi en Dieu, et nous pousseraient à mettre notre confiance dans la puissance et dans la sagesse humaines.

Méfiez-vous des « soucis de ce monde », car ce sont eux qui produisent de l'amertume. Il est extraordinaire de constater le pouvoir qu'ont les petits problèmes de l'existence pour nous éloigner de Dieu. Refusez de vous laisser submerger par les soucis de la vie.

Autre chose encore qui nous éloigne de Dieu : le désir de nous justifier. Saint-Augustin priait ainsi : « O Seigneur délivre-moi du désir de vouloir toujours me justifier » ! Ce sentiment détruit la foi en Dieu. « Il faut que je m'explique. Il faut qu'on arrive à me comprendre », voilà notre désir. Notre Seigneur n'a jamais tenté de « s'expliquer », il laissait les erreurs se corriger d'elles-mêmes.

Quand nous nous apercevons que la vie spirituelle de ceux qui nous entourent ne fait pas de progrès, et que nous laissons cette constatation tourner à la critique, nous nous coupons de Dieu. Car Dieu ne nous a pas donné le discernement pour que nous jugions notre frère, mais pour que nous intercédions en sa faveur.

24 Novembre
Regardez à Dieu

Voici, comme les yeux des serviteurs sont fixés sur la main de leur maître... ainsi nos yeux se tournent vers l'Éternel, notre Dieu.

Psaume 123.2

Ce verset dépeint une attitude de pleine confiance en Dieu. De même que les yeux du serviteur étaient rivés sur son maître, nos yeux sont fixés sur Dieu, et « le bras de l'Éternel » se révèle à nous (Isaïe 53.1). Nous commençons à faiblir spirituellement dès que nous cessons de fixer les yeux sur lui . Et cette faiblesse ne vient pas tant du dehors que de notre imagination même, qui nous fait dire : « Je me demande si je n'ai pas visé trop haut, en voulant me hisser jusqu'à Dieu, au lieu de me contenter d'être comme tout le monde ». Non, soyons persuadés que notre effort vers Dieu ne sera jamais trop grand .

À un moment donné, par exemple, vous avez combattu pour la cause de Dieu, et par le témoignage de l'Esprit vous avez su que Dieu vous approuvait. Mais les semaines, les années ont passé, et finalement vous en êtes arrivé à cette conclusion : « Après tout, je crois que j'ai été un peu trop ambitieux ». Là-dessus, vos amis viennent vous faire entendre le langage de la raison : « On sentait bien que vous dépassiez la mesure en nous parlant de ce réveil, c'était un élan passager ; vous ne pouvez soutenir un tel effort, Dieu ne vous le demande pas » ! Et vous dites : « Décidément, j'ai vu trop grand ». Il semblerait que ce soit le langage de l'humilité, mais en réalité vous ne vous fiez plus à Dieu, mais à l'opinion courante. Aussi courez-vous le danger de ne plus lever les yeux vers lui.

Il faut que Dieu vous arrête brusquement pour que vous vous rendiez compte que vous avez quitté la bonne route. Chaque fois que vous vous sentez faiblir, portez-y remède aussitôt. Reconnaissez que quelque chose s'est glissé entre vous et Dieu, et remettez tout en ordre, sans tarder.

25 Novembre
Le fondement inébranlable

Pour ce qui me concerne, loin de moi la pensée de me glorifier d'autre chose que de la croix de notre Seigneur Jésus-Christ.

Galates 6.14

Quand un homme naît de nouveau, beaucoup de choses en lui sont ébranlées. Les réalités extérieures doivent être envisagées autrement, ses sentiments doivent être transformés. Dans l'âme de l'apôtre Paul régnaient l'ordre et la stabilité. Aucun événement extérieur ne pouvait le troubler, car il était fondé et enraciné en Dieu. Chez la plupart d'entre nous, la vie spirituelle est décousue et sans cohésion, parce que nous nous préoccupons avant tout d'avoir une vie matérielle bien réglée et bien stable. La vie spirituelle de Paul était édifiée sur le roc. Les critiques rationnels, eux, construisent leur vie sur les sables mouvants de la pensée matérialiste abstraite. Entre les uns et les autres, il n'y a pas de compréhension possible. La logique de Paul était fondée sur les vérités essentielles. La base inébranlable de son équilibre spirituel était l'agonie de Dieu pour la Rédemption du monde, c'est-à-dire : la Croix de Jésus-Christ.

Passez en revue les raisons pour lesquelles vous croyez et rejetez celles qui ne sont pas essentielles, puis revenez vous placer sur le roc de la Croix du Christ. Du point de vue historique, la croix est un événement sans aucune importance. Du point de vue de la Bible, elle a plus d'importance que les plus grands empires du monde. Quand nous cessons d'insister sur la tragédie de la crucifixion du Fils de Dieu, toute notre prédication devient vaine. Elle n'apporte pas aux hommes la puissance de Dieu ; elle peut être intéressante, mais elle est sans force, sans efficacité. Prêchons donc la Croix du Christ et l'énergie divine sera libérée. « Il a plu à Dieu de sauver les croyants par la folie de la prédication » et « nous prêchons Christ crucifié », dira l'apôtre Paul dans sa lettre aux Corinthiens.

26 Novembre
La croix, source d'énergie spirituelle

Loin de moi la pensée de me glorifier d'autre chose que de la Croix de notre Seigneur Jésus-Christ.

Galates 6.14

Si vous voulez posséder toute l'énergie que Dieu peut donner à un être mortel et qui est la vie même de Jésus ressuscité, alors méditez sur la tragédie de la Croix. Cessez de vous appesantir sur les hauts et les bas de votre vie spirituelle ; contemplez simplement le drame de Golgotha, et aussitôt vous serez envahi par l'énergie de Dieu. « Regardez à moi », concentrez votre attention sur la source, et la force divine jaillira pour vous. Concentrons-nous sur ce qui est essentiel ! La croix produit en nous le salut, la sanctification, la guérison, mais ce n'est pas cela que nous devons prêcher. Nous devons prêcher Jésus-Christ, et Jésus-Christ crucifié. Proclamer la mort de Jésus sur la Croix produira tout son effet. Centrez sur lui tout votre message, et même si vos auditeurs paraissent ne pas vous écouter, ils ne seront plus jamais les mêmes. Si j'expose mes pensées personnelles, elles n'ont pas plus d'importance pour vous que les vôtres n'en ont pour moi. Mais si je vous annonce la vérité de Dieu, vous désirez l'entendre encore, et moi aussi. Il faut concentrer notre attention sur la source même de l'énergie spirituelle, la Croix, rester en contact avec elle, et toute la puissance qu'elle contient sera libérée. Dans les mouvements de réveil et les réunions de consécration, il peut arriver qu'on parle davantage des effets de la Croix que de la Croix elle-même.

De nos jours, on reproche aux Églises leur faiblesse, et cette critique est justifiée. N'est-ce pas en partie parce qu'elles n'ont pas assez mis en lumière la tragédie du Calvaire, et la portée de la Rédemption ?

27 Novembre
Consacrez à Dieu votre énergie spirituelle

... la croix de Notre Seigneur Jésus-Christ... par qui le monde est crucifié pour moi, comme je le suis pour le monde.

Galates 6.14

Concentrer ma pensée sur la Croix du Christ, ce n'est pas devenir un de ces piétistes préoccupés uniquement de leur propre sainteté. C'est au contraire me préoccuper toujours davantage de la cause de Christ. Le Seigneur n'a été ni un reclus, ni un ascète. Il ne s'est pas coupé de la société mais, intérieurement, il en était détaché. Sans être distant, il vivait néanmoins dans une autre sphère. Son mode de vie était celui de chacun, aussi les gens religieux de son temps l'appelaient-ils mangeur et buveur. Cependant rien n'a pu faire obstacle à l'entière consécration de son énergie spirituelle.

Une contrefaçon de la consécration consiste à chercher à mettre en réserve de l'énergie spirituelle, dans le but de s'en servir plus tard, mais c'est là une erreur fatale. Pour un grand nombre de chrétiens, le Saint-Esprit les a affranchis de leur pêché, mais il n'y a chez eux ni libération, ni épanouissement. Le genre de vie religieuse que nous rencontrons si souvent aujourd'hui n'a rien de commun avec la robuste sainteté de Jésus-Christ. « Je ne te prie pas de les ôter du monde, mais de les préserver du mal ». Nous devons vivre dans le monde, sans lui appartenir .

Employons notre énergie spirituelle au service de Dieu et de notre prochain . La consécration c'est notre part, la sanctification, c'est l'affaire de Dieu, préoccupons-nous donc en premier lieu des intérêts de Dieu. Lorsque se pose à nous un problème difficile, demandons-nous ce qui peut promouvoir la cause de Jésus-Christ.

28 Novembre
Le bienfait du dénuement

… gratuitement justifiés par sa grâce.

Romains 3.24

La Bonne Nouvelle de la grâce de Dieu éveille fréquemment une ardente aspiration mais en même temps une profonde répulsion, parce que le message qu'elle nous apporte nous irrite. L'homme est fier de pouvoir donner tant et plus ; mais recevoir comme un mendiant, c'est autre chose. « Je donnerai ma vie comme martyr s'il le faut, je me dévouerai tout entier, je ferai n'importe quoi, mais ne m'humiliez pas en me mettant sur le même pied que le plus grand des pécheurs qui n'a qu'à accepter le don du salut par Jésus-Christ ».

Il faut que nous comprenions que nous ne pouvons rien mériter ou obtenir de Dieu par nos efforts. Il faut le recevoir comme un cadeau gratuit, ou bien nous en passer. Le plus grand bienfait spirituel, c'est de reconnaître notre dénuement. Jusqu'à ce que nous en arrivions là, le Seigneur ne peut rien pour nous. Il ne peut intervenir tant que nous croyons pouvoir nous suffire à nous-mêmes. C'est par la porte du dénuement que nous entrons dans son Royaume. Tant que nous croyons être riches, tant que nous possédons quelque capital d'orgueil, quelque indépendance, Dieu ne peut rien pour nous. C'est seulement lorsque nous avons faim de vie spirituelle, que nous recevons le Saint-Esprit. Le Saint-Esprit nous communique comme un don la nature divine ; il fait vivre en nous la vie puissante de Jésus, qui, pénétrant notre âme, nous élève jusqu'à sa hauteur, dans le royaume de Jésus (Jean 3.5).

29 Novembre
La valeur unique de la personne de Jésus

L'Esprit de vérité… me glorifiera.

Jean 16.14

Les mouvements piétistes d'aujourd'hui n'ont plus rien de la rude réalité du Nouveau Testament. La mort de Jésus-Christ n'a pour eux rien d'indispensable ; tout ce qu'ils recherchent, c'est une atmosphère pieuse, de prière et de dévotion. Cette conception de l'expérience religieuse n'a rien de surnaturel ni de miraculeux et n'a rien de commun avec les souffrances de Jésus ; elle n'est pas marquée du sang de l'Agneau et ne porte pas le sceau du Saint-Esprit. Elle ne laisse pas cette empreinte, qui fait dire aux hommes : « C'est bien l'œuvre du Dieu Tout-Puissant ». Or c'est cela, et cela seul, que nous révèle le Nouveau Testament.

L'expérience chrétienne normale, selon le Nouveau Testament, c'est l'attachement personnel, exclusif, à la personne de Jésus-Christ. Toute autre forme d'expérience chrétienne, ou prétendue telle, détachée de la personne de Jésus n'a de chrétien que le nom. Il n'y a point de régénération, ni de nouvelle naissance et point d'entrée dans le Royaume de Christ, si ce n'est la pensée que Jésus est notre Modèle. Dans le Nouveau Testament, Jésus est le Sauveur bien avant d'être le Modèle. Aujourd'hui, il est simplement le fondateur d'une religion, un type de perfection. S'il est bien cela, il est pourtant infiniment plus ! Il est le salut lui-même. Il est la Bonne Nouvelle de Dieu.

Jésus promet : « Quand lui, l'Esprit de vérité, sera venu… il me glorifiera ». Quand je crois à la Révélation contenue dans le Nouveau Testament, je reçois de Dieu le don du Saint-Esprit qui réalise en moi ce que Jésus a dit et mis en œuvre, pour moi, sur la croix.

30 Novembre
Par la grâce de Dieu, je suis ce que je suis

... et sa grâce envers moi n'a pas été vaine.

1 Corinthiens 15.10

Nos lamentations au sujet de notre incompétence sont une insulte à notre Créateur, si nous l'accusons de ne pas s'occuper de nous. Prenez l'habitude d'examiner du point de vue spirituel tous ces propos qui paraissent pleins de modestie, et vous serez stupéfait de constater combien ils sont impertinents à l'égard de Dieu. « Je ne voudrais pas dire, certes, que j'ai atteint la sainteté ; je ne suis pas un saint » ! Dire cela devant Dieu, signifie : « Seigneur il est tout à fait impossible que tu me sauves et me sanctifies, je n'ai pas eu de chance ; il me manque tellement de choses dans mon corps et dans mon esprit ; non, Seigneur, ce n'est pas possible » ! Cela peut paraître une attitude humble aux yeux des hommes, mais c'est mépriser Dieu ouvertement.

D'autre part, ce qui sera humble aux yeux de Dieu paraîtra peut-être orgueilleux aux yeux des hommes. Si vous dites :
« Merci, Seigneur, par ta grâce, je sais que je suis sauvé et sanctifié », c'est pour Dieu la plus parfaite humilité, puisque vous vous êtes totalement abandonné à lui, et que vous croyez à sa parole. Ne vous tourmentez jamais pour savoir si ce que vous dites aux gens donne l'impression de l'humilité, ou non, mais soyez humble devant Dieu, et laissez-lui être tout en vous.

Une seule chose est importante pour vous, c'est votre communion personnelle avec votre Rédempteur et Sauveur . Laissez aller tout le reste, mais conservez à tout prix cette relation essentielle, et Dieu accomplira ses desseins par vous. Car une seule vie humaine peut avoir pour Dieu une valeur incalculable dans l'accomplissement de ses desseins. Et votre vie peut être cette vie-là.

1er Décembre
La loi et l'évangile

Car quiconque observe toute la loi, mais pèche contre un seul commandement, devient coupable de tous.

1 Jacques 2.10

La loi morale ne nous considère pas du tout comme de faibles créatures humaines, elle ne tient aucun compte de notre hérédité ou de nos infirmités ; elle exige de nous la perfection. La loi morale ne change pas en faveur du plus noble ou du plus faible des hommes, elle est la même constamment et pour toujours. Établie par Dieu, elle ne se fait pas faible pour les faibles, elle n'excuse pas nos insuffisances, elle reste immuable pour le temps et pour l'éternité. Si nous ne nous en rendons pas compte, c'est parce que nous sommes inconscients, mais dès que nous revenons à la vie, notre situation est tragique. « Pour moi, dit l'apôtre Paul, étant autrefois sans loi, je vivais ; mais quand le commandement vint, le péché reprit vie, et moi je mourus ». (Romains 7.9) Quand nous comprenons cela, l'Esprit de Dieu nous convainc de péché. Aussi longtemps que nous n'avons pas fait cette expérience, nous ne réalisons pas qu'il n'y a aucun espoir, la croix de Jésus-Christ est pour nous une comédie. La conviction de péché nous fait sentir la terrible contrainte de la loi, et produit le désespoir. Je me sens, comme Paul, « vendu et asservi au péché ». Le pécheur endurci que je suis se sent trop Coupable pour que Dieu puisse le pardonner. La seule voie qui S'ouvre vers une réconciliation avec Dieu, c'est la mort de Jésus-Christ. Il faut que je me libère de l'idée persistante que je pourrais me mettre en règle avec Dieu grâce à mon obéissance. Car qui de nous est capable d'obéir à Dieu parfaitement ?

Nous comprenons d'autant mieux le pouvoir de la loi morale, que nous sommes laissés libres de choisir. Dieu ne nous contraint jamais. Parfois, nous aimerions qu'il nous pousse à agir, et d'autres fois nous souhaiterions qu'il nous laisse tranquilles. Quand la volonté de Dieu règne, toute contrainte est inutile.

2 Décembre
La perfection chrétienne

Ce n'est pas que j'aie déjà remporté le prix, ou que j'aie déjà atteint la perfection...

Philippiens 3.12

Il y a quelque danger à s'imaginer que Dieu veut faire de nous des spécimens accomplis de ce qu'il peut produire. Le dessein de Dieu est de nous unir à lui. Certains mouvements pieux ont tendance à croire que Dieu veut réaliser des saints modèles, qu'il pourrait ensuite exposer dans son musée. En recherchant en premier lieu votre sainteté personnelle, Dieu lui-même n'est pas le but final de votre vie, mais ce que vous considérez être la manifestation de Dieu en vous. « Cela ne peut pas être la volonté de Dieu que je sois malade », dites-vous. Mais si la volonté de Dieu a été que son propre Fils soit meurtri, pourquoi ne vous meurtrirait-il pas vous aussi ? Ce qui servira la cause de Dieu, ce n'est pas votre notion de la sainteté, mais votre communion intime avec Jésus, et votre abandon total à sa volonté, que vous soyez bien portant ou malade.

La perfection chrétienne n'est pas, et ne sera jamais, la perfection humaine. La perfection chrétienne est une relation intime avec Dieu qui se manifeste à travers les cheminements de la vie humaine. Quand vous obéissez à l'appel de Jésus, vous êtes frappé de l'étrangeté des choses que vous avez à faire, et ensuite de cet autre fait que ceux qui vous entourent semblent vivre sans Dieu et mener une vie parfaitement logique et raisonnable. De telles vies peuvent vous suggérer l'idée que Dieu est inutile, que par des efforts humains et du dévouement on peut atteindre à l'idéal divin. Mais dans un monde déchu, cela est impossible. Je suis appelé à vivre dans une communion parfaite avec Dieu, de telle sorte que ma vie fasse envie aux autres, sans attirer sur moi l'admiration. Plus je pense à moi et moins Dieu peut se servir de moi.

3 Décembre
Ni par la puissance, ni par la force

Et ma parole et ma prédication ne reposaient pas sur les discours persuasifs de la sagesse, mais sur une démonstration d'Esprit et de puissance.

1 Corinthiens 2.4

Si, en prêchant l'Évangile, vous substituez vos propres convictions quant à l'explication de la voie du salut, au lieu de compter sur la puissance même de l'Évangile, vous empêchez ceux qui vous écoutent d'en saisir la réalité. En exposant aux autres le chemin du salut, soyez bien conscients que vous devez être vous-mêmes enracinés et fondés dans la foi en Dieu. Ne vous fiez jamais à la clarté de votre exposé, mais veillez à ne compter que sur le Saint-Esprit. Fiez-vous entièrement à la puissance rédemptrice de Dieu, et il communiquera aux âmes sa propre vie.

Quand vous êtes enracinés dans la vérité, rien ne peut plus vous ébranler. Si votre foi repose sur des expériences, elle sera susceptible d'être mise en question au premier accident de parcours. Mais rien ne peut ébranler Dieu, ni la toute-puissante réalité de la Rédemption. Que votre foi soit basée sur ce fondement, et vous serez dans une sécurité complète. Une fois que vous avez établi une relation personnelle avec Jésus-Christ, rien ne peut plus vous faire dévier. C'est en cela que consiste la sanctification. Dieu ne désire pas que nous considérions la sanctification comme une « expérience », notre sanctification n'est jamais parfaite, mais elle a toujours besoin d'être sanctifiée à nouveau (voir Jean 17.19). Je dois résolument livrer à Dieu ma vie sanctifiée, pour qu'il s'en serve à sa guise et m'emploie comme un instrument docile.

4 Décembre
La loi des antagonismes

À celui qui vaincra...

Apocalypse 2.7

Toute vie suppose un combat ; c'est un fait, que ce soit dans le domaine de la grâce ou de la nature, qu'il s'agisse de la vie du corps, de la vie mentale, de la vie morale ou spirituelle. La santé est un équilibre entre notre organisme et le monde environnant. Elle se maintient si notre vitalité est suffisante pour résister aux attaques extérieures - qui toutes sont capables de nous détruire. Les éléments qui me soutiennent et me renouvellent tant que je suis en vie, désagrègent mon organisme dès ma mort. Si j'ai une vitalité suffisante, je garde cet équilibre qu'est la santé. Il en est de même pour la santé mentale. Si je veux avoir une santé mentale vigoureuse, je dois lutter, et il en résulte cet équilibre qui s'appelle une pensée saine.

C'est également vrai dans le domaine moral, car il y a en moi antagonisme entre le bien et le mal. La victoire sur le mal et la pratique du bien dépendent de ma vigueur morale. Dès que je lutte, le bien l'emporte. Personne n'est vertueux malgré lui ; la vertu s'acquiert.

C'est le même phénomène dans le domaine spirituel. Jésus a dit : « Vous aurez des tribulations dans le monde », cela veut dire que toutes les forces contraires à la vie spirituelle seront dressées contre vous, mais : « Prenez courage, j'ai vaincu le monde ». Je dois apprendre à conquérir tout ce qui s'oppose à la croissance spirituelle pour parvenir ainsi à cet équilibre qui s'appelle la sainteté ; alors le combat lui-même devient joie. La sainteté est l'équilibre entre mes dispositions naturelles et la loi de Dieu manifestée en Jésus-Christ.

5 Décembre
Le temple du Saint-Esprit

... Le trône seul m'élèvera au-dessus de toi.

Genèse 41.40

Je dois rendre compte à Dieu de la manière dont je gouverne mon corps sous sa domination. Paul dit qu'il ne veut pas « rejeter la grâce de Dieu », - la rendre inefficace. La grâce de Dieu est absolue, le salut en Jésus est parfait, éternel. Mon salut n'est pas à venir, je suis sauvé ; le salut est aussi éternel que le trône de Dieu. Ce que j'ai à faire de mon côté, c'est d'élaborer dans ma vie l'œuvre que Dieu accomplit en moi. « travaillez à votre salut », c'est là ma responsabilité. Cela signifie que je dois manifester dans mon corps la vie du Seigneur Jésus, non pas d'une manière mystique, mais d'une façon réelle et concrète. « Je traite durement mon corps, et je le tiens assujetti », dit l'apôtre Paul (1 Corinthiens 9.27). Tout chrétien peut discipliner Son corps au service de Dieu. Dieu nous a rendus capables de tenir en parfait état ce temple du Saint-Esprit, de gouverner notre imagination et notre sensibilité. Nous sommes responsables de nos affections et nous ne devons jamais laisser entrer dans ce temple des attachements coupables. Nous sommes souvent plus sévères pour les autres que pour nous-mêmes. Nous excusons volontiers nos propres défauts, mais condamnons chez les autres des péchés vers lesquels nous ne sommes pas attirés.

« Je vous exhorte, écrit Paul, à offrir vos corps comme un sacrifice vivant... » (Romains 12.1). Le point important est celui-ci : Suis-je disposé à offrir mon corps pour que Dieu en fasse le Temple du Saint-Esprit ? Tout est là..

6 Décembre
L'arc dans les nuées

J'ai placé mon arc dans la nue, et il servira de signe d'alliance entre moi et la terre. Genèse 9.13

C'est la volonté de Dieu que les hommes entrent en relation étroite avec lui, et les alliances qu'il traite avec nous tendent à ce but. « pourquoi Dieu ne me sauve-t-il pas » ? Demandez-vous. Il vous a sauvé, mais vous n'êtes pas encore entré en rapport avec lui. « Pourquoi Dieu ne fait-il pas pour moi ceci, ou cela » ? Il l'a fait, mais la question est celle-ci : vous êtes-vous conformés à ses désirs ? Toutes les grâces de Dieu sont là à notre portée, mais nous ne pourrons les saisir qu'une fois entrés dans l'alliance de Dieu.

Attendre que Dieu se manifeste est le comble de l'incrédulité ; cela prouve que vous attendez qu'il agisse pour croire en lui. Dieu a pris les devants en nous offrant son alliance ; nous devons faire le pas nécessaire pour l'accepter. Il s'agit d'avoir foi en Dieu, de lui faire confiance, et c'est la chose la plus difficile. Nous n'avons vraiment foi qu'en nous-mêmes, en nos propres sentiments... Je ne crois en Dieu que lorsqu'il a mis dans ma main la chose même que je désire ; et alors, je proclame : « Maintenant, je crois ». Ce n'est pas cela, la foi , « Regardez à moi, et soyez sauvés », dit l'Éternel.

Quand j'accepte réellement les termes de l'alliance de Dieu, et que je m'abandonne à lui entièrement, il n'y a plus en moi aucune idée humaine de mérite, mais je suis submergé par le sentiment d'être entré dans la pleine communion avec Dieu, et tout rayonne de paix et de joie.

7 Décembre
La repentance

La souffrance conforme au dessein de Dieu produit une repentance salutaire, dont on ne se repent pas.

2 Corinthiens 7.10

La conviction de péché est un sentiment qui saisit rarement le cœur de l'homme. C'est pourtant la porte qu'il faut franchir pour connaître Dieu. Jésus dit que lorsque le Saint-Esprit viendra, il convaincra de péché. Quand le Saint-Esprit éveille la conscience d'un homme et le met en présence de Dieu, ce ne sont pas ses relations avec les hommes qui le tourmentent, mais sa relation avec Dieu. - "J'ai péché contre toi, contre toi seul, et j'ai fait ce qui est mal à tes yeux". La conviction du péché, le miracle du pardon et la sainteté, sont si étroitement liés, qu'on peut affirmer que l'expérience du pardon conduit à la sainteté. Celui qui est pardonné en donne la preuve en changeant de vie, par la grâce de Dieu. On peut éprouver du remords de ses erreurs, être dégoûté de soi-même, mais la véritable repentance nous amène toujours à dire : « J'ai péché ». Lorsqu'un homme le dit de tout son cœur, il est certain que c'est Dieu qui a agi en lui.

L'accès au Royaume de Dieu passe par les angoisses de la repentance qui réduit à néant la bonne opinion que nous avons de nous-mêmes. C'est alors que le Saint-Esprit peut commencer à révéler le Fils de Dieu dans notre vie. Cette vie nouvelle se manifeste par une repentance consciente et une inconsciente sainteté. La repentance est la base de départ de la vie chrétienne. À strictement parler, un homme ne peut pas se repentir quand il le veut : la repentance est un don de Dieu. Les vieux Puritains avaient coutume de prier pour « le don des larmes ». Si vous cessiez de con naître la vertu de la repentance, vous seriez dans les ténèbres. Examinez-vous pour voir si vous savez encore ce que c'est de s'affliger sur son péché.

8 Décembre
Dieu ne fait pas acception de personne

Par une seule offrande, il a amené à la perfection pour toujours ceux qui sont sanctifiés.

Hébreux 10.14

Si nous pensons être pardonnés parce que nous regrettons nos péchés, nous foulons aux pieds le Fils de Dieu. La seule explication possible du pardon de Dieu, et de l'insondable mystère de l'oubli de nos péchés, c'est la mort de Jésus-christ. Notre repentance est seulement le résultat de la connaissance que nous prenons de cette Expiation, qu'il a accomplie pour nous. « Jésus-Christ a été fait pour nous sagesse, justice, sanctification et rédemption ». Lorsque nous comprenons que Christ est tout cela pour nous, la joie parfaite de Dieu nous envahit. Mais quand cette joie est absente, la sentence de mort n'est pas encore levée.

Oui que nous soyons, quoi que nous ayons fait, la communion entre nous et Dieu est pleinement rétablie par la mort de Jésus-Christ. Rien d'autre ne peut produire cette réconciliation. Elle n'est pas obtenue parce que Jésus-Christ plaide en notre faveur, mais parce qu'il est mort pour nous. Nous n'avons pas à gagner cette grâce, mais à l'accepter. Ceux qui refusent délibérément d'accepter la croix frappent à une autre porte que celle que Jésus a ouverte. « Je ne veux pas accepter de passer par là; il est trop humiliant d'être accueilli comme un pécheur ». La Bible répond : « Il n'y a pas d'autre Nom... » La sévérité apparente de Dieu révèle en réalité son amour, puisque le chemin vers lui est ouvert à tous. « Nous avons la rémission de nos péchés par son sang ». Accepter pour nous-même la mort de Jésus, c'est accepter que soit mis à mort, en nous, tout ce qui est contraire au caractère et à la personne de Jésus. Dieu n'est juste en sauvant des hommes méchants et mauvais que parce qu'il a le pouvoir de les rendre bons. Le Seigneur ne prétend pas que tout va bien en nous alors que tout va mal. L'expiation, c'est l'œuvre par laquelle Dieu rend saint l'homme pécheur, à cause de la mort de Jésus.

9 Décembre
Le sacrifice complet de nous-mêmes

Ceux qui sont à Jésus-Christ ont crucifié la chair, avec ses passions et ses désirs.

Galates 5.24

La vie naturelle n'est pas en elle-même une vie de péché. Le péché, lui, est une abomination dont nous devons être entièrement purifiés ; nous ne devons plus rien avoir de commun avec lui. Le péché est du domaine de l'enfer et du diable ; moi, comme enfant de Dieu, je suis du ciel, je dépends de Dieu.

La question primordiale n'est pas que j'abandonne le péché, mais que j'abandonne mon droit sur moi-même, mon indépendance naturelle et mon assurance orgueilleuse. C'est là que la lutte s'engage. Ce sont les choses justes, nobles et bonnes aux yeux de l'homme naturel, qui nous empêchent d'accéder à ce que Dieu considère comme meilleur. Lorsque nous nous rendons compte que les vertus naturelles nous empêchent de nous abandonner à Dieu, nous livrons le plus grand combat que le chrétien puisse connaître. Bien peu, parmi nous, se laissent entraîner vers ce qui est sordide, vil et franchement mauvais. Mais en nous le bon est aux prises avec le meilleur. Plus nous nous élevons sur l'échelle des vertus humaines, plus nous nous opposons intérieurement à Jésus-Christ. « Ceux qui sont à Christ ont crucifié la chair ». Ce n'est pas un fragment de votre nature humaine qui doit être crucifié, mais toute votre nature. Jésus a dit : « Si quelqu'un veut être mon disciple, qu'il renonce à lui-même », c'est-à-dire à tous ses droits sur lui-même. Pour consentir à ce renoncement, il faut avoir découvert qui est réellement Jésus-Christ. Ne reculez pas devant le sacrifice de votre indépendance.

« L'homme naturel » n'a rien de spirituel, et pour qu'il le devienne, il faut qu'il soit offert en sacrifice. Si nous n'acceptons pas résolument de sacrifier le « naturel », le « surnaturel » ne pourra jamais s'incarner en nous.

10 Décembre
Le sacrifice de notre nature humaine

Abraham eut deux fils, l'un de l'esclave, l'autre de la femme libre.

Galates 4.22

Le sujet que traite l'apôtre Paul dans ce chapitre de l'épître aux Galates n'est pas le péché, mais le rapport entre ce qui est d'ordre « naturel » et ce qui est d'ordre « spirituel ». Ce qui est naturel doit devenir spirituel en étant offert à Dieu en sacrifice, sinon il y a dans la vie une rupture béante. Mais pourquoi Dieu ordonnerait-il ce sacrifice ? Il ne l'ordonne pas, il le permet seulement. À l'origine, l'ordre de Dieu était que le naturel devienne spirituel grâce à l'obéissance. Mais, parce que le péché est entré dans le monde, le sacrifice de notre « homme naturel » est devenu nécessaire.

Abraham dut sacrifier Ismaël avant de sacrifier Isaac. Il y a parmi nous des chrétiens qui voudraient offrir à Dieu des sacrifices spirituels, avant d'offrir en sacrifice leurs dons naturels. Le seul moyen pour nous d'offrir à Dieu un sacrifice spirituel, c'est de lui offrir notre corps en sacrifice vivant. La sanctification est plus que la délivrance du péché : elle suppose l'abandon conscient et volontaire de notre vie à Dieu quoi qu'il puisse en coûter.

Si nous ne sacrifions pas ce qui est naturel à ce qui est spirituel, l'élément naturel tournera sans cesse en dérision l'élément spirituel, qui est la vie du Fils de Dieu en nous, et produira une perpétuelle instabilité. C'est ce que provoque toujours le manque de discipline dans la vie spirituelle. « On ne m'a pas appris la discipline quand j'étais jeune », dites-vous. C'est donc à vous de vous discipliner maintenant. Dieu ne veut pas s'occuper de notre vie naturelle tant que nous en faisons une idole. Mais si nous l'exposons au désert, si nous la tenons assujettie, alors il ouvrira devant nous des puits d'eau fraîche et de vertes oasis.

11 Décembre
L'individualité

Si quelqu'un veut venir après moi, qu'il renonce à lui-même.

Matthieu 16.24

L'individualité est l'enveloppe extérieure de notre personne morale. Elle est exclusive, joue des coudes et nous isole des autres. Elle est l'apanage naturel et normal de la vie de l'enfant, mais si nous la maintenons, nous nous replions sur nous-mêmes. Elle forme une coquille extérieure destinée par Dieu à protéger le germe fragile de notre personnalité. Mais il faut qu'elle s'ouvre, qu'elle se brise, pour permettre à la personne morale de s'épanouir et de s'unir à Dieu. L'individualité est un simulacre de la personne comme la convoitise est un simulacre de l'amour. Dieu a créé l'homme pour sa gloire ; l'individualité accapare l'homme pour sa propre gloire.

L'individualité a pour caractère l'indépendance et l'affirmation de soi. Cette constante affirmation de soi-même s'oppose à notre vie spirituelle. Si vous dites : « Je ne peux pas croire », c'est parce que votre individualité n'a pas la capacité de croire. La personnalité, elle, vit de la foi ; elle ne peut être incrédule. Voyez comment agit en vous le Saint-Esprit. Il vous pousse jusqu'aux dernières frontières de votre individualité. Là vous avez à choisir : ou bien résister, ou bien capituler, briser la coquille, laisser se manifester votre personnalité. Le Saint-Esprit concentre toujours son action sur un point particulier (voir Matthieu 5.23-24) (« Va d'abord te réconcilier avec ton frère »). Ce qui s'oppose à cette réconciliation, c'est votre individualité. Dieu veut vous unir à lui, mais il ne le peut pas, tant que vous ne renoncez pas à votre droit sur vous-même. « Qu'il renonce à lui-même », à son indépendance, dit Jésus, et la vie véritable pourra grandir en lui.

12 Décembre
La personnalité

Qu'ils soient un, comme nous sommes un.

Jean 17.22

La personnalité est cet élément original, unique, échappant à tout calcul, et qui nous distingue, chacun, de tous les autres. Les limites de notre personnalité s'éloignent sans cesse, aussi ne pouvons-nous la saisir. Une petite Île qui émerge au milieu de la mer peut être le sommet d'une grande montagne. La personnalité est à l'image de cette Île ; nous ne savons rien des profondeurs où elle s'étend, c'est pourquoi nous ne pouvons pas juger de ce que nous valons. Il nous semble d'abord que nous pouvons le faire, et puis nous réalisons que Dieu seul, notre créateur, nous comprend.

La personnalité est le propre de l'homme spirituel, comme l'individualité est le propre de l'homme naturel. Pour définir notre Seigneur, on ne peut parler d'individualité, d'indépendance, mais seulement en termes de personnalité : « Moi et le Père, nous sommes un ». La personnalité ne s'épanouit qu'en communion intime avec une autre personnalité. Lorsque l'amour ou l'Esprit de Dieu saisit un homme, il est transformé et il ne se préoccupe plus de son individualité. Le Seigneur n'a jamais pris en considération l'individualité de l'homme, son individualisme égoïste. C'était la personne qu'il avait en vue : « Qu'ils soient un comme nous sommes un ». Si vous abandonnez à Dieu votre droit sur vous-même, la vraie nature de votre personnalité répond aussitôt à la voix de Dieu. Jésus-Christ affranchit la personnalité et l'individualité est transfigurée. Ce qui la transfigure, c'est l'amour et la communion personnelle avec Jésus. L'amour est la fusion de deux personnalités.

13 Décembre
La prière d'intercession

Il faut toujours prier, et ne point se relâcher.

Luc 18.1

L'intercession est impossible si nous ne croyons pas à la réalité de la Rédemption. Car alors, notre intercession ne serait qu'une vaine sympathie, qui ne ferait qu'encourager les gens à rester tranquillement là où ils sont, loin de Dieu. Intercéder, c'est présenter à Dieu la personne pour laquelle on intercède jusqu'à ce que Dieu intervienne. Intercéder, c'est achever ce qui manque aux souffrances de Christ, et c'est pourquoi il y a si peu d'intercesseurs. On dit qu'intercéder, c'est se mettre à la place de la personne pour laquelle on prie. Non ! C'est s'efforcer de voir les choses du point de vue de Dieu.

En tant que serviteur de Dieu, veillez à rester à l'écoute des directives divines, sinon, vous serez débordé. Si vous vous perdez dans des connaissances inutiles au-delà de ce que Dieu a voulu vous donner, il vous est difficile de prier, tant est grande la misère qui vous entoure, elle vous empêche de voir l'essentiel.

Nous avons le devoir de présenter à Dieu tous nos problèmes mais nous dérobons à ce devoir en nous lançant dans l'activisme. Nous accomplissons des tâches visibles mais négligeons l'intercession. Elle est cependant la seule activité qui ne comporte pas de piège, car elle nous maintient en contact direct avec Dieu.

Lorsque nous intercédons, prenons garde de ne pas nous contenter d'un semblant de vie spirituelle : la relation profonde avec la vie de Dieu doit être établie. Que de gens, Dieu a placés sur notre chemin, sans que nous ayons rien fait pour eux ! Lorsque nous prions, en nous appuyant sur la Rédemption, notre intercession permet à Dieu d'agir comme il ne pourrait le faire autrement.

14 Décembre
La vie selon Dieu

Je vous laisse la paix, je vous donne la paix. Que votre cœur ne se trouble pas.

Jean 14.27

Chaque fois que se présente une difficulté dans notre vie spirituelle, nous sommes tentés d'accuser Dieu. Mais en réalité c'est nous qui sommes en cause ; il y a en nous quelque interdit que nous ne voulons pas ôter. Dès que nous arrachons le mal, tout devient lumineux. Aussi longtemps que nous sommes partagés entre le service de Dieu et le culte de nous-mêmes, les difficultés surgissent. Il faut que nous ayons une attitude de confiance et d'abandon complet à Dieu. Alors rien ne nous empêche d'avoir une vie sainte. Les difficultés surviennent lorsque nous voulons usurper, à notre profit, l'autorité du Saint-Esprit.

Toutes les fois que nous obéissons à Dieu, il marque son approbation en nous donnant une paix profonde. Ce n'est pas une paix selon le monde, c'est la paix de Jésus. Lorsque vous n'avez pas cette paix, attendez-la avec confiance, ou cherchez la raison pour laquelle elle est absente. Si vous agissez par emballement, ou par point d'honneur, la paix de Jésus ne vous sera pas donnée. Il n'y a en vous ni simplicité, ni confiance en Dieu, parce que l'esprit de simplicité est engendré par le Saint-Esprit, et non par notre volonté.

Chaque fois que je cesse d'obéir, les doutes me gagnent. Lorsque j'obéis à Dieu, les problèmes qui se posent à moi ne concernent pas mes relations avec lui. Ce sont des questions qui tiennent mon esprit en éveil, et le rendent attentif aux merveilles de la révélation divine. Tout ce qui surgit entre Dieu et moi vient d'une désobéissance. Mais tous les problèmes - et ils sont nombreux -, qui jalonnent le chemin de l'obéissance, font grandir mon émerveillement, parce que je sais que Dieu connaît les réponses, et que je ne tarderai pas à voir les solutions qu'il a trouvées.

15 Décembre
Exprimer de son mieux la parole divine

Efforce-toi de te présenter devant Dieu comme un homme éprouvé, un ouvrier qui n'a point à rougir, qui dispense droitement la parole de la vérité.

2 Timothée 2.15

Si vous éprouvez des difficultés à exprimer votre pensée sur un point quelconque, faites des efforts jusqu'à ce que vous y parveniez. Si vous ne le faites pas, quelqu'un, par votre faute, sera spirituellement appauvri jusqu'à la fin de ses jours. Efforcez-vous de vous expliquer à vous-même quelque vérité divine, et Dieu se servira de cette réflexion pour éclairer quelqu'un d'autre. N'ayez pas peur du pressoir de Dieu, où sont écrasés les raisins de sa vigne. Il faut vous efforcer de trouver les mots justes pour exprimer ce que vous avez vécu vous-même, et le moment viendra où ce que vous exprimez sera comme un vin généreux fortifiant une personne éprouvée. Mais si la paresse vous fait dire : « Je ne vais pas me fatiguer à exprimer ces choses moi-même, je dirai ce que d'autres en ont dit », non seulement ce que vous direz ne vous sera pas bénéfique, mais cela ne fera de bien à personne. Trouvez vos propres mots pour communiquer ce que vous croyez être la vérité de Dieu, et vous lui permettrez ainsi de la transmettre à quelqu'un d'autre.

Exercez votre esprit à réfléchir, même aux vérités qui vous semblent évidentes. Une conviction n'est vraiment personnelle que si nous avons souffert pour l'acquérir. Celui qui vous fait du bien n'est pas celui qui vous apprend ce que vous ne saviez pas auparavant, mais celui qui vous donne l'explication claire d'une vérité qui préoccupait votre esprit, et que vous n'arriviez pas à exprimer.

16 Décembre
Lutter devant Dieu

C'est pourquoi, prenez toutes les armes de Dieu... Faites en tout temps, par l'Esprit, toutes sortes de prières et de supplications.

Éphésiens 6.13-18

Il vous faut lutter contre tout ce qui peut vous empêcher de vous approcher de Dieu ; vous luttez dans la prière, pour les autres ; mais ne dites jamais que vous luttez avec Dieu dans la prière ; cette expression n'est pas conforme à l'enseignement des Écritures. Si vous luttez avec Dieu, vous en resterez infirme jusqu'à la fin de vos jours. Si Dieu vient à vous d'une manière qui ne vous plaît pas, et que vous luttez avec lui comme Jacob, il sera forcé de vous « déboîter la hanche ». N'essayez pas d'affronter Dieu de la sorte, mais luttez devant Dieu contre tout ce qui s'oppose à lui, et il vous rendra plus que vainqueur. Une telle lutte a des répercussions dans le Royaume de Dieu. Si vous me demandez de prier pour vous, sans que je sois pleinement fondé en Christ, ma prière ne servira à rien. Mais si je le suis, ma prière ne peut manquer d'efficacité. La prière ne peut avoir d'effet que si rien ne me sépare de Christ. « C'est pourquoi, revêtez-vous de toutes les armes de Dieu ».

Il faut toujours faire une distinction entre l'ordre établi par Dieu et les événements qu'il permet. Notre réaction même nous intègre dans l'ordre voulu par Dieu. « Toutes choses concourent au bien de ceux qui aiment Dieu », de ceux qui se soumettent à son ordre, qui répondent à l'appel de Dieu en Jésus-Christ. C'est au travers des événements permis par Dieu qu'il révèle ses enfants au monde. Ne soyons pas sans réactions, indifférents aux circonstances, disant à tout propos : « Oh ! C'est la volonté de Dieu » !.

Nous ne devons pas faire semblant de lutter devant Dieu, ni lutter contre Dieu, mais lutter en présence de Dieu avec les événements. Nous n'avons pas à nous étendre, paresseusement, mais à nous lancer dans le combat, grâce aux forces qu'il a préparées pour que nous nous en saisissions.

17 Décembre
La rédemption crée en nous le besoin qu'elle satisfait

L'homme naturel ne reçoit pas les choses de l'Esprit de Dieu, car elles sont une folie pour lui.

1 Corinthiens 2.14

L'Évangile de Dieu produit dans le cœur de l'homme, un besoin que lui seul peut satisfaire. Paul dit : « Si notre Évangile est voilé, il est voilé... pour les incrédules, dont le dieu de ce siècle a aveuglé l'intelligence ». La plupart des gens sont tout à fait satisfaits de leur état moral, et n'éprouvent pas le moindre besoin de l'Évangile. C'est Dieu qui peut créer le besoin, dont aucun être humain n'est conscient avant que Dieu se manifeste lui-même. Jésus a dit : « Demandez, et on vous donnera » ; Dieu ne peut pas donner avant que l'homme demande. Ce n'est certes pas qu'il refuse de donner, mais il s'agit là d'une condition qu'il a lui-même fixée, inséparable de la Rédemption. Dieu se sert de notre appel pour créer le bien désiré. La Rédemption est perpétuellement créatrice. Elle crée les besoins et elle les satisfait.

« Et moi, lorsque j'aurai été élevé de la terre, j'attirerai tous les hommes à moi ». Quand nous prêchons nos propres expériences, nous pouvons susciter de l'intérêt, mais nos paroles n'éveillent aucun besoin. Par contre si c'est Jésus-Christ que nous élevons et dressons devant les hommes, le Saint-Esprit rendra les gens conscients qu'ils ont besoin de lui. Derrière la prédication de l'Évangile, il y a la puissance créatrice de la Rédemption de Dieu à l'œuvre dans les âmes. Ce n'est jamais par notre témoignage personnel qu'on peut sauver les hommes. « Les paroles que Je vous ai dites sont esprit et vie ».

18 Décembre
Comment nous prouvons notre fidélité à Dieu

Nous savons que toutes choses concourent ensemble au bien de ceux qui aiment Dieu.

Romains 8.28

Seules les âmes fidèles croient que Dieu dirige lui-même les circonstances de leur vie. Nous prenons bien des libertés à l'égard des circonstances que nous traversons, et, malgré nos belles déclarations, nous ne croyons pas vraiment que Dieu en est le Maître. Nous agissons tout à fait, comme si c'étaient les hommes qui dirigeaient les événements de notre vie. Être fidèle en toutes circonstances, c'est reconnaître une seule autorité, celle du Seigneur. Lorsque Dieu met brusquement fin à tel concours de circonstance, alors seulement nous découvrons qu'il avait tout préparé. Nous n'avons pas compris ses intentions, et ces circonstances particulières ne se reproduiront plus. C'est Ici la pierre de touche de notre fidélité. Si nous apprenons à adorer Dieu dans les circonstances difficiles, il pourra nous en délivrer quand il le voudra, en un instant.

Être fidèle à Jésus-Christ, cela nous paraît aujourd'hui terriblement difficile. Nous voulons bien être fidèles à notre travail, à notre service, à n'importe quoi, mais qu'on ne nous demande pas d'être fidèles à Jésus-Christ. Il y a bien des chrétiens qui s'impatientent lorsqu'on en parle. Ils font plus pour déconsidérer et détrôner le Seigneur que le monde ne peut le faire. Dieu n'est plus qu'une machine à distribuer des bienfaits et Jésus-Christ un serviteur parmi les serviteurs.

Il ne faut pas se figurer que nous œuvrons pour Dieu ; nous sommes seulement appelés à lui être fidèles pour qu'il puisse travailler par notre moyen. « Je compte sur vous, mes soldats, pour marcher jusqu'au bout sans une plainte et sans une question ». Dieu veut se servir de nous comme il s'est servi de son propre Fils.

19 Décembre
Insistons sur ce point

Je ne suis pas venu apporter la paix, mais l'épée.

Matthieu 10.34

Ne témoignez pas de compassion à une personne dont la situation actuelle vous fait penser que Dieu est dur envers elle. La bonté de Dieu, au contraire, surpasse tout ce que nous pouvons concevoir, mais parfois nous devons être bourrus afin qu'il puisse manifester sa bonté. Si quelqu'un ne parvient pas à s'approcher de Dieu, c'est qu'il a en lui un interdit qu'il ne veut pas abandonner ! « Je reconnais que j'ai mal agi, mais je n'ai absolument pas l'intention d'abandonner ce que vous prétendez être un interdit ». Il n'est pas possible d'avoir pitié de celui qui tient un tel raisonnement. Il faut que nous creusions jusqu'à la racine, même s'il y a opposition à notre message. On veut bien la bénédiction de Dieu, mais on refuse de sacrifier son péché.

Si Dieu se sert de vous, dénoncez impitoyablement le péché que Dieu a révélé ; coupez jusqu'à la racine, sinon il ne pourra pas y avoir de guérison. Faites pénétrer le message de Dieu, jusqu'à ce qu'il soit impossible de ne pas en tenir compte. Prenez les gens comme ils sont, afin de les rendre conscients de ce qui leur manque, puis dressez devant eux la volonté de Christ pour leur vie. Ils diront peut-être : « Nous ne pourrons jamais atteindre cet idéal » - « C'est pourtant la volonté de Jésus-Christ » ! - « Mais comment pouvons-nous y arriver » ? - « Vous ne pourrez jamais, à moins d'avoir un Esprit nouveau » (Luc 11.13).

Pour que votre message soit utile, il faut que ceux à qui il s'adresse éprouvent déjà le besoin du salut. Il y a des milliers de gens dans ce monde, qui sont heureux sans Dieu. Pourquoi Jésus est-il venu si on peut être bon et heureux sans lui ? Parce que cette sorte de bonheur et de paix n'est pas authentique. Jésus-Christ est venu pour détruire toute fausse paix qui n'est pas fondée sur une communion personnelle avec lui.

20 Décembre
Travailler comme Dieu le veut

Et moi, quand j'aurai été élevé de la terre, j'attirerai tous les hommes à moi.

Jean 12.32

Bien peu d'entre nous comprennent vraiment pourquoi Jésus-Christ est mort. Si les hommes n'ont besoin que de sympathie, la croix n'est qu'une triste comédie ; elle n'était pas nécessaire. Ce dont le monde a besoin, ce n'est pas d'un « petit brin d'amour », mais d'une opération chirurgicale.

Quand vous êtes en présence d'une âme qui souffre spirituellement, pensez à Jésus-Christ sur la croix. Si. cette âme pouvait arriver à Dieu par un autre chemin, la croix serait inutile. Si vous croyez pouvoir aider les autres par votre sympathie ou votre compréhension, vous êtes un traître à Jésus-Christ. Vous devez veiller à ce que votre âme soit en étroite communion avec Dieu, et dans cette dépendance, communiquer la pensée de Dieu, mais jamais une pensée humaine qui laisse Dieu de côté. Aujourd'hui, on veut une religion aimable et facile !

La seule chose que nous ayons à faire est de présenter aux hommes Jésus-Christ crucifié ; que les regards soient continuellement dirigés vers lui seul. Toute doctrine qui n'est pas fondée sur la croix de Jésus nous égarera. Si le serviteur de Dieu lui-même a mis sa foi en Jésus-Christ, et compte sur la réalité de la Rédemption, ses auditeurs doivent se sentir concernés. Ce qui demeure et s'approfondit, c'est le contact vivant du serviteur de Dieu avec Jésus-Christ ; c'est de ce contact que tout dépend.

Le devoir du messager de l' Évangile est de dénoncer le péché et de révéler Jésus-Christ comme le Sauveur.

21 Décembre
Expérience ou révélation ?

Nous n'avons pas reçu l'esprit du monde, mais l'Esprit qui vient de Dieu, afin que nous connaissions les choses que Dieu nous a données par sa grâce.

1 Corinthiens 2.12

La Réalité, c'est la Rédemption elle-même et non l'expérience que j'en fais. Mais la Rédemption ne signifie rien pour moi tant je ne puis la saisir de façon concrète. Quand je nais de nouveau, l'Esprit de Dieu me fait sortir de moi-même et de mes expériences personnelles, et m'identifie à Jésus-Christ. Si je reste confiné dans le monde étroit de mon expérience, c'est qu'elle n'est pas vraiment l'œuvre de la Rédemption. Ce qui prouve que mon expérience est le fruit de la Rédemption, c'est qu'elle me détourne sans cesse de moi-même. Je ne regarde plus à mes impressions mais à la Réalité qui en est la cause. Mes expériences n'ont aucune valeur, si elles ne me conduisent pas à leur Source, qui est Jésus-Christ.

Si vous essayez d'enfermer le Saint-Esprit en vous, pour qu'il vous procure des émotions religieuses, vous verrez qu'il franchira toutes les barrières et vous ramènera au Christ historique et réel. Ne cultivez pas une expérience qui n'a pas sa source en Dieu et n'aboutit pas à la foi. Si vous le faites, votre expérience est anti-chrétienne, quelles que soient les visions que vous avez eues. Jésus-Christ est-il le Maître de vos expériences, ou bien essayez-vous de les gouverner à sa place ? Une de vos expériences vous tient-elle plus à cœur que le Seigneur lui-même ? Le temps viendra où grâce à Dieu, vous ne vous soucierez plus de vos expériences, car vous vous confierez pleinement en lui.

Ne vous laissez pas aller à parler de vos expériences ; la foi qui se confie en elle-même n'est pas la foi ; la foi qui se confie en Dieu est la seule véritable.

22 Décembre
Comment le Père nous attire

Nul ne peut venir à moi, si le Père qui m'a envoyé ne l'attire.

Jean 6.44

Quand Dieu m'attire à lui, la question qui se pose à moi aussitôt est celle-ci : Vais-je répondre à la révélation que Dieu me donne ; Vais-je aller à Lui ? Mais en pareille matière toute, discussion est déplacée. Quand Dieu vous parle, n'en discutez avec personne. Croire n'est pas une démarche intellectuelle ; croire est un acte personnel par lequel je m'engage délibérément. Suis-je prêt à me décharger complètement sur Dieu, et à m'abandonner à lui pour faire ce qu'il me demande ? Si oui, je découvrirai que je suis sur le roc de la Réalité, aussi ferme que le trône-même de Dieu.

En prêchant l'Évangile, faites toujours appel à la volonté. La foi doit être la volonté de croire. Croire, c'est abandonner sa volonté à Dieu, et non céder à une puissance de persuasion. Je me jette à l'eau , abandonnant toute confiance en ma propre expérience, me confiant uniquement en Dieu, et le prenant au mot. Le malheur est que je me fie beaucoup plus à mon intelligence qu'à Dieu. Dans le domaine des sentiments, il faut que je marche à tâtons, sans rien voir ni sentir. Je dois faire triompher en moi la volonté de croire, et cela ne peut se faire que par un violent effort de ma part, pour me séparer de mes anciennes convictions, et m'accrocher à Dieu.

L'homme est fait pour aller beaucoup plus loin qu'il ne peut le concevoir lui-même. C'est Dieu qui m'attire à lui, et ma relation avec lui est personnelle et non intellectuelle. C'est grâce à l'action miraculeuse de Dieu qui vient au secours de ma volonté de croire, que les choses s'éclairent peu à peu, et je suis émerveillé du résultat.

23 Décembre
Mort avec Christ

Pour ce qui me concerne, loin de moi la pensée de me glorifier d'autre chose que de la croix de notre Seigneur Jésus-Christ.

Galates 6.14

L'Évangile de Jésus-Christ m'amène toujours à un acte de volonté. Est-ce que j'accepte le jugement de Dieu sur le péché, tel qu'il se manifeste sur la croix de Christ ? La mort de Jésus a-t-elle pour moi le moindre intérêt ? Est-ce que j'accepte de faire mourir en moi tout penchant au péché, à la vie du monde, à l'égoïsme afin d'être identifié à Jésus au point que je consente à être dépouillé de tout, pour le garder, lui seul ? Le grand privilège que j'ai comme chrétien, c'est de pouvoir m'associer à la croix de Christ et, ainsi, de mourir au péché.

Tenez-vous seul en présence de Jésus, et dites-lui ce que vous choisissez : refuser de renoncer au péché, ou accepter, à tout prix, d'être associé à sa mort. Dès que vous avez fait cet acte de foi et accepté l'œuvre rédemptrice de Jésus sur la Croix, vous êtes, de façon surnaturelle, associé à sa mort ; vous vous rendez compte que votre « vieil homme » est crucifié avec Christ. Ce qui vous le prouve, c'est la merveilleuse facilité avec laquelle la vie de Dieu en vous, vous permet d'obéir à la voix de Jésus-Christ.

De temps à autre, notre Seigneur nous fait entrevoir ce que nous serions devenus si nous n'étions pas unis à lui. C'est l'illustration de cette parole : « Sans moi, vous ne pouvez rien faire » ! Le fondement de la vie chrétienne est une ardente consécration personnelle au Seigneur Jésus. Nous prenons à tort l'extase que nous avons ressentie lorsque nous sommes entrés, par la nouvelle naissance dans le Royaume de Dieu, pour le but que Dieu voulait atteindre. Il veut que nous réalisions pleinement la richesse de notre identification avec Jésus-Christ.

24 Décembre
La vie cachée

... votre vie est cachée avec Christ en Dieu.

Colossiens 3.3

L'Esprit de Dieu nous révèle la sérénité, toute la sécurité simple et immense à la fois, de la vie cachée avec Christ en Dieu. Il en est sans cesse question dans les Épîtres. Nous parlons de la vie sanctifiée comme d'une chose fragile et aléatoire ; mais c'est au contraire, la chose la plus sûre, car elle est fondée sur le Dieu Tout-Puissant. Ce qui est fragile et précaire, c'est la vie sans Dieu. Si nous sommes nés de nouveau, vivre en accord avec Dieu est pour nous la chose la plus facile. La chose la plus difficile est de mal faire, si toutefois nous sommes attentifs aux avertissements de Dieu, et marchons dans la lumière.

Quand nous essayons de nous représenter ce que serait la délivrance parfaite du péché, la plénitude de l'Esprit et la marche dans la lumière, nous voyons une grande montagne, très élevée, merveilleuse, et nous disons : « Jamais, je ne pourrai vivre là-haut » ! Mais quand, par la grâce de Dieu, nous y parvenons, nous nous apercevons que ce n'est pas un sommet escarpé, mais un plateau où la place ne manque pas pour vivre et s'épanouir. « Tu élargis le chemin sous mes pas ».

Quand vous voyez réellement Jésus, je vous défie de douter de lui. Quand il vous dit : « Que votre cœur ne se trouble point », je vous défie d'avoir l'esprit troublé, car il est impossible de douter quand il est là. Chaque fois que vous êtes en relation personnelle avec lui, ses paroles sont réelles. « Je vous donne ma paix » ; c'est une paix complète, qui vous pénètre tout entier, de la plante des pieds au sommet de la tête. « Votre vie est cachée avec Christ en Dieu ».

25 Décembre
La naissance de Jésus et notre nouvelle-naissance

La Vierge deviendra enceinte, elle enfantera un fils, et on lui donnera le nom d'Emmanuel, ce qui signifie Dieu avec nous.

Isaïe 7.14

La naissance de Jésus dans l'histoire : « C'est pourquoi le Saint enfant Qui naîtra de toi sera appelé Fils de Dieu » (Luc 1.35). Jésus est né dans ce monde, mais il n'est pas du monde. Il n'est pas non plus une émanation de l'histoire ; il est entré dans l'histoire, venant d'ailleurs. Jésus-Christ n'est pas l'homme le plus parfait, il est d'origine supérieure à la race humaine. Il n'est pas un homme qui devient Dieu, il est Dieu incarné, Dieu venant dans une chair semblable à celle des hommes. Sa vie est la vie la plus haute et la plus sainte, commençant de la façon la plus humble. La naissance de Jésus fut un avènement.

Sa naissance en moi : « Mes enfants, pour qui j'éprouve de nouveau les douleurs de l'enfantement, jusqu'à ce que Christ soit formé en vous... » (Galates 4.19). De même que le Christ a surgi dans l'histoire humaine, venant d'ailleurs, de même il doit venir en moi du dehors. Ma vie peut-elle servir de crèche à l'enfant de Bethléem ? Je ne peux entrer dans le Royaume de Dieu à moins d'être né d'en haut, d'une naissance qui n'a rien de commun avec la naissance ordinaire. « Il faut que vous naissiez de nouveau ». Ce n'est pas un commandement, c'est un fait fondamental. Ce qui caractérise la nouvelle naissance c'est l'abandon total à Dieu qui permet à Christ de se former en moi. Sa nature se manifeste alors en moi et je peux vivre de sa vie.

La manifestation de Dieu dans notre chair, est devenue possible pour vous et pour moi par la Rédemption.

26 Décembre
Dans la lumière

Si nous marchons dans la lumière, comme il est lui-même dans la lumière... le sang de Jésus son Fils nous purifie de tout péché.

1 Jean 1.7

Ne nous y trompons pas. Ne pas se sentir pécheur et être délivré du péché par l'Expiation sont deux choses différentes. Personne ne peut savoir vraiment ce que c'est que le péché, avant d'être né de nouveau. Le péché, c'est ce que Jésus a affronté au Calvaire. La preuve que je suis délivré du péché, c'est que je connais sa véritable nature, telle qu'elle existe en moi. pour qu'un homme comprenne ce qu'est réellement le péché, il faut que se manifeste en lui le résultat suprême de l'Expiation de Jésus-Christ : qu'il soit rendu participant de sa perfection absolue.

Le Saint-Esprit nous met au bénéfice de l' Expiation , dans les régions inconscientes de notre esprit aussi bien que dans les régions conscientes. C'est seulement quand nous saisissons la puissance incomparable de l'Esprit en nous que nous comprenons le sens de cette parole (1 Jean 1.7).
« Le sang de Jésus-Christ nous purifie de tout péché ».

Il ne s'agit pas seulement du péché conscient, mais de ces profondeurs subtiles et effrayantes du péché que seul le Saint-Esprit peut sonder.

Si je marche dans la lumière comme Dieu est dans la lumière - (non pas dans la lumière de ma conscience, mais dans la lumière de Dieu) - si je marche ainsi, sans rien cacher, j'ai soudain cette extraordinaire révélation : le sang de Jésus-Christ me purifie de tout péché, de sorte que le Dieu Tout-puissant ne voit plus rien de répréhensible en moi. Cette révélation s'accompagne, dans ma conscience, d'une connaissance aiguë et pénétrante de la vraie nature du péché. L'amour de Dieu, qui est à l'œuvre en moi, me fait haïr, avec toute la puissance du Saint-Esprit, tout ce qui n'est pas conforme à la sainteté de Dieu. Marcher dans la lumière, c'est rester toujours davantage dans le rayonnement de la lumière.

27 Décembre
Où se livre le combat ?

Israël, si tu reviens, si tu reviens à moi, dit l'Éternel...

Jérémie 4.1

La bataille se perd ou se gagne dans le domaine invisible de ma volonté, et non pas sur la scène du monde. L'Esprit de Dieu s'empare de moi et là, seul avec Dieu, je dois livrer bataille. Tant que je ne l'ai pas fait, je suis sûr d'être vaincu à chaque fois. La bataille peut durer une seule minute, ou une année, cela dépend de moi, non de Dieu. Il faut que je passe résolument par l'enfer du renoncement, en sa présence. Rien n'a de pouvoir sur l'homme qui a combattu et vaincu en présence de Dieu.

Si je me dis : « J'attendrai le moment critique, alors je mettrai Dieu à l'épreuve », je m'apercevrai vite que cela ne peut pas marcher. La question doit être réglée entre Dieu et moi dans le secret de mon cœur, là où personne ne peut intervenir ; alors je pourrai avancer avec la certitude que la victoire est acquise. Mais si elle est perdue sur ce terrain, la déroute est certaine. La raison de ma défaite, c'est que j'ai voulu gagner d'abord la bataille dans le monde extérieur. Il faut d'abord remporter la victoire devant Dieu.

Quand vous avez à aider les autres, poussez-les à faire acte de volonté. C'est par là que commence l'abandon. Parfois - rarement cependant - Dieu nous place dans une situation cruciale. C'est alors que nous sommes mis en demeure de nous décider pour ou contre lui. À partir de ce moment-là, ou bien nous nous enliserons dans une vie chrétienne toujours plus engourdie et inutile, ou bien nous serons toujours plus ardents à faire : Tout pour qu'il règne.

28 Décembre
La conversion continuée

Si vous ne vous convertissez, et si vous ne devenez comme les petits enfants...

Matthieu 18.3

Ces paroles du Seigneur s'appliquent à notre conversion initiale, mais nous avons à nous convertir tous les jours de notre vie, à nous tourner sans cesse vers Dieu comme de petits enfants. Si nous nous fions à notre intelligence au lieu de nous fier à Dieu, il nous tient pour responsables des conséquences. Dès que par la volonté de Dieu nous sommes placés physiquement dans des conditions nouvelles, il nous faut veiller à ce que notre vie naturelle obéisse aux ordres de l'Esprit de Dieu. Avoir obéi une fois n'est pas une preuve suffisante que nous le ferons de nouveau. Pour que notre vie naturelle soit liée à notre vie spirituelle, il faut une conversion sans cesse continuée, chose que nous avons du mal à accepter. Quelles que soient les circonstances où nous sommes placés, l'Esprit de Dieu demeure toujours le même, et son salut ne change pas, mais nous avons à « revêtir l'homme nouveau ». Dieu nous tient pour responsables chaque fois que, nous obstinant volontairement, nous refusons de nous convertir. Ce n'est pas notre vie naturelle qui doit régner sur nous, c'est Dieu.

Ce refus de nous convertir continuellement est un obstacle à notre vie spirituelle. Notre obstination vient de notre orgueil, qui se dresse contre l'autorité de Dieu. Nous faisons une idole de notre indépendance et de notre caprice, et refusons de les appeler par leur nom. Ce que Dieu considère être notre faiblesse obstinée, nous l'appelons notre force. Il y a bien des domaines de notre vie qui ne lui sont pas soumis, et ils ne peuvent l'être que par une conversion continue ; alors lentement mais sûrement, nous soumettrons à l'Esprit de Dieu tout notre être.

29 Décembre
Déserteur ou disciple ?

Dès lors, plusieurs de ses disciples se retirèrent, et ils n'allaient plus avec lui.

Jean 6.66

Supposons que Dieu, par son Esprit ou une parole de l'écriture, vous révèle ce qu'il attend de vous et que vous perceviez cet appel. Si par la suite vous désertez, vous serez dominé par d'autres manières de voir situées aux antipodes de la pensée du Seigneur. Peut-être dites-vous en pensant à quelqu'un : « Si avec de telles idées il prospère, pourquoi ne serais-je pas comme lui » ? Votre devoir est de marcher à la lumière de la Révélation que Dieu vous a donnée. Vous n'avez pas à vous comparer aux autres, ni surtout à les juger, car c'est leur affaire et celle de Dieu. Quand vous vous apercevez qu'une manière de voir qui vous est chère est en désaccord avec la vision céleste, et que vous hésitez entre les deux, vous voyez se développer en vous certaines tendances - le sentiment de vos droits et de votre valeur personnelle - choses dont Jésus-Christ n'a rien à faire. Il a toujours considéré cela comme la racine de l'inimitié contre lui. « La vie d'un homme ne dépend pas de ses biens, fût-il dans l'abondance ». Si nous ne comprenons pas cela, c'est que nous n'avons pas réalisé le sens profond de l'enseignement du Seigneur.

Nous nous plaisons à regarder en arrière, et à nous remémorer les merveilleuses expériences que nous avons faites. Or, si vous refusez d'obéir à un seul commandement du Nouveau Testament révélé par la lumière de Dieu vous êtes sur la mauvaise pente ; cela prouve que votre conscience n'est plus docile à la vérité. Le moment est venu de vous décider à être un vrai disciple de Jésus-Christ, ou un déserteur.

30 Décembre
Dieu fait toutes choses nouvelles

Toutes mes sources sont en toi !

Psaume 87.7

Notre Seigneur ne rafistole jamais nos vertus naturelles, il renouvelle tout en nous, de l'intérieur. « Revêtez l'homme nouveau », c'est-à-dire mettez le vêtement digne de votre nouvelle vie. La vie que Dieu introduit en vous s'épanouit en vertus nouvelles, non celles d'Adam, mais celles de Jésus-Christ.

Dieu flétrira votre confiance en vos vertus naturelles, quand il vous aura sanctifié. Vous ne vous confierez plus en votre force de caractère, vous apprendrez à puiser toutes vos ressources dans la vie de Jésus-Christ ressuscité. Si vous connaissez une période de sécheresse intérieure, remerciez-en Dieu.

La disparition de la confiance que nous avions en nos vertus est le signe que Dieu besogne en nous. Nos vertus naturelles ne sont pas les promesses d'une perfection future, mais les vestiges de ce que nous aurions été sans la chute. Et pourtant nous nous cramponnons à ces débris, alors que Dieu essaie de nous faire découvrir la vie de Jésus-Christ. Il est bien triste de voir des chrétiens s'accrocher à ce qui ne leur vient pas de la grâce de Dieu, mais des hasards de l'hérédité. Dieu ne peut pas restaurer nos vertus naturelles, car elles ne sauraient réaliser à aucun degré l'idéal de Jésus-Christ. Ni l'amour naturel, ni la patience naturelle, ni la pureté naturelle ne peuvent être suffisants pour ce que Jésus exige de nous. Mais si chaque élément de notre être est en harmonie avec la vie nouvelle que Dieu a mise en nous, il créera en nous les vertus qui caractérisent le Seigneur Jésus lui-même.

31 Décembre
Hier

Le Dieu d'Israël fermera votre marche.

Isaïe 52.12

Sécurité à l'égard du passé : « Dieu ramène ce qui est passé » (Ecclésiaste 3.15). À la fin de l'année, nous aimons regarder avec ardeur vers l'avenir , vers toutes les grâces que Dieu nous réserve, et cependant l'anxiété est prompte à reparaître quand nous évoquons le passé. Notre joie présente peut être assombrie par le souvenir de nos péchés et de nos erreurs d'autrefois. Mais Dieu est aussi le Dieu du passé, et s'il permet que nous nous en souvenions, c'est pour en tirer quelque leçon pour nous prémunir contre une fausse sécurité dans le présent.

Sécurité pour demain : « Car l'Éternel ira devant vous ». Dieu nous assure qu'il nous garde mieux que nous pourrions le faire nous-mêmes. Il veillera à ce que nous ne tombions pas dans un piège car il est notre protecteur. La main de Dieu va jusque dans le passé, pour décharger notre conscience et nous libérer de toute inquiétude.

Sécurité pour aujourd'hui : « Ne sortez pas avec précipitation ». En entrant dans l'année nouvelle, ne nous précipitons pas pour jouir de l'avenir avec insouciance et légèreté. Avançons plutôt avec cette calme confiance que le Dieu d'Israël marche devant nous ! Sans doute, il y a dans notre passé des choses irréparables, des occasions perdues que nous ne retrouverons jamais. Mais Dieu peut transformer notre tristesse négative en réflexion constructive pour l'avenir. Laissons dormir le passé, mais qu'il dorme dans les bras de Christ !

Laissez aux mains de Dieu le souci de l'irréparable passé et avancez avec lui vers l'irrésistible avenir.

Made in the USA
Las Vegas, NV
19 November 2024

12091523R00203